HEIDELBERGER SCHRIFTEN
ZUR UNIVERSITÄTSGESCHICHTE

Herausgegeben von
INGO RUNDE,
Direktor des Universitätsarchivs Heidelberg

Band 12

KLAUS-PETER SCHROEDER

Ehre, wem Ehre gebührt!

Ehrenpromotionen an der Heidelberger Juristischen Fakultät

Universitätsverlag
WINTER
Heidelberg

Bibliografische Information der Deutschen Nationalbibliothek
Die Deutsche Nationalbibliothek verzeichnet diese Publikation
in der Deutschen Nationalbibliografie;
detaillierte bibliografische Daten sind im Internet
über *http://dnb.d-nb.de* abrufbar.

UMSCHLAGBILD

Vordergrund:
Ehrenpromotion von Camilla Jellinek 1930
(Universitätsarchiv Heidelberg, H-II-868/4).

Hintergrund:
Vorschriften über die Erteilung der akademischen Würden
in der Juristischen Fakultät 1805
(Universitätsarchiv Heidelberg, H-II-100/2).

ISBN 978-3-8253-9639-8

Dieses Werk einschließlich aller seiner Teile ist urheberrechtlich geschützt.
Jede Verwertung außerhalb der engen Grenzen des Urheberrechtsgesetzes
ist ohne Zustimmung des Verlages unzulässig und strafbar. Das gilt insbesondere
für Vervielfältigungen, Übersetzungen, Mikroverfilmungen und die Einspeicherung
und Verarbeitung in elektronischen Systemen.
© 2025 Universitätsverlag Winter GmbH Heidelberg
Imprimé en Allemagne · Printed in Germany
Druck: Memminger MedienCentrum, 87700 Memmingen

Gedruckt auf umweltfreundlichem, chlorfrei gebleichtem
und alterungsbeständigem Papier.

Den Verlag erreichen Sie unter:
Universitätsverlag Winter GmbH Heidelberg
Dossenheimer Landstraße 13, D-69121 Heidelberg
www.winter-verlag.de
gpsr@winter-verlag.de

INHALT

Vorwort 7

I   Zum Auftakt: Eine akademische Affäre – Die Aberkennung der Ehrendoktorate von Konrad Lorenz und Wolfgang Hefermehl 9

II   Zur Vorgeschichte des „doctor honoris causa" an der Ruperto Carola ... 13

III   „Promotiones solemnes" anlässlich der Universitätsjubiläen 1686 und 1786 15

IV   Die „Vorschriften über die Erteilung der Akademischen Würden in der juristischen Facultät" vom 9.12.1805 19

V   Ehrenpromotionen im Rahmen der Universitätsjubiläen der Jahre 1886 und 1903 39

        1 1886 – 500 Jahre Universität Heidelberg 39

        2 Das Universitätsjubiläum des Jahres 1903 70

        3 Ehrendoktoren in den letzten Jahren des deutschen Kaiserreichs 79

VI   Von der Weimarer Republik bis zum Ende des Dritten Reichs 93

        1 Die 550-Jahrfeier der Universität Heidelberg 118

        2 Änderungen der Promotionsordnungen 1937–1945 124

VII   Neubeginn: Ehrenpromotionen in der Nachkriegszeit und in der Bundesrepublik Deutschland 133

        1 Ernst Walz 134

        2 Carl Joachim Friedrich 135

        3 Kurt Latte 137

        4 Hermann Weinkauff 138

        5 Walther Koransky 139

        6 Theodore Thiesing 140

        7 Burke W. Shartel 141

8 Günter Wilde 142

9 Wilhelm Martens 143

10 Kurt Schneider 144

11 Karl Heinrich Bauer 145

12 Peter Rößler 146

13 Otto Brunner 147

14 Paul G. Kauper 148

15 Edwin Nagelstein 149

16 Thomas Buergenthal 151

17 André Colomer 152

18 Michel Vivant 153

19 Donald P. Kommers 154

20 Ferenc Mádl 156

21 Jacques Raynard 157

22 Giuseppe Benedetto Portale 158

23 Jerzy Marian Stelmach 159

24 Vassilios Skouris 160

25 Edith Brown Weiss 161

26 Hans-Petter Graver 163

27 Lajos Vékas 164

28 Ryuji Yamamoto 165

VIII Schlussbetrachtungen 167

IX Anhang

1 Quellen- und Literaturverzeichnis 171

2 Personenregister 183

3 Abbildungen 189

Vorwort

In den Promotionsordnungen der einzelnen Fakultäten finden sich heutzutage die formellen Voraussetzungen und Verfahrensordnungen zur Verleihung des Doktor honoris causa, einer von deutschen Universitäten verliehenen akademischen Ehrung. Die historische Entwicklung dieser Institution im Rahmen der Geschichte der Heidelberger Ruperto Carola führt zurück in die erste Hälfte des 19. Jahrhunderts, in welcher mit dem 13. Edikt „Über die Organisation der gemeinen und wissenschaftlichen Anstalten, insbesondere der Universität Heidelberg" die materiellen und institutionellen Grundlagen eines Neubeginns der früheren Rupertina festgelegt wurden. Erloschen waren damit ebenso die überkommenen Privilegien und Freiheiten der Heidelberger Hohen Schule aus den Jahren kurpfälzischer Herrschaft. Nicht allein ein Universitätsbann, nach dem sämtliche Landeskinder ihr Studium drei Jahre lang in Heidelberg absolvieren mussten, wurde eingeführt, sondern es sollten auch seit dem Jahr 1807 nur jene akademischen Würden, die in Heidelberg oder ihrer Freiburger Schwesteruniversität erworben wurden, anerkannt werden. Bald nahm man aber von diesen Regelungen Abstand, verhinderten sie doch den Austausch und die so bedeutsame peregrinatio academica ihrer Professoren und Studenten. In diesem Jahr begann gleichfalls die regelmäßige Führung der Fakultätsakten, welche jedoch nur wenig Aufschluss geben über die Beweg- und Hintergründe der Auszeichnung mit der Heidelberger Ehrendoktorwürde. Angefüllt werden die Namen der Dres. iur. h.c. mit Bruchstücken ihres Lebens, ihrer wissenschaftlichen Laufbahn, wobei einzelne Leerstellen verbleiben und lediglich dürre Information weitergegeben werden kann. Und manches Mal bleibt man bei der Auswahl der Ehrendoktoren etwas ratlos zurück. Das Schlingern und Entgleisen bei der von der Fakultät getroffenen Selektion folgt den Verwerfungen und Brüchen deutscher Geschichte in der ersten Hälfte des 20. Jahrhunderts. Entstanden ist so ein buntes Kaleidoskop Heidelberger Fakultätsgeschichte mit manchen blinden Stellen.

Wie die nachfolgenden Ausführungen zeigen, war es ein langer und teilweise recht beschwerlicher Weg bis zur Klärung der Voraussetzungen für jene akademische Ehrung. Beruhte bis in die Zwanziger Jahre des 20. Jahrhunderts die Verleihung des Ehrendoktors letztlich auf langer Übung, ausgehend von den Statuten vom 9. Dezember 1805, so fand sie in der Neufassung der Promotionsordnung vom 28. August 1930 erstmals ausdrücklich Aufnahme. Abgesehen von den Jahren der Weimarer Republik wurde diese akademische Auszeichnung bis in die Gegenwart hinein nur sehr zurückhaltend vergeben. Vermeiden wollte man damit einen Reputationsverlust wie auch die Entwertung der Ehrendoktorwürde durch zu weiche, verwässerte Kriterien.

Formal betrachtet ist der Zusatz „h.c." lediglich ein Unterscheidungsmerkmal, das den „honoris causa" verliehenen Doktorgrad sichtbar von dem nur auf Antrag im Rahmen eines Verwaltungsverfahrens erteilten regulären Doktorgrad abhebt, für den eine spezifische Arbeit (Dissertation) und gewöhnlich das „Rigorosum" als Leistungsausweise erforderlich sind. Gegenüber diesem enthält der Zusatz h.c. jedoch eine „Qualifizierung": Er hat den Charakter einer besonderen Auszeichnung, ist aber kein akademischer Grad, wird ebenso niemals auf Antrag, sondern stets von Amts wegen verliehen. Seine Bedeutsamkeit liegt grundsätzlich in nichts anderem als in der Anerkennung wissenschaftlicher Gesamtleistungen, aber auch als Auszeichnung für Persönlichkeiten, die entweder Besonderes für die Fakultät selbst oder für das Gemeinwesen geleistet haben.

Für liebenswürdige Hilfe hat der Verfasser vielen zu danken: An erster Stelle Frau Jutta Grühbaum, welche mir bei der recht schwierigen Recherche unermüdlich Beistand leistete, ebenso wie Herrn Dr. Ingo Runde, Direktor des Universitätsarchivs der Ruperto Carola, für die erneute Aufnahme einer Abhandlung aus meiner Feder in die von ihm herausgegebenen „Heidelberger Schriften zur Universitätsgeschichte", und Herrn Gabriel Meyer, M.A., für die Bereitstellung der Bildergalerie. Die Darstellung selbst erwuchs systematisch aus den nur spärlich vorhandenen Archivalien, die mir die Mitarbeiter des Universitätsarchivs und des Juristischen Dekanats bereitstellten. Gefördert wurde die Drucklegung in dankenswerter und großzügiger Weise durch die Stadt-Heidelberg-Stiftung wie auch der SZA Schilling, Zutt & Anschütz Rechtsanwaltsgesellschaft.

Heidelberg im Herbst 2024   Klaus-Peter Schroeder

I Zum Auftakt: Eine akademische Affäre – Die Aberkennung der Ehrendoktorate von Konrad Lorenz und Wolfgang Hefermehl

Mit verständnislosem Kopfschütteln, verhaltener Zustimmung und schroffer Ablehnung reagierte nicht allein die akademische Öffentlichkeit auf die im Dezember 2015 erfolgte posthume Aberkennung der Ehrendoktorate des Medizin-Nobelpreisträgers Konrad Lorenz und des Heidelberger Rechtsgelehrten Wolfgang Hefermehl durch die Universität Salzburg. Mehr als drei Dezennien zuvor, am 10. November 1983, war ihnen im Rahmen eines feierlichen Festakts die Würde eines doctor honoris causa verliehen worden. Im Mittelpunkt der um die Jahreswende 2015/16 einsetzenden Debatte um die Gründe der Aberkennung stand freilich der legendäre „Graugans-Vater" Lorenz, während hingegen der gleichzeitig erfolgte Widerruf des Ehrendoktorats Wolfgang Hefermehls nur beiläufig wahrgenommen wurde. Stillschweigend überging ebenso die Heidelberger Juristische Fakultät diesen Akt der „Entehrung" ihres einstmals hoch angesehenen, 2001 verstorbenen Mitglieds. Begründet wurde der Beschluss der Universität Salzburg mit der „Verstrickung" Hefermehls in nationalsozialistisches Unrecht, das im Vorfeld der Ehrung „niemals thematisiert" worden sei. So habe sich die Hochschule „selbst mit Schuld beladen, indem sie nämlich einer Kultur des Schweigens, Vergessens und Verdrängens Vorschub" leistete.[1]

Konkret ging es um einzelne Publikationen Hefermehls aus der Zeit seiner Tätigkeit im nationalsozialistischen Reichsjustizministerium während der Jahre 1935 bis 1945, wo er als Referent nicht allein für Wirtschaftsrecht, sondern auch für „Judengesetzgebung" zuständig war. Vorgeworfen wurde ihm, bei der „Arisierung" jüdischer Wirtschaftsunternehmen federführend mitgewirkt zu haben.[2]

---

[1] Zit. nach Johannes KOLL/Alexander PINWINKLER, Akademische Ehrungen in Deutschland und Österreich, in: Dies. (Hrsg.), Zuviel der Ehre? – Interdisziplinäre Perspektiven auf akademische Ehrungen in Deutschland und Österreich, Wien u.a. 2019, S. 11–29 (18). – Umstritten ist, ob Ehrendoktorate überhaupt aberkannt werden können. Im Gegensatz zur Ehrenbürgerschaft erlöschen sie mit dem Tod.

[2] S. Stephan H. LINDNER, „Sich eingereiht?" – Wolfgang Hefermehl und der Nationalsozialismus, in: Jahrbuch der Juristischen Zeitgeschichte 17 (2016), S. 326–362, 338: „Wenn man sein Wirken im Reichsjustizministerium betrachtet, dann ist deutlich, dass Hefermehl ein höchst fähiger Referent war, der gemäß den politischen Vorgaben seine Aufgaben tadellos zu erfüllen suchte und dabei ein hohes Maß an Durchsetzungsfähigkeit bewies – ob es sich nun um die Enteignung jüdischer Mitbürger zur „Entjudung" der Wirtschaft oder eine „pflegliche Behandlung" feindlichen Vermögens im Wirtschaftskrieg handelte."

Zwischen 1938 und 1941 publizierte Hefermehl mehrere Beiträge in der Zeitschrift „Deutsche Justiz", die sich mit Fragen der „Entjudung der deutschen Wirtschaft" befassten. Freilich hätte man bei einer gründlicheren Recherche vor der Verleihung des Ehrendoktorats durch die Universität Salzburg und seine Aufnahme in die „Tabula honorum" Hinweise auf Hefermehls NS-Vergangenheit und seine Publikationen zur „Entjudung" der Wirtschaft ohne größere Schwierigkeiten auffinden können.[3] Bereits bei seiner Ernennung zum Salzburger Honorarprofessor 1972 hatte man darauf verzichtet, nähere Auskünfte über seinen Werdegang in den Jahren der nationalsozialistischen Diktatur einzuholen. So war er nach dem glänzend bestandenen Großen Staatsexamen 1933 der NSDAP beigetreten, ab 1934 Mitglied der SS, dann als Landgerichtsrat abgeordnet in das Reichsjustizministerium, 1942 zum Wehrdienst einberufen, den er aber nicht an der Front bei der kämpfenden Truppe ableistete, sondern in der Sicherheit der Stabskompanie der Waffen-SS im Stabshauptamt des Reichskommissars für die Festigung deutschen Volkstums. Diese Behörde plante und leitete gemeinsam mit dem Reichssicherheitshauptamt, dem Rasse- und Siedlungshauptamt und der Volksdeutschen Mittelstelle die nationalsozialistische Volkstumspolitik. In seiner herausgehobenen Position war er bestens über die NS-Volkstumspolitik und die damit verbundenen Verbrechen informiert.[4] Bemerkenswert ist, dass Hefermehl anscheinend noch in den letzten Monaten des untergehenden Dritten Reichs ausreichend Muße fand, an der Berliner Friedrich-Wilhelm-Universität den Titel eines Dr.iur. mit einer Arbeit über „Die feindvermögensrechtlichen Verfügungsbeschränkungen" zu erwerben.[5]

Für die Universität Salzburg gab insbesondere der bereits benannte Aufsatz über die „Entjudung der deutschen Wirtschaft" den Anstoß zur Entziehung der Ehrendoktorwürde. Denn die in diesem Zusammenhang ergangenen Verordnungen zur Bereinigung der deutschen Wirtschaft beinhalteten unter anderem Berufsverbote für Juden sowie Zwangsarisierungen. Nach den Ausführungen von Hefermehl verfolgten sie insbesondere den „Zweck, den jüdischen Einfluss auf die deutsche Wirtschaft völlig zu brechen und damit die Judenfrage auf wirtschaftlichem Gebiet endgültig zu lösen. Sie stellen zugleich den Abschluss eines im Ganzen betrachtet einheitlichen und planmäßigen Gesetzgebungswerks mit dem Ziel der Gesamtentjudung der deutschen Wirtschaft dar". Durch diese „literarische Affirmation nationalsozialistischer Unrechtsgesetzgebung" hatte sich Hefermehl nach Ansicht der Salzburger Universität unwürdig erwiesen, als ihr Ehrendoktor geführt zu werden.[6] Wohl erschwerend kam hinzu, dass in Hefermehls späteren Schriftenverzeichnissen diese Beiträge nicht angeführt und im Verfahren der Verleihung

---

[3] Vgl. Jan THIESSEN, Schande, wem Ehre gebührt? – Das Beispiel Wolfgang Hefermehl, in: KOLL/PINWINKLER (wie Anm. 1), S. 231-252 (234 f.); LINDNER (wie Anm. 2), S. 332 ff.
[4] LINDNER (wie Anm. 2), S. 343 f.
[5] Tag der Promotion war der 28. 2.1945 (s. LINDNER [wie Anm. 2], S. 344).
[6] Zit. nach dem Beschluss vom 15.12. 2015 des Senats der Paris Lodron Universität Salzburg (wiedergegeben bei KOLL/PINWINKLER [wie Anm. 1], S. 490 f.).

von ihm verschwiegen wurden. Freilich entschuldigt dieser Umstand nicht das Fehlen eigener Nachforschungen.[7]

---

[7] S. bereits Peter HOMMELHOFF, in: Akademische Gedenkfeier für Professor Dr. iur. Dr. iur. h.c. Wolfgang Hefermehl (18.9.1906–29.10.2001), München 2003, S. 20: „Im Nachdenken nach seinem Tod kamen mir seine Arbeiten zum Aktienrecht noch einmal in den Sinn, die 1933 in der handelsrechtlichen Abteilung des Reichsjustizministeriums begonnen und ihn in unmittelbare, vielleicht zu große Nähe zu Franz Schlegelberger gebracht hatten – zu diesem tragischen Staatssekretär im Justizministerium, einem der mörderischen Zentren der Macht."

II Zur Vorgeschichte des „doctor honoris causa" an der Ruperto Carola

Beansprucht wurde das Promotionsrecht in der Vergangenheit von sämtlichen deutschen Hohen Schulen, seien sie päpstlicher, kaiserlicher oder landesherrlicher Stiftung. Die 1386 begründete kurpfälzische Universität musste sich gemäß dem Gründungsprivileg Papst Urban VI. vom 23. Oktober 1385 zunächst, was Ablauf und Organisation betraf, nach der „Art und Weise, wie sie an der Pariser Universität beachtet zu werden pflegt", ausrichten.[8] Und entsprechend dem Vorbild der Pariser Sorbonne wurden an der Juristischen Fakultät vorwiegend der Bakkalaureat-, Lizentiats- und der Doktorgrad verliehen.[9] Unabdingbar für diesen Akt war die päpstliche Autorisation, um den in Heidelberg erworbenen akademischen Graden eine allgemeine, die gesamte Christenheit umfassende Anerkennung zu sichern.[10] Denn wer in dem Heidelberger Generalstudium sein Bakkalaureat oder seine Magister- oder auch Doktorpromotion erworben hatte, konnte diesen Titel nicht nur überall führen, sondern gleichfalls an anderen Universitäten lehren.

Nicht allein in den Urkunden der pfälzischen Ruprechte erscheint die Universität immer wieder als die „geliebte Tochter" der Fürsten, der ihre väterliche Fürsorge gilt. Bezeichnend ist für diese enge Beziehung, dass ebenso die Heidelberger Doktoranden neben den üblichen, auch an anderen Universitäten geforderten Eiden noch einen persönlichen Treueschwur auf den jeweils regierenden Pfalzgrafen leisten mussten, der die besondere Verbundenheit mit dem Landesherr dokumentierte.[11] Ursprünglich stand die Verleihung der akademischen Grade und die Überwachung der Promotionen dem Kanzler der Universität nach der Stiftungsurkunde Papst Urbans VI. zu. Gemäß den überlieferten Statuten konnte nur der den Doktorgrad erwerben, wer nach einer „recommendacio" von der Fakultät empfohlen

---

[8] Text bei Eduard WINKELMANN (Hrsg.), Urkundenbuch der Universität Heidelberg, Bd.1, Heidelberg 1986, Nr. 2 S. 3 f.; Klaus-Peter SCHROEDER, „Immer gerettet und aufrecht geblieben" – Die Juristische Fakultät der kurpfälzischen Universität Heidelberg von ihren Anfängen bis zum Jahr 1802, Neustadt an der Weinstraße 2014, S. 1 ff.
[9] S. hierzu die konzise Darstellung von Sebastian BAUR, „Vor vier Höllenrichtern ..." – Die Lizentiats- und Doktorpromotionen an der Juristischen Fakultät der Universität Heidelberg, Frankfurt am Main 2009, S. 1 ff.
[10] Zu den päpstlichen Gründungsprivilegien vgl. Jürgen MIETHKE, Universitätsgründung an der Wende zum 15. Jahrhundert: Heidelberg im Zeitalter des Schismas und des Konziliarismus, in: Ruprecht-Karls-Universität (Hrsg.), Die Geschichte der Universität Heidelberg: Vorträge im Wintersemester 1985/86, Heidelberg 1986, S. 9–33 (11 ff.).
[11] WINKELMANN (wie Anm. 8), Nr. 21 S. 26. – Dieser besondere Doktoreid war nach der Universitätsreform Kurfürst Ottheinrichs nicht mehr zwingend erforderlich.

worden war.[12] Jedoch nicht jeder, der den Grad eines Lizentiaten erworben hatte, erschien der Gelehrtenkorporation als geeignete Persönlichkeit für das Doktorat. Das Doktorat selbst bedeutete lediglich die Krönung des Erwerbs der „licencia", die als eigenständiger akademischer Grad begriffen wurde.[13] Völlig ausreichend war das Lizentiat, um als begehrter juristischer Fachmann Zugang zu angesehenen und einträglichen Würden und Pfründen im Dienst der Kirche, eines Landesherrn oder einer Reichsstadt zu erhalten.[14] Die Fakultät aber ergänzte gleichfalls aus den Reihen der eigenen Schüler, der „doctores", ihren Lehrkörper.[15] Im Verlauf der nachfolgenden Jahrhunderte hatten sich die Voraussetzungen für die Berufung eines Professors auf einen Lehrstuhl jedoch weitestgehend verflacht, ein Lizentiat erschien oftmals als ausreichend. So dienten auch die Promotionen anlässlich des Universitätsjubiläums 1786 allein dem Zweck, verdiente Professoren mit dem prestigeträchtigeren Doktorgrad auszuzeichnen, den sie bislang wegen der damit verbundenen kostspieligen Ausgaben (hohe Prüfungsgebühren, im Mittelalter bis in die Frühzeit Ausrichtung eines „Doktorschmauses", Geschenke an die Prüfer) vermieden hatten.[16]

---

[12] S. BAUR (wie Anm. 9), S. 19 f. – Grundsätzlich hierzu Ewald KESSLER/Werner MORITZ, Ehrenpromotionen 1806–2009, in: Peter MEUSBURGER/Thomas SCHUCH (Hrsg.), Wissenschaftsatlas der Universität Heidelberg, Knittlingen o.J., S. 254–257.
[13] Zu dem Ablauf der Doktorpromotion Ende des 15. und zu Beginn des 16. Jahrhunderts s. BAUR (wie Anm. 9), S. 33 f.
[14] Zu den Voraussetzungen des Lizentiats vgl. BAUR (wie Anm. 9), S. 28 f.
[15] S. BAUR (wie Anm. 9), S. 47 ff., 83 ff.
[16] BAUR (wie Anm. 9), S. 109.

III „Promotiones solemnes" anlässlich der Universitätsjubiläen 1686 und 1786

Mehr als vierzig Jahre nach dem für die Kurpfalz verheerenden Dreißigjährigen Krieg wollte man trotz beengender finanzieller Verhältnisse mit einem feierlichen Festakt an die Begründung der Universität vor dreihundert Jahren erinnern.[17] Unter schwierigsten Bedingungen war es Kurfürst Karl Ludwig gelungen, die Rupertina im Gefolge des Friedensschlusses 1648 wieder zu eröffnen und neu einzurichten. In seinen eigenen Worten hatte der „vorgewesene dreißigjährige teütsche krieg viel veränderungen, wie fast in allen orthen, also auch insonderheit in diesem unßerm churfürstenthumb der pfaltzgraffschafft bey Rhein verursachet."[18] Eine Kommission wurde von Karl Ludwig „zur Berathung über die besserung der universität" eingesetzt.[19] Um die studentische Frequenz zu erhöhen, veröffentlichte man publikumswirksam, wenn auch ohne größeren Erfolg, erstmals gedruckte Vorlesungsverzeichnisse. Die wichtigste Neuerung aber bestand in einer für die damalige Zeit fortschrittlichen Statutenreform im Jahr 1672.[20] Geradezu revolutionär war die Lockerung der Religionsklausel im Rahmen der toleranten Konfessionspolitik Karl Ludwigs. Allein für die Theologische Fakultät bestand noch der durch Kuradministrator Johann Casimir 1588 festgelegte Zwang zum reformierten Bekenntnis.[21] Vor diesem Hintergrund gelang es Karl Ludwig, bedeutende Lehrer für Heidelberg zu gewinnen. So auch Samuel von Pufendorf, welcher der Universität in den 60er Jahren mit seinem Aufsehen erregenden, in Heidelberg verfassten Traktat „De statu imperii Germanici" besonderen Glanz verlieh und ihren neuen Ruhm mitbegründete.[22]

Daran anknüpfen wollte man auch bei den Jubiläumsfeierlichkeiten des Jahres 1686, die sorgfältig vorbereitet wurden.[23] Pfalzgraf Friedrich Wilhelm, ein Sohn des Kurfürsten, lud zu dem Festakt, welcher ursprünglich im Oktober 1686, dann

---

[17] S. Reinhard DÜCHTING, 1587 und 1686: Die Anfänge der Heidelberger Universitätsjubiläen, in: Frank ENGEHAUSEN/Werner MORITZ (Hrsg.), Die Jubiläen der Universität Heidelberg 1587–1986, Heidelberg 2010, S. 9–24.
[18] Vgl. die Einleitung in die Universitätsstatuten von 1672, wiedergegeben bei August THORBECKE (Bearb.), Statuten und Reformationen der Universität Heidelberg vom 16. bis ins 18. Jahrhundert, Leipzig 1891, S. 249.
[19] Zu jenem Gremium s. SCHROEDER (wie Anm. 8), S. 233 ff.
[20] Zu dieser Statutenreform aus dem Jahr 1672 s. SCHROEDER (wie Anm. 8), S. 238 ff.
[21] S. Eike WOLGAST, Die Universität Heidelberg 1386-1986, Heidelberg 1986, S. 57.
[22] Zur Berufung Pufendorfs s. SCHROEDER (wie Anm. 8), S. 254 ff.
[23] S. hierzu BAUR (wie Anm. 9), S. 76 ff.

aber auf Anfang Dezember verschoben wurde, ein. Einmütig hatte man den Beschluss gefasst, dass bei dieser Gelegenheit gleichfalls „promotiones solemnes" vorgenommen werden sollten; aufgefordert wurde jede Fakultät danach „zu trachten, promovendos zu bekommen."[24] Schon im Vorfeld der Feier erteilte die Licentia promovendi für die Fakultäten der Kanzler der Universität, der Wormser Dompropst P. F.E. Kämmerer (Camerarius) von Worms, genannt von Dalberg; sie sicherte die allgemeine Rechtsgültigkeit der beabsichtigten Graduierungen. Vorgesehen waren für die Juristische Fakultät neun „Ehrenpromotionen" unter dem Promotor Johannes de Spina, Professor der Institutionen.[25] Auf Eduard Winkelmann, verdienstvoller Herausgeber des Urkundenbuchs der Universität Heidelberg, geht die Bezeichnung dieser „promotiones solemnes" als Ehrenpromotionen zurück,[26] die dann wieder Reinhard Düchting in seinem Beitrag zu diesem Universitätsjubiläum aufgriff.[27] Aber bereits Günter Ross wies in seiner sorgfältigen, 1967 vorgelegten Dissertation darauf hin, dass nach heutigem Begriffsverständnis darunter lediglich besonders feierlich begangene Graduierungen zu verstehen sind.[28] Denn die Fakultät wollte damit weder besonders hervorragende wissenschaftliche Verdienste ehren, noch erfolgten sie ohne „ad hoc" zu erbringender Prüfungsleistung.[29]

Begnügte man sich 1686 noch mit drei Festtagen, so sollten sich die Festivitäten anlässlich des 400. Jubiläums im Jahr 1786 nach den Vorstellungen ihres Prorektors Georg Friedrich Zentner über vier Tage hinweg erstrecken.[30] Für den zweiten Festtag Anfang November waren wieder feierliche Promotionen vorgesehen. Zentner selbst promovierte in seiner Eigenschaft als Dekan der Juristenfakultät zehn Kandidaten.[31] Schon Ende September hatte die Universität den Kanzler Philipp Franz Anton von Frankenstein zu der Feier eingeladen und ihn gebeten, durch Erteilung der Erlaubnis zur Verleihung der Grade mitzuwirken. Ausgezeichnet mit den Doktorinsignien – Hut, ein geöffnetes und ein geschlossenes Buch und einen Ring – und umarmt von ihrem Promotor, schloss sich ein üppiges Festmahl an. Interessant ist der Kreis der Promovierten, zu denen Matthäus Kübel, ordentlicher Professor an der Juristischen Fakultät, zwei Extraordinarien – Michael Geisler und

---

[24] Eduard WINKELMANN, Urkundenbuch der Universität Heidelberg, Bd. 2: Regesten, Heidelberg 1886, S. 223 Nr. 1812.

[25] Zu ihm SCHROEDER (wie Anm. 8), S. 282 ff. – Zum weiteren Verlauf der Feierlichkeiten s. Baur (wie Anm. 9), S. 77 f.

[26] Vgl. WINKELMANN (wie Anm. 24), S. 223 Nr. 1813.– Zuvor bereits Johann Friedrich HAUTZ, Geschichte der Universität Heidelberg, Bd. 2, Mannheim 1864, S. 222, 295 f.

[27] DÜCHTING (wie Anm. 17), S. 16.

[28] Günter ROSS, Das Aufkommen der juristischen Ehrenpromotionen an den deutschen Universitäten, Diss. jur. Erlangen Nürnberg 1967, S. 166 ff.

[29] S. BAUR (wie Anm. 9), S. 78 Fußn. 370.

[30] Zu Zentner, einem der renommiertesten Gelehrten der Juristischen Fakultät, s. SCHROEDER (wie Anm. 8), S. 406 ff.

[31] Zum Verlauf der Jubiläumsfeierlichkeiten des Jahres 1786 s. Andreas CSER, 1786: Das letzte Jubiläum der kurpfälzischen Universität, in: ENGEHAUSEN/MORITZ (wie Anm. 17), S. 25-38 (31 ff.).

Franz Anton Wilhelm Gambsjäger[32] – sowie Anwälte und Beamte zählten; sie alle besaßen bereits das Lizentiat, mussten aber im Vorfeld der Feierlichkeiten eigenständige Promotionsleistungen erbringen.[33] Ihre bei dieser Gelegenheit gehaltenen Disputationen und Defensionen hatten u.a. die jüngsten Veränderungen in der juristischen Lehre und Methode, die Auswirkungen des Zivilrechts auf die Kultur ebenso wie die Probleme einzelner territorialer Landrechte zum Gegenstand.[34] Auch hier handelte es sich keineswegs um Ehrenpromotionen, sondern lediglich um illustre Graduierungen.[35]

---

[32] Zu ihnen SCHROEDER (wie Anm. 8), S. 412 ff.
[33] Ausführlich hierzu BAUR (wie Anm. 9), S. 107 ff.
[34] Vgl. CSER (wie Anm. 31), S. 33.
[35] S. ROSS (wie Anm. 28), S. 168 f.; BAUR (wie Anm. 9), S. 109.

IV Die „Vorschriften über die Erteilung der Akademischen Würden in der juristischen Facultät" vom 9.12.1805

Die durch den Reichsdeputationshauptschluss vom 25. Februar 1803 dem nunmehrigen Kurfürstentum Baden zugewiesenen Gebiete umfassten mit Heidelberg auch die frühere kurpfälzische Universität, die altehrwürdige Rupertina. Erlangt hatte Kurfürst Karl Friedrich mit der Hohen Schule nach den Worten Johann Friedrich Brauers lediglich ein „unentgeltliches Privilegium zu Anlegung einer durchaus neu zu dotierenden Universität." In der entscheidenden Sitzung des Karlsruher Geheimen Rats am 4. Mai 1803 zur Zukunft der Heidelberger Hohen Schule bestand jedoch Übereinstimmung darüber, dass die „Aufrichtung der Universität dem Staatswohl dienlich und daher rätlich sei."[36] Bestätigt sah sich die nunmehrige „Rupprecht-Carolinische Universität" in ihrer weiteren Existenz durch das 13. Organisationsedikt, das seinen Abschluss in der Neubestimmung der Heidelberger Universitätsverhältnisse fand. Der umständliche Titel lautete: „Über die Organisation der gemeinen wissenschaftlichen Anstalten, insbesondere der Universität Heidelberg".[37]

Erstmals befasste sich eingehender mit der Frage nach einer Rechtsgrundlage für die Verleihung der Ehrendoktorwürde Franz Roßhirt. Seit 1819 lehrte er an der Ruperto Carola die strafrechtlichen Disziplinen, las aber gleichfalls über Römisches Recht, Kirchenrecht und badisches Landrecht. Mehr als fünfzig Jahre gehörte Roßhirt der Heidelberger Juristischen Fakultät an; ein bis heute unübertroffener Rekord. 1860 bekleidete er zum zehnten Mal das Amt eines Dekans der Juristenfakultät.[38] Übereinstimmung bestand innerhalb der Fakultät darüber, dass die Erteilung wissenschaftlicher Ehren der Natur der Sache gemäß ein Gebiet ist, in welchem die Universitäten selbständig agieren.[39] Verliehen werden sollte der Titel

---

[36] S. SCHROEDER (wie Anm. 8), S. 10.

[37] Publiziert bei Georg JELLINEK (Hrsg.), Gesetze und Verordnungen für die Universität Heidelberg, Heidelberg 1908, S. 17–45.

[38] Vgl. Hermann WEISERT/Dagmar DRÜLL/Eva KRITZER, Rektoren – Dekane – Kanzler – Vizekanzler der Universität Heidelberg 1386–2006, Heidelberg 2007, S. 66.

[39] S. hierzu die gründliche Studie von BAUR (wie Anm. 9), S. 144 ff. Eine Autorschaft Georg Arnold Heises bei der Ausarbeitung der Promotionsordnung, wie von Werner Moritz vermutet, ist nicht belegt (DERS., Ehrenpromotionen an der Juristischen Fakultät der Universität Heidelberg 1838–1936, in: Reimund HAAS/Christiane HEINEMANN/Volker RÖDEL (Hrsg.), Zwischen Praxis und Wissenschaft – Aus der Arbeit einer Archivgeneration, Wiesbaden 2014, S. 187–206 (188). – Zu Roßhirt vgl. Klaus-Peter SCHROEDER, „Eine Universität für Juristen und von Juristen" – Die Heidelberger Juristische Fakultät im 19. und

eines Dr. h.c. an Friedrich Wilhelm Römer, Präsident des Oberappellationsgerichts in Oldenburg. Ausgegangen war die Anregung von „mehreren hochgestellten Juristen von Oldenburg" anlässlich Römers 50-jährigen Dienstjubiläums im Jahr 1860. Carl Joseph Anton Mittermaier, unbestrittener Doyen der Fakultät, wurde von ihnen gebeten, „ihrem Wunsch" sein „geneigtes Ohr zu leihen" und sie bei seinen „nicht hoch genug zu schätzenden Herren Collegen" zu unterstützen: „Die Herren haben auch aufgefordert, bei der Fakultät etwa anzufragen, ob sie zu dieser Ertheilung geneigt sein würde."[40] Ohne weiteres Nachfragen erklärte er sich bereit, ihre „Bitte" dem Dekan vorzutragen, was unter dem 18. Juli 1860 auch erfolgte; überzeugt war Mittermaier, „daß Herr Römer der Ehre würdig ist," ohne aber näher auszuführen, worauf die Wertschätzung beruhte. Der einzige Bezug des Oldenburger Oberappellationspräsidenten zu Heidelberg lag mehr als ein halbes Jahrhundert zurück: Unter dem 23. Oktober 1807 hatte er sich in die Matrikel der Ruperto Carola eingetragen, um an der Juristischen Fakultät sein in Erlangen aufgenommenes Jurastudium fortzusetzen.[41]

Carl Joseph Anton Mittermaier, der 1821 nach Heidelberg berufen worden war, gehört zu den vielseitigsten Gelehrtenpersönlichkeiten seiner Generation.[42] Nahezu unüberschaubar ist sein immenses literarisches Schaffen, das sich ebenso im Kaleidoskop der Vorlesungen widerspiegelt. 1848 wählte man ihn als einen der prominentesten liberalen Reformer zum Präsidenten des Frankfurter Vorparlaments. Verdienste erwarb Mittermaier sich gleichfalls als Abgeordneter in der Paulskirche bei dem Kampf um eine neue politische Ordnung für Deutschland. Nach deren Scheitern zog er sich von dem politischen Tagesgeschehen weitgehend zurück. Mittermaiers dauerhaftes wissenschaftliche Anliegen galt den Fragen und Problemen des Strafverfahrens und des Strafvollzugs, dessen Humanisierung er in seinem 1858 publizierten Werk „Die Gefängnisverbesserung insbesondere die Bedeutung und Durchführung der Einzelhaft" forderte. Ungemein beliebt war Mittermaier als begeisternder akademischer Lehrer unter den Studenten: Sein Lehrstuhl war „eine Kanzel der Freiheit und Menschlichkeit."[43] Große Verdienste erwarb sich Mittermaier ebenso als Ordinarius des Spruchkollegiums der Heidelberger Juristischen Fakultät, das er bis zu seinem Tod im Jahr 1867 leitete.[44]

---

20. Jahrhundert, Tübingen 2010, S. 130 ff.

[40] Unter dem 2.7. 1860 (UAH, H–II, 111/57, fol. 24).

[41] Vgl. Gustav TOEPKE, Die Matrikel der Universität Heidelberg, 5. Teil, Heidelberg 1904, S. 11 Nr. 210.

[42] S. SCHROEDER (wie Anm. 39), S. 133 ff.; Luigi NUZZO, Bibliographie der Werke Karl Anton Mittermaiers, Frankfurt a.M. 2004.

[43] So Levin GOLDSCHMIDT, Zum Andenken an Karl Joseph Anton Mittermaier, in: AcP 50 (1867), S. 417–442 (441); Michael HETTINGER, Mittermaier: Leben und Wirkung, in: Arnd KOCH/Carl Friedrich STACKELBERG/Wolfgang WOHLERS (Hrsg.), C.J.A. Mittermaier und der reformierte Strafprozess, Tübingen 2022, S.1-28.

[44] S. Antonius JAMMERS, Die Heidelberger Juristenfakultät im neunzehnten Jahrhundert als Spruchkollegium, Heidelberg 1964, S. 43 ff.

Roßhirt selbst stand einem solchen Vorhaben weitaus skeptischer gegenüber als sein berühmter Kollege Mittermaier, denn – wie er in seinem Schreiben an die Fakultätskollegen näher ausführte – „wir haben keine öffentliche Casse für solche Gunst-Erzeigungen, wir haben schon einmal in diesem Jahr eine abschlägige Antwort gegeben, der Decan und die Facultät kennen oft die Person nur durch Empfehlungen; endlich scheint eine Universität nicht befugt zu seyn, jedem, der vor 50 Jahren hier studirt hat, das Doctordiplom honoris causa zu übersenden."[45] In seiner Eigenschaft als Dekan ging es Roßhirt um prinzipielle Fragen, die sich ihm bei der angestrebten Verleihung der Würde eines doctor honoris durch die Heidelberger Juristenfakultät stellten. Die einzige Rechtsgrundlage sah er in den „Vorschriften über die Erteilung der Akademischen Würden in der juristischen Fakultät" vom 9. Dezember 1805.[46] Sie ersetzten die Statuten von 1786 und teilweise das 13. Organisationsedikt von 1803 „Über die ... die Neuorganisation der Universität Heidelberg"[47]. Ihre 47 umfänglichen Paragraphen regelten bis ins Detail die unterschiedlichen Promotionsleistungen.[48] Diese Bestimmungen wurden zwar durch die Fakultät von Beginn an äußerst großzügig gehandhabt, jedoch: „Von Ehrenpromotionen kommt in unseren Statuten nur vor, daß Jemand darum anhält, er in einem öffentlichen juristischen Amt steht und entweder als Schriftsteller oder eine von der Fakultät gebilligte Dissertation liefert (§ 34)." Bezüglich des konkreten Falles führte Roßhirt weiter aus: „Der vorgelegte Grund ist der Wunsch einiger Juristen für den Präsidenten ihres höchsten Gerichts, daß derselbe im Jahr 1808/09 hier studirt habe. Vor allem scheint es mir, daß es eines Princips bedarf. Jeder Gerichtsbeamte, auch wenn er nur im Vorstand eines Gerichts oder sonst hochgestellt ist, könnte ein solches Verlangen stellen."[49] Unsicher war er, ob seine Fakultätskollegen in dieser Frage mit ihm übereinstimmten. Roßhirt bat sie daher um eine „Erklärung" zu der von Mittermaier angestrebten Verleihung der Ehrendoktorwürde und zeigte sich gleichzeitig bereit, „des Princips wegen auch eine mündliche Sitzung" anzuberaumen. Dazu kam es jedoch nicht: Einstimmig befürwortete die Fakultät Mittermaiers Vorschlag, so dass Roßhirt unter dem 12. Oktober 1860 den Antragstellern mitteilen konnte: „In der Anlage übersendet die juristische Facultät das ausgefertigte Diplom für den Herrn Geh. Rath und Präsidenten Römer. Die Facultät ersucht sie insbesondere, dasselbe am 13. November dem Herrn Jubilar zu überreichen und ihm noch insbesondere unsere Glückwünsche auszusprechen. Der Unterzeichnete glaubt, in dem Diplom selbst die uns mitgeteilte Intention der Vorstände der Großherz. Oldenburgischen Behörden, der Mit-

---

[45] Unter dem 4.7.1860 (UAH, H-II, 111/57 fol. 23).
[46] Wiedergegeben bei JELLINEK (wie Anm. 37), S. 30 ff.
[47] Zu diesem Organisationsedikt vgl. Christian WÜRTZ, Johann Niklas Friedrich Brauer (1754–1813) – Badischer Reformer in napoleonischer Zeit, Stuttgart 2005, S.173 ff.
[48] Ausführlich zu diesen Vorschriften Klaus-Peter SCHROEDER, Theodor Mommsen, die Heidelberger Juristische Fakultät und ihre „Doktorfabrik", Heidelberg 2018, S. 17 ff.
[49] UAH, H-II, 111/57 fol. 23; BAUR (wie Anm. 9), S. 145.

glieder des Oberappellationsgerichts und der aufrichtigen Theilnahme der juristischen Facultät ausgesprochen zu haben."[50] Überschwänglich bedankten sich nur wenige Tage später die Oldenburger Juristen bei ihrem so erfolgreich agierenden Fürsprecher Carl Joseph Anton Mittermaier, den „international berühmtesten unter allen deutschen Juristen seiner Zeit" (Gustav Radbruch).[51] Auf die Erhebung von Gebühren verzichtete die Fakultät. In der Promotionsurkunde selbst findet sich kein Hinweis auf eine Verleihung des Doktorgrades honoris causa, so dass in diesem Fall formal von einer der seltenen Absenspromotionen nach § 34 Nr. 1 auszugehen ist.[52]

In Vergessenheit geraten war, dass bereits vierzig Jahre zuvor sich die Fakultät unter ihrem Dekan Thibaut ausführlich mit der Graduierung ehrenhalber befasst hatte. Denn schon im März 1820 war an sie der Wunsch „gelangt", einen Herrn Professor Destriveaux aus Lüttich „absentem et honoris causa sive gratis zum doctor iuris" zu promovieren.[53] Für ihren Dekan Carl Salomo Zachariae stellten sich nun zwei Fragen, die er der Fakultät schriftlich zur Beantwortung vorlegte: „1.) Ob es abwesend, und 2.) ob es unentgeltlich" möglich sei, den Doktortitel zu erwerben. Er selbst trage „schlechterdings keine Bedenken" die erste Frage im Hinblick auf § 34 der Statuten zu bejahen, ist doch der Supplikant in einem öffentlichen Amt angestellt und hat sich durch seine Schriften über die Strafgesetzgebung Frankreichs „meo voto rühmlich bekannt gemacht". Diese Ansicht teilten zwar ebenfalls seine Fakultätskollegen Thibaut, Genssl er, Roßhirt und Cropp. Erhebliche Bedenken gegen die angestrebte Verleihung der Doktorwürde „absentem et honoris causa" äußerte aber Thibaut und ihm folgend seine benannten Kollegen: „Allein ohne formelle Bitte von seiner Seite würde ich zu einer Promotion proprio motu nicht stimmen können. Dazu gehört entweder 1.) eine gewisse Dankbarkeit, die wir doch Herrn D. nicht schuldig sind oder 2.) eine wohlverdiente Celebrität, welche Herr D. noch zur Zeit nicht hat." Schnörkellos führte Thibaut weiter aus: „Promovieren wir ihn also auf das Vorliegende, so ist unsere wahre ratio nichts als eine Bitte unter der Hand und damit ein casus pro amico, worauf ich nirgend etwas halten kann. Also 3.) Herr D. mag uns förmlich bitten, dann bin ich zu allem bereit, namentlich auch zur Erlassung der auf meinem Theil fallenden Gebühren, jedoch ohne damit (nach § 42 der Statuten) unseren öffentlichen Anstalten etwas vergeben zu wollen."[54] Dieser „Bitte" leistete Destriveaux keine Folge, so dass auch keine Promotion erfolgte.

---

[50] UAH, H-II, 111/57 fol. 37.
[51] Unter dem 20.10.1860 (UAH, H-II, 111/57 fol. 52).
[52] Vgl. BAUR (wie Anm. 9), S 145.
[53] Unter dem 24.3.1820 (UAH, H-II,111/13 fol. 24 f.). – Hierbei handelt es sich um Pierre Joseph Destriveaux, späterhin Professor an der Universität Liége (s. BAUR [wie Anm. 9], S. 145 f.)
[54] So Thibaut und die übrigen Fakultätsmitglieder unter dem 24.3.1820 (UAH, H-II,111/13 fol. 24 f.).

Gleichfalls Jahrzehnte – Mitte April 1860 – später scheiterten ebenso die Stadtoberen der Gemeinde Röbel/Müritz in Mecklenburg mit ihrer Anregung: „Der erste Bürgermeister hiesiger Stadt, der Consiliaradvocat Hofrath Christian Ludwig Bernhard Engel, gebürtig zu Malchow, wird am 8. Mai den Tag begehen, an welchem er vor 50 Jahren als Advocat immatriculirt worden ist. Derselbe hat von Ostern 1808 bis 1809 in Heidelberg Rechtswissenschaften studirt. Indem wir uns diese gehorsame Anzeige erlauben, fügen wir zugleich die gehorsamste Bitte hinzu: die hochverehrliche Juristenfacultät der Universität Heidelberg wolle genehmigen, dem Jubilar honoris causa die Würde eines Doctoris juris utriusque zu verleihen."[55] Ohne längere Diskussion wurde das Gesuch der Mecklenburger Stadtherren abschlägig beschieden; Übereinstimmung bestand innerhalb der Fakultät dahin, dass allein der Hinweis auf vergangene Studiensemester an der Heidelberger Ruperto Carola für die Verleihung der Ehrendoktorwürde in keiner Weise ausreichend ist.[56]

Nicht einmal auf ein Studium der Rechtswissenschaft an der Ruperto Carola konnte Eduard von Strahl, Abgeordneter des krainischen Landtags und Mitglied des Landesausschusses verweisen. Das am 23. Oktober 1865 über Johann Caspar Bluntschli eingereichte Gesuch des Dr. Heinrich Costa, Bürgermeister von Laibach, verfiel ohne größere Diskussion der Ablehnung. Auch auf eine Absenspromotion wollte man sich nicht einlassen.[57] Bluntschli aber nahm vorliegende Angelegenheit zum Anlass, der Fakultät weitere Anregungen für den Fall einer Überarbeitung des Promotionsstatuts vorzutragen. Neben der gewöhnlichen Promotion und der Ehrenpromotion schlug er vor, einen „Mittelweg zu eröffnen für Männer von reiferem Alter (über 30 Jahre), …welche in Amt und Würde stehen und schicklicher Weise sich nicht mehr persönlich examiniren lassen, aber durch andere wissenschaftliche Leistungen das mündliche Examen ersetzen können."[58] Die Fakultät selbst sah im gegenwärtigen Zeitpunkt jedoch keine Notwendigkeit, sich mit diesem Vorschlag näher zu befassen. Auch späterhin kam man darauf nicht mehr zurück.[59]

---

[55] Unter dem 17.4.1860 (UAH, H-II, 111/57 fol. 15).
[56] Unter dem 25.4.1808 hatte sich Engel, von der Universität Rostock kommend, an der Heidelberger Juristischen Fakultät immatrikuliert (vgl. TOEPKE [wie Anm. 41], S. 14 Nr. 13).– Nach dem Examen arbeitete Engel seit 1810 als Advokat in Güstrow und nahm an den Befreiungskriegen 1813 bis 1815 teil. Danach war er von 1815 bis zu seiner Pensionierung 1861 Bürgermeister der mecklenburgischen Kleinstadt Röbel.
[57] UAH, H-II, 111/65 fol. 65 f.
[58] Unter dem 3.11.1865 (UAH, H-II, 111/65 fol. 66).
[59] Vgl. BAUR (wie Anm. 9), S. 144 Anm. 696.

In der Nachfolge Robert von Mohls war Johann Caspar Bluntschli 1861 auf den Lehrstuhl für Staatswissenschaften und Verwaltungsrecht berufen worden.[60] Sofort engagierte sich der gebürtige Schweizer auf der politischen Bühne seiner neuen Heimat, die er selbst als „ein Versuchsfeld deutschen Staatslebens und das badische Volk wie die Avantgarde der deutschen Volksbewegung" betrachtete.[61] Einbezogen wurde Bluntschli gleichfalls in die weit ausgreifende Reformgesetzgebung des Großherzogtums. Als Vertreter der Universität Heidelberg, der er auch im annus mirabilis 1870/71 als Prorektor vorstand, nahm er seit 1869 an den Sitzungen des badischen Landtags teil. Aktiv engagierte er sich er über lange Jahre hinweg im Freimaurerbund und der evangelischen Kirche. Bleibende, die Vergangenheit überdauernde Verdiente erwarb Bluntschli mit der Errichtung und Leitung einer Forschungsstelle für Völkerrecht, dem 1873 begründeten „Institut de Droit International".

1865 erreichte die Fakultät ein Schreiben des Geheimen Justizrats Dr. Silberschlag mit dem „Verlangen", den Chefpräsidenten des Königlichen Appellationsgerichts zu Magdeburg, Ernst Ludwig von Gerlach, mit der Ehrendoktorwürde auszuzeichnen.[62] Schon zwei Jahre zuvor hatte der Gerichtshof sich um diese Ehrung vor dem Hintergrund des Dienstjubiläums ihres Präsidenten bemüht, „da aber sowohl die Anfrage als das Fest in die Ferienzeit fielen und eine Versammlung der Facultät deswegen nicht möglich war, so wurde von Seiten des damaligen Decans am 28. August 1863 dieses thatsächliche Hinderniß dem k. Appellationsgericht zur Kenntniß gebracht und dießseits der betreffende Antrag umso eher als erledigt betrachtet, als kein weiterer Schritt geschehen, um etwa eine nachträgliche Verleihung des Ehrendiploms post festum zu beantragen. Wäre dies geschehen, so hätte wohl auch diesem Begehren entsprochen werden können." Nun aber, „nach fast zweijährigem Stillschweigen erscheint der Facultät eine derartige Auszeichnung, welche nicht auf das Jubliäum vom 7. Sept. zurückbezogen werden könne, nicht hinreichend durch den Moment veranlasst, und würde so sehr den Eindruck des Ungewöhnlichen und Auffälligen machen, daß sich die Facultät in Folge der einfachen Berufung auf die frühere Correspondenz nicht entschließen kann, diesen Act zu vollziehen."[63] Nachdrücklich betonte ihr Dekan Bluntschli, dass sie „ohne Bedenken, theils nach der Sitte in ähnlichen Fällen, theils in Rücksicht auf die ausgezeichnete Anerkennung, welche das k. Appellationsgericht den Leistungen

---

[60] Zu Bluntschli in seiner Heidelberger Zeit vgl. Carolin METZNER, Johann Caspar Bluntschli – Leben, Zeitgeschehen und Kirchenpolitik 1808–1881, Frankfurt a. M. 2009, S. 54 ff.
[61] S. SCHROEDER (wie Anm. 39), S. 218 ff.
[62] UAH, H-II, 111/63 fol. 88.
[63] So Dekan Bluntschli unter dem 4.7.1865 (UAH, H-II, 111/63 fol. 88). – Dr. Silberschlag, der Initiator der erneuten Anfrage, gab sich mit dieser Erklärung zufrieden (ebd., fol. 90).

seines Präsidenten der Facultät gegenüber ausgesprochen hat, der Anfrage des Gerichtshofs entsprochen und zu des Festfeier von Herrn von Gerlach das Ehrendiplom eines Doctors beider Rechte zugestellt."[64]

Auch Ludwig von Gerlach konnte auf Studiensemester an der Heidelberger Ruperto Carola verweisen. Unter dem 19.12.1812 hatte er sich in die Matrikel der Juristischen Fakultät – von Göttingen kommend – eingeschrieben.[65] Noch nicht zerbrochen war das über die Grenzen Heidelbergs ebenso bekannte wie gefürchtete „Juristische Triumvirat" – Arnold Heise, Anton Friedrich Justus Thibaut, Christoph Georg Martin –, das wesentlich zur Attraktivität Heidelbergs als Studienort für Rechtsbeflissene beitrug. Koryphäen auf dem Gebiet des Staats- und Kirchenrechts – Johann Ludwig Klüber, Carl Salomo Zachariae von Lingenthal – vervollständigen das Bild der glänzend besetzten Juristischen Fakultät in den Jahren nach dem Ende des Alten Reiches und der anschließenden Epoche eines geistigkulturellen Aufbruchs.[66] In der Konfrontation mit Napoleon wurde Heidelberg zu einem der Zentren vaterländischer Bewegung und nationaler Befreiung. Als Freiwilliger nahm Ludwig von Gerlach an den Befreiungskriegen teil, wurde mehrfach verwundet und mit dem Eisernen Kreuz ausgezeichnet. Er selbst entstammte dem preußischen Beamtenadel, schon in jungen Jahren durch das Elternhaus geprägt von einem starken Standesbewusstsein und strenger protestantischer Frömmigkeit.

Erfolgreicher war wieder ein über Geheimrat Mittermaier annonciertes Gesuch „einer großen Zahl der bedeutendsten Juristen Oldenburgs", Staatsrat Johann Heinrich Jacob Schloifer den Titel eines doctor honoris causa zu verleihen. Erneut bildete dessen 50jähriges Amtsjubiläum am 10. Dezember 1863 der äußere Anlass. Bereits unter dem 25. August 1863 hatte der damit beauftragte Obergerichtspräsident Dietrich Christian von Buttel Kontakt mit Geheimrat Mittermaier aufgenommen und ihm mitgeteilt: „Zur allgemeinen Befriedigung und wir zweifeln nicht, auch zur besonderen Genugthuung des Jubilars selbst, würde es gereichen, wenn ihm durch die Verleihung des Doktortitels eine Anerkennung zu Theil würde und auch den Jubilar seine juristischen Studien auf der von ihm in treuer und dankbarer Erinnerung besuchte Universität Heidelberg in der Zeit vom Herbst 1807 bis Herbst 1810 begonnen und vollendet hat."[67] Es folgt eine Aufzählung der verschiedenen Ämter, welche Schloifer in seiner langen Laufbahn innehatte.[68]

---

[64] UAH, H-II, 111/63 fol. 88 f.
[65] Vgl. TOEPKE (wie Anm. 41), S. 79 Nr. 173.
[66] S. SCHROEDER (wie Anm. 39), S.43 ff.
[67] UAH, H-II, 111/62 fol. 13 f. – In die Matrikel eingetragen hatte sich Schloifer unter dem 21.10. 1807 (TOEPKE [wie Anm. 41], S. 10 Nr. 202).
[68] Vgl. hierzu Jochen LENGEMANN, Das Deutsche Parlament (Erfurter Unionsparlament) von 1850, München/Jena 2000, S. 276–277 (ohne Erwähnung der Verleihung der Ehrendoktorwürde durch die Juristische Fakultät der Universität Heidelberg); Harald SCHIECKEL, Die Herkunft und Laufbahn der oldenburgischen Minister von 1848–1918, in: Heinz DOLLINGER/Horst GRÜNDER/Alwin HANSCHMIDT (Hrsg.), Weltpolitik-Europagedanke-Regionalismus, Münster 1982, S. 247–267 (263).

Und in der Tat, der 1790 als Sohn eines oldenburgischen Kammerrats geborene Johann Heinrich Jakob Schloifer konnte auf eine beeindruckende Karriere in Politik, Verwaltung und Justiz verweisen. Nach dem Studium, das er aber nicht – wie vielfach berichtet – mit der Promotion zum Dr. iur. an der Heidelberger Ruperto Carola abschloss, amtete er zunächst als Sekretär bei der oldenburgischen Justizkanzlei, dann als Gerichtsassessor beim Drosteigericht in Neuenburg, wurde 1829 Landvogt in Jever, zehn Jahre später Geheimer Hofrat in Oldenburg. Im Verlauf der Revolution von 1848 ernannte man ihn zum Vorsitzenden der Verfassungskommission, die vom Großherzog damit beauftragt war, einen gemäßigten Neuentwurf einer Verfassung für das Großherzogtum Oldenburg auszuarbeiten. Bevor dies jedoch erfolgen konnte, wurde er am 1. August 1848 unter Großherzog Paul Friedrich August von Oldenburg erster konstitutioneller Ministerpräsident des Großherzogtums Oldenburg. Am 28. Februar 1849 trat die oldenburgische Verfassung in Kraft, die jedoch bereits 1852 wieder revidiert wurde. Aufgrund von Differenzen zwischen Parlament und Großherzog über das Verhältnis Oldenburgs zu Preußen musste Schloifer und seine Regierung ein Jahr später, am 13. August 1849, wieder abtreten. 1852 zog er sich resignierend von sämtlichen politischen Ämtern zurück. Als Direktor stand Schloifer seit 1854 an der Spitze des großherzoglichen Evangelischen Oberschulkollegiums. Zwei Jahre danach ernannte man ihn zum Präsidenten des Obergerichts in Oldenburg, 1858 zum Präsidenten des Appellationsgerichts. 1865 trat er dann in den Ruhestand, nur wenig später verstarb Johann Heinrich Jakob Schloifer, „eine Zierde seines Standes, allgemein beliebt und sehr geachtet", in seiner Heimatstadt.[69]

Zügig verlief das von Mittermaier angestoßene Verfahren zur Verleihung der Ehrendoktorwürde. Unter dem 23.10 1863 teilte Dekan Karl Adolph von Vangerow seinen Fakultätskollegen mit: „Ich erlaube mir, die neulich im Spruchkolleg schon besprochene, wegen Abwesenheit des Herrn Kollegen Zoepfl noch nicht zur Abstimmung gebrachte Angelegenheit in betr. der Ehrenpromotion des Herrn App. Ger. Präs. Schloifer jetzt zur definitiven Abstimmung vorzulegen. Ich für meinen Theil habe nichts gegen diese Promotion einzuwenden. Für den Fall, daß auch die Herren Kollegen dieser Ansicht sind, bitte ich auch darüber sich auszusprechen, wer die unvermeidlichen Kosten tragen soll."[70] Wie nicht anders zu erwarten stand, zeigte sich Mittermaier „ueberzeugt von der Würdigkeit des J. Schloifer als Staatsmann, Richter und allgemein geachteter Mensch."[71] Hinsichtlich der Kosten für die Ausfertigung des Diploms schlug er vor, dass die Kasse des Spruchkollegiums die Hälfte übernehmen soll, die andere Hälfte aber die Antragsteller. Scharf widersprach jedoch Franz Roßhirt einer solchen Aufteilung der Kosten: „Schon früher habe ich mich ausgesprochen, daß, obgleich ich den Präsidenten Schloifer nicht kenne, ich mich gerne dem Urtheile meiner Herrn Collegen unterwerfe. Was die Promotionskosten betrifft, so versteht es sich von selbst, daß

---

[69] UAH, H-II, 111/62 fol. 16.
[70] UAH, H-II, 111/62 fol. 11 f.
[71] UAH, H-II, 111/62 fol. 11.

nur von denjenigen die Rede seyn kann, die sich auf Druck und damit zusammenhängende Vortheilkosten beziehen. Auch hier werde ich mich den Ansichten der Fakultät nicht widersetzen, aber ich glaube nicht, daß dem Spruchkollegium ein Theil oder gar alle Kosten tragen soll. Wenn man sich aber für die Casse des Spruchkollegiums entscheidet, so bin ich dafür, daß sie die ganzen Kosten trage, weil ich keinen Grund für die Theilung der Kosten finde."[72] Ohne weiteren Kommentar schlossen sich sowohl Mittermaier als auch Achilles Renaud und Johann Caspar Bluntschli dem Votum – Übernahme der Kosten durch die Spruchkollegiumskasse – Roßhirts an.

Heinrich Zoepfl hingegen sah sich zu einer näheren Stellungnahme veranlasst: „Was aber die Kosten der Ausfertigung anbelangt, so finde ich, da die Verleihung des Doctortitels nicht von uns proprio motu, sondern auf dem Wunsch auswärtiger Personen geschieht, keine Veranlassung, weder zur Übernahme der Kosten auf die Spruchcollegiumskasse, noch auf Rechnung der einzelnen Facultätsglieder. Vielmehr versteht es sich meines Erachtens von selbst, daß die Herren, welche die Facultät angegangen haben, auch die Kosten der Erfüllung ihres Wunsches zu tragen haben; ich verweise dabei darauf, daß auch die Herren, welche für H. Präsident Gerlach die Verleihung des Doctortitels nachgesucht hatten, sich zur Bestreitung der Kosten als einer selbstverständlichen Sache ausdrücklich erboten haben ... wenn beliebt wird, daß die sämtlichen Kosten aus der Spruchcollegiumskasse bestritten werden: für meinen Theil aber finde ich mich zur Übernahme eines Antheils an diesen Kosten nicht veranlaßt."[73] Aller Querelen um die Frage der Kosten für Druck und Ausfertigung des Doktordiploms wurden die Fakultätsmitglieder durch die Nachricht enthoben, daß die „Oldenburger Herren" für die Kosten aufkommen werden.[74]

Das unter badischer Herrschaft 1805 wieder eingerichtete Spruchkollegium, welches sich aus den Mitgliedern der Juristischen Fakultät zusammensetzte, verfügte über eine eigene Kasse.[75] In sie flossen ein bestimmter Prozentsatz der von den einzelnen „Aktenstücken" zu erhebenden Gebühren.[76] Aus diesem „fiscus" sollten sämtliche „nöthigen Auslagen, Vorschüße und außerordentliche Unkosten" bestritten werden, so auch nach Meinung der überwiegenden Anzahl seiner Beisitzer gleichfalls die Kosten, welche bei Ehrenpromotionen anfielen.

Bei der Verleihung der Ehrendoktorwürde an Friedrich Creuzer, einem der berühmtesten Altphilologen seiner Epoche, zu Ostern 1844 bestanden keinerlei

---

[72] UAH, H-II, 111/62 fol. 11 f.
[73] UAH, H-II, 111/62 fol. 12.
[74] Überschwänglich bedankte sich Schloifer bei Mittermaier für die Verleihung der Doktorwürde ehrenhalber und bat ihn, „auch den „Herren Kollegen in der Fakultät die dankbaren Gesinnungen ... in meinem Namen auszusprechen." (UAH, H-II, 111/62 fol. 18).
[75] Dieses Spruchkollegium, das rasch hohes Ansehen gewann, bestand bis zum Inkrafttreten der Reichsjustizgesetze am 1.10. 1879 (vgl. JAMMERS [wie Anm. 44], S.68 f.
[76] Vgl. § 10 der Vorschriften für das Spruch-Collegium aus dem Jahr 1805 (publiziert bei JAMMERS [wie Anm. 44], S. 162).

Zweifel, dass die Kasse des Spruchkollegiums die Kosten der Ehrung zu übernehmen hatte.[77] Große Mühe gab man sich bei der Gestaltung des Diploms. Roßhirt, Dekan der Fakultät, erklärte: „Ich werde auch den Druck besorgen 1. auf Pergament mit schwarzen Buchstaben, weil dieser besser aussieht und zu dem Pergament besser passt. 2. Mit einer Capsel, 3. Mit einer Anzahl von 200 Exemplaren, von denen 40 der Fakultät gehören ..."[78] Äußerer Anlass der Verleihung des Ehrendoktorats war die Feier 1844 anlässlich des 40. Jubiläums Creuzers Heidelberger Lehrtätigkeit. Gleichzeitig erhielt er von dem „Gemeinderath und Bürgerausschuss der Stadt Heidelberg ... das Bürgerrecht". Unbestritten waren seine wissenschaftlichen Leistungen, die man mit der Verleihung des juristischen und theologischen Ehrendoktors würdigen wollte. Ein Jahr später wurde Friedrich Creuzer „seines vorgerückten Alters wegen und in Folge seines eigenen Wunsches" in den Ruhestand versetzt.[79] Seine wissenschaftliche Arbeit setzte er auch nach dem Ausscheiden aus dem Lehramt fort. Unter dem 16. Februar 1858, noch am Tage des Todes Creuzers, informierte der amtierende Dekan, der Jurist Achilles Renaud, „sämmtliche Herren Professoren, Beamte und Privatdozenten, dass heute früh ½ 6 Uhr der Geheime Rath Professor Dr. Creuzer seine irdische Laufbahn beschlossen" habe.[80]

Friedrich Creuzer studierte ab dem Sommersemester 1789 zuerst Theologie und Philosophie an der Universität Marburg, ging dann in Jena zur Philologie und Literaturgeschichte über. Seit 1791 lebte er wieder in Marburg, wo er in engen persönlichen und wissenschaftlichen Verkehr mit F. C. von Savigny stand, auf dessen Rat er sich 1799 in Marburg für alte Geschichte und griechische und römische Schriftsteller habilitierte. 1804 nahm Creuzer den Ruf nach Heidelberg als ordentlicher Professor der Philologie und alten Geschichte an, wo er bis 1845 lehrte. Zusammen mit Friedrich Schwarz begründete Creuzer 1807 das „Philologisch-Pädagogische Seminarium", für lange Jahre das einzige Universitätsinstitut. Zu Creuzers Freundeskreis zählten Johann Wolfgang von Goethe und Clemens Brentano. Ab 1804 war er liiert mit Karoline von Günderrode, die sich dann, nachdem Creuzer sie abrupt verlassen hatte, 1806 das Leben nahm.

Mit seinen stets gut besuchten Kollegs zu archäologischen Themen begründete Creuzer die Tradition dieses Faches an der Universität Heidelberg, aus der 1866 das Archäologische Institut (heute Institut für Klassische Archäologie und Byzantinische Archäologie) hervorging.[81] Verdienste erwarb er sich ebenso um die Si-

---

[77] UAH, H-II, 111/39 fol. 21.
[78] UAH, H-II, 111/39 fol. 21
[79] UAH, PA 1453 fol. 30.
[80] UAH, PA 1453 fol. 38 f.
[81] Vgl. Andreas HENSEN, Creuzer als Wegbereiter der archäologischen Forschung, in: Frank ENGEHAUSEN/Armin SCHLECHTER/Jürgen Paul SCHWINDT (Hrsg.), Friedrich Creuzer 1771–1858 – Philologie und Mythologie im Zeitalter der Romantik, Heidelberg 2008, S. 99–111.

cherung und wissenschaftlichen Erschließung eines 1838 entdeckten, großen Kultbildes der römischen Mithrasmysterien in Neuenheim am nördlichen Neckarufer. 1835 wurde die nach Creuzer benannte archäologische Sammlung „Antiquarium Creuzerianum" gestiftet, die 1848 in der Archäologischen Sammlung der Ruperto Carola Aufnahme fand.

Lange vor Etablierung der Kultur-, Sozial und Lebenswissenschaften hatte Creuzer diese Disziplinen gepflegt. Seine „Alterthumskunde" betrachtete er als eine integrale Wissenschaft vom Leben, von der Sprache und vom Denken, von den Mythen und den Bildern, von der Geschichte und den Monumenten.[82] Aber hierauf beruht Creuzers Bedeutung nicht allein: In seinen philologischen, ikonographischen und mythologischen Schriften hat er zugleich das Paradigma eines Wissenschaftsstils begründet, der Intuition und diskursive Vernunft, Mythos und Logos zusammenführt. Als Lehrer und Forscher der deutschen Altertumswissenschaft erwarb er sich auch im Ausland, besonders in Frankreich, England und Holland, hohes Ansehen. So war Creuzer Mitglied fast aller gelehrten Gesellschaften Europas, Ritter der französischen Ehrenlegion (1837) und der Friedensklasse des Ordens Pour le mérite (1849). Lebhaften Anteil nahm er ebenso an den literarischen Fehden der jüngeren romantischen Schule (Arnim, Brentano, Görres) innerhalb der von ihm und dem Theologen Karl Daub herausgegebenen „Studien" (1805–11), die in ihrer Ausrichtung auf Naturphilosophie, Mythologie und Symbolik ganz von den Gedanken der Romantik beeinflusst waren. Zusammen mit dem Historiker Friedrich Wilken redigierte Creuzer die fünfte Abteilung der „Heidelberger Jahrbücher der Literatur" (seit 1807), die Philologie, Historie, Literatur und Kunst umfasste.

Nicht Creuzers Verdienste um die Archäologie oder die Religionsgeschichte stehen im Mittelpunkt der von der Juristischen Fakultät ausgefertigten, von dem klassischen Philologen Christian Bähr – ein Schüler Creuzers – entworfenen Ehrendoktorurkunde, sondern sein Einsatz für die römische Rechtskultur:

Qui quadraginta abhinc annis marburga Heidelbergam vocatus ab eo inde tempore in Academia nostra docendo aeque acseribendo insigniter claruit ut de omni antiquitatis doctrina ita de antiqui Romanorum juris historia, institutis, moribus, tota republica accuratius cognoscenda merifissimus, edito quoque de Romanorum antiquitatibus libro in Juris studiosorum usum aptissime comparato summos in utroque jure honores [...].[83]

---

[82] S. hierzu insb. Jürgen Paul SCHWINDT, Sinnbild und Denkform. Creuzers „Alterthumskunde" und das romantische Erbe der Klassischen Philologie", in: ENGEHAUSEN/SCHLECHTER/SCHWINDT (wie Anm. 81), S. 41–58.

[83] UAH, H-II,111/39, fol. 21 („... der vor vierzig Jahren von Marburg nach Heidelberg berufen, von dieser Zeit an in unserer Akademie durch Lehre und Forschung bedeutsam hervorgetreten ist, sowohl in jeder Disziplin der Altertumskunde als auch in der römischen Rechts-, Brauchtums- und Sittengeschichte, durch genaueste Kenntnis der gesamten römischen Republik und auch die Herausgabe eines Buches über die römische Antike zum Gebrauch für die Jurastudenten bestens aufbereitet hat, hat sich große Verdienste und höchste Ehren in beiderlei Recht erworben").

Eine besonders kunstvoll angefertigte „Capsel" diente zur Verwahrung des Dokuments. In einem Brief des Dekans Roßhirt an Eduard Morstadt und Heinrich Zoepfl finden sich die weiteren Modalitäten des Festakts beschrieben: „Die zur Verleihung der Doctorwürde versammelte Fakultät hat beschlossen, an Herrn Geh. Rath Creuzer die juristische Doctorwürde zu verleihen. Die Uebergabe des Diploms soll morgen 11¼ Uhr stattfinden, und werden wir uns im Senatszimmer versammeln. Sollten die Herren Collegen an der Glückwünschung theil nehmen wollen, so lade ich Sie hierdurch dazu ein."[84] Während Morstadt schlicht mitteilte, verhindert zu sein, reagierte Zoepfl verärgert und gereizt: „Obige Zuschrift ist mir erst am 5.3. zugekommen, da ich am 3ten verreist war. Übrigens glaube ich, ein Recht zu haben, bei der Ertheilung der Ehrenpromotion mitzustimmen, da in meiner Signatur vom 4. November 1842 mir wörtlich nur die Beschränkung auferlegt ist, ‚daß ich zur Zeit keinen Theil an den von der Facultät vorzunehmenden Prüfungen zu nehmen habe'. Da mir diese Sache wegen künftiger Fälle nicht gleichgültig ist, so ersuche ich den H. Decan ergebenst, bei nächster Zusammenkunft der ordentlichen Professoren oder durch circulare diese Frage zur Abstimmung bringen zu wollen."[85] Äußerst empfindsam reagierte Zoepfl auf jegliche „Anmaßung", die seine noch keineswegs gefestigte Stellung im Rahmen der Fakultät auch nur ansatzweise berührte.

Nur wenig später scheiterte er mit der Forderung, ihm die Lehrkanzel des 1843 verstorbenen Karl Salomo Zachariae zu übertragen. Weiterhin verharrte Zoepfl in der Position eines ordentlichen Professors „zweiter Klasse", dem auch durch das benannte Regulativ die Aufnahme in die finanziell einträgliche Examensfakultät zunächst verwehrt blieb.[86] Hohes Ansehen genoss er als gesuchter Experte auf dem Gebiet des Privatfürstenrechts. Daneben beriet Zoepfl die Regierung in Karlsruhe, Städte, Parlamente und von politischen Pressionen Betroffene. Regen Anteil nahm er an den Ereignissen des bewegten „Vormärz", der „deutschen Revolution" von 1848/49 und der Reichsgründung 1870/71. Gleichfalls beteiligte er sich an der ausgedehnten Spruchpraxis der Heidelberger Juristenfakultät.[87]

Die Ehrenpromotion Friedrich Carl Creuzers 1844 war nach der materiellen und personellen Reorganisation der Universität unter Großherzog Karl Friedrich – folgt man den Akten der Juristischen Fakultät – die zweite in der ersten Hälfte des 19. Jahrhunderts. Sechs Jahre zuvor hatte Carl Joseph Anton Mittermaier in seiner Eigenschaft als Dekan im Mai 1838 die Mitglieder der Fakultät darüber informiert, dass „nach einem, dem Herrn Geh. Rath Zachariae zugekommenen Schreiben des Staatsraths v. Hahn", dieser den Wunsch geäußert habe, „den jurist.

---

[84] Unter dem 3.3.1844 (UAH, H-II,111/39, fol. 22).
[85] UAH, H-II, 111/39 fol. 22 f.
[86] Vgl. Klaus-Peter SCHROEDER, Heinrich Zoepfl (1807–1877) – Ein Heidelberger Gelehrtenleben, in: Dorothee MUßGNUG/Michael STOLLEIS (Hrsg.), Heinrich Zoepfl (1807–1877) – Heidelberger Universitätsprofessor und Rechtsgutachter, Heidelberg 2019, S. 15–27 (20 f.).
[87] JAMMERS (wie Anm. 44), S. 58.

Doktorgrad an unserer Fakultät zu erhalten." Er fährt fort: „Da v. Hahn in einer hohen Stellung sich befindet, sich hier wie wir wissen mit dem Rechtsstudium sehr beschäftigt hat, so trage ich darauf an, den v. Hahn honoris causa zu promovieren und ersuche die Herren Kollegen sich darüber sowie über die Frage, ob Gebühren erhoben werden sollen, gefälligst zu äußern."[88] Die erbetenen Stellungnahmen seiner Fakultätskollegen fielen knapp aus. Thibaut notierte: „Ich stimme ganz für die Promotion und wünsche sehr, dass einem solchem Manne von Gebühren nichts gesagt werde."[89] Diesem Votum schlossen sich ohne weitere Bemerkungen Roßhirt und Zachariae an. Rechtsgrundlage für diesen Akt bildete auch hier § 34 Nr. 1 der „Vorschriften über die Erteilung der Akademischen Würden in der juristischen Fakultät" vom 9. Dezember 1805, ohne dass man ausdrücklich darauf Bezug nahm.[90] Einigkeit bestand innerhalb der Fakultät gleichfalls darüber, Staatsrat Wilhelm von Hahn nicht die anfallenden Kosten einer Ehrenpromotion aufzuerlegen,

Unter dem 18. Oktober 1811 hatte sich, von Marburg kommend, Baron Wilhelm von Hahn aus dem „Curland" in die Matrikel der Ruperto Carola eingetragen;[91] ein Major von Bistram wird als Vormund benannt.[92] Ohne Rücksprache mit der Fakultät oder einzelner ihrer Mitglieder hatte „Staatsrath" von Hahn 1838 um Verleihung des Doktorgrades ehrenhalber nachgesucht. Die Fakultät zeigte sich gerne bereit, angesichts dessen „hoher Stellung" ihm den erwünschten Titel zu verleihen. Ausreichendes Kriterium für diesen ehrenden Akt waren anscheinend seine hervorgehobene amtliche Position und die weit über fünfzig Semester zurückliegende Immatrikulation an der Ruperto Carola. Die Suche nach näheren Ausführungen zur Person und Karriere Wilhelm von Hahns verläuft letztlich ergebnislos, eine Urkunde über die erfolgte Ehrenpromotion findet sich in den einschlägigen Fakultätsakten ebenso wenig wie weitere Angaben zu seiner beruflichen Laufbahn.[93] Zu vermuten ist, dass er als „Staatsrath" im Dienst des russischen Zarenreiches, wie viele Angehörige aus seiner Familie, stand. So bildete seit 1795 im Gefolge der polnischen Teilung das Gouvernement Kurland eines der drei russischen Ostseegouvernements, die vom deutsch-baltischen Adel, zu dem auch das Geschlecht der von Hahns zählte, jeweils autonom verwaltet wurden.

Von ganz anderem Gewicht war und vor einem völlig anderen Hintergrund spielte sich die Verleihung der Ehrendoktorwürde an Pasquale Stanislao Mancini

---

[88] UAH, H-II,111/33 fol 63.
[89] UAH, H-II,111/33 fol 63.
[90] BAUR (wie Anm. 9), S. 145.
[91] S. TOEPKE (wie Anm. 41), Nr. 131 S. 63.
[92] Seine Karriere im Dienst des russischen Kaiserreichs beendete Karl von Bistram (1779–1838) als Generalleutnant der Infanterie.
[93] S. BAUR (wie Anm. 9), S. 145.

ab, sah sich doch die Juristische Fakultät unvermutet in das politische Zeitgeschehen jener Epoche eingebunden.[94] Im Jahr des deutsch-französischen Krieges unterbreitete Johann Caspar Bluntschli der Fakultät den Vorschlag, „dem vielfach verdienten italienischen Juristen Mancini die Doctorwürde honoris causa zu verleihen." Vorgetragen wurde dieser „Gedanke" der Fakultät von Emil Herrmann in seiner Eigenschaft als amtierender Prodekan unter dem 22.8.1870.[95] Vermittelt hatte aber die in Aussicht genommene Ehrung Leo Königsberger, welcher 1869 einem Ruf auf den Lehrstuhl für Mathematik an der Heidelberger Ruperto Carola gefolgt war. Hier traf er wieder auf Ernst Immanuel Bekker, seinem alten Freund aus gemeinsamen Dozentenjahren an der Universität Greifswald.[96] Am 20. August 1870 besuchte Königsberger „in Begleitung eines hohen preußischen Militärs" Wilhelm Studemund, Professor für klassische Philologie an der pommerschen Landesuniversität und gleichfalls mit Bekker eng befreundet. Er berichtete Königsberger von dem Wunsch des Berliner Auswärtigen Amtes, dass bei der „drohenden Zwitterstellung Italiens" dem Unterrichtsminister Mancini, „der von der Gelehrtenwelt auch außerhalb Italiens hochgeschätzt wird", von deutscher Seite eine „Aufmerksamkeit erwiesen werden möge". Dabei dachte man an eine Ehrenpromotion einer renommierten Juristischen Fakultät wie die Heidelberger, die zu diesem „Zwecke am geeignetsten" wäre. In seinen 1919 publizierten Lebenserinnerungen führt Königsberger weiter aus:

„Bekker und der Neffe von Bismarck, der Legationsrat C. v. Bismarck, mit dem ich schon im Jahre 68 durch Bekker bekannt geworden, hätten ihm nun geraten, eine solche Ehrenpromotion in Heidelberg zu erbitten, und sich zu dem Zwecke an mich zu wenden, damit ich ihn über die Professoren der juristischen Fakultät orientiere. Ich tat selbstverständlich alles darauf bezügliche nach besten Kräften, und wies sie an Bluntschli, den eigentlichen Politiker in dieser Fakultät."[97]

Und Bluntschli ließ keine Zeit verstreichen, um der in einem verabredeten Telegramm aus Berlin noch einmal geäußerten Bitte des Preußischen Auswärtigen Amtes nachzukommen.[98] Ungesäumt setzte er sich mit Franz Mittermaier, Sohn des mit Mancini befreundeten Carl Joseph Anton Mittermaier, in Verbindung.[99]

---

[94] Zu Leben und Werk Mancinis s. Erik JAYME, Pasquale Stanislao Mancini – Internationales Privatrecht zwischen Risorgimento und praktischer Jurisprudenz, Ebelsbach 1980, S. 12–17.
[95] UAH, H-II, 111/71 fol. 2. – Herrmann vertrat Dekan v. Vangerow, welcher zu diesem Zeitpunkt schwer erkrankt war.
[96] Zu Bekker vgl. SCHROEDER (wie Anm. 39), S. 245 ff.
[97] Zit. nach der von Gabriele Dörflinger erstellten digitalen Ausgabe, Heidelberg 2015, S. 62.
[98] In seinen Lebenserinnerungen findet diese Ehrenpromotion ebenso Erwähnung (BLUNTSCHLI, Denkwürdiges aus meinem Leben, Bd. 3/2, Nördlingen 1884, S. 282).
[99] Carl Joseph Anton Mittermaier war 1867 verstorben (zu ihm SCHROEDER [wie Anm. 39], S. 133 ff.).

In einem an Bluntschli gerichteten Brief berichtete er „über das, was er von Mancini weiß. Leider ist es nicht viel ... Doch weiß ich, daß er im steten Briefwechsel mit meinem Vater blieb ... Ich glaube mich auch zu erinnern, daß mein Vater mir sagte, Mancini habe an den neuen piemontesischen später italienischen Gesetzgebungsarbeiten einen hervorragenden Antheil ... Namentlich ist die Bearbeitung des italienischen Handelsgesetzbuches von 1865 auf Anregung Mancinis vorgenommen worden. Er machte damals auch auf die Vorzüge der deutschen Wechselordnung aufmerksam."[100] Einmütig befürworteten nach „mündlichen Besprechungen, welche deshalb stattgefunden haben" und daher eine weitere „schriftliche Darlegung der Verdienste Mancinis überflüssig" machten, die Mitglieder der Heidelberger Juristischen Fakultät die gewünschte Promotion „im jetzigen Moment". Herrmann konnte noch mitteilen, dass ebenso von Vangerow mit „der dem Herrn Mancini zugedachten Ehrenbezeugung einverstanden sei."[101] Entworfen hatte Herrmann auch bereits die „Formel" für das Ehrendiplom, welche gleichfalls die Zustimmung seiner Kollegen fand: *Ad rem publicam bonis legibus stabilendam ornandam saluberrima consilia contulit. Juris consultum cordatum aterrimum honoris et observantiae causa.*[102]

Prodekan Emil Herrmann konnte schon unter dem 25.8.1870 Mancini, der sich in Florenz als der damaligen Hauptstadt des neubegründeten Königreichs Italien aufhielt, von der Ehrung mit dem Hinweis auf die Verbindungen zwischen deutscher und italienischer Rechtswissenschaft unterrichten.[103] Das „diploma doctorale" wurde der Botschaft des Norddeutschen Bundes in Florenz zugeleitet. Mancini selbst äußerte sich nicht weiter zu dieser Ehrbezeugung gegenüber der Heidelberger Juristischen Fakultät. Monate später teilte der Gesandte des Norddeutschen Bundes auf Anfrage Bluntschlis hin mit, dass er „Mancini das mir übersandte Diplom unterm 1. September habe zugehen lassen. Ich habe hiervon keine Anzeige gemacht, weil ich voraussetzen mußte, daß Herr Mancini, ungeachtet seiner vielseitigen politischen und juristischen Geschäfte würde Zeit gefunden haben, dieses selbst und direct zu thun."[104] Hierüber schweigen jedoch die Akten der Fakultät. Wahrscheinlich ist, dass Mancini in der Tat während der Jahre des Risorgimento keine Zeit für Dankadressen fand, agierte er doch in verschiedenen Rollen im Verlauf der Einigung Italiens: Innenminister 1862, Justizminister 1876–1878, schließlich Außenminister 1881–1885, der mit Bismarck für den Abschluss des Dreibunds verantwortlich zeichnete. Richtungsweisend war seine Kodifikation

---

[100] Unter dem 20.8.1870 (UAH, H-II, 111/71 fol. 6). – S. hierzu insb. Erik JAYME, Pasquale Stanislao Mancini (1817–1888) – Die Nation als Rechtsbegriff im Internationalen Privatrecht, in: JuS 1988, S. 933–936 (933); DERS., Einleitung zu Mittermaier, Italienische Zustände, 1844, Neuausgabe Heidelberg 1988, S. 7 ff.
[101] UAH, H-II, 111/71 fol. 2.
[102] „Der höchst vernünftige Vorschläge gab, um den Staat mit guten Gesetzen zu festigen und zu schmücken. ..."
[103] UAH, H-II, 868/1.
[104] Unter dem 3.3.1871 (UAH, H-II, 111/71 fol. 146).

des Internationalen Privatrechts, die Mancini als Mitglied einer königlichen Koordinierungskommission 1865 in die Einführungsbestimmungen zum Codice civile aufnahm. Als Professor lehrte er an den Universitäten in Turin und Rom. Mit seinem Heidelberger professoralen Kollegen Bluntschli verband ihn das Interesse am Völkerrecht, mit dem 1867 verstorbenen Carl Joseph Anton Mittermaier das Gebiet der Rechtsvergleichung. Elf angesehene europäische Rechtsgelehrte, darunter Bluntschli und Mancini, kamen im September 1873 in Gent zusammen und begründeten das „Institut des Droit International". Auf den von Bluntschli entworfenen Statuten beruhte die Tätigkeit des Instituts, das rasch unter seiner Ägide als Vizepräsident hohes Ansehen gewann; Mancini war dessen erster Präsident.[105] Als einer der großen Staatsmänner des neu begründeten Königreichs Italien verstarb Mancini im Jahre 1888. Max Gutzwiller zählt ihn neben Joseph Story und Karl Friedrich von Savigny zu den drei bedeutsamsten Internationalprivatrechtlern des 19. Jahrhunderts.[106]

Die Umstände, unter denen das Ehrendoktorat Mancini verliehen wurde, waren genuin politischer Natur. Nicht ohne Hintersinn hatte man sich in der preußischen Hauptstadt für die Heidelberger Juristische Fakultät entschieden, galt sie doch als eine der angesehensten innerhalb des deutschen Sprachraums. Gleichzeitig war ebenso die Ruperto Carola nahezu die einzige Universität, an der Professoren in Lehre und Publizistik für den Gedanken der Nationaleinheit, und zwar in seiner kleindeutschen Ausprägung, rückhaltlos eintraten. Trotz des Aderlasses Anfang der fünfziger Jahre wetterten die neu berufenen liberalen Heidelberger Professoren, welche das politische Forum der Neckarstadt beherrschten, offen gegen den in Misskredit geratenen Deutschen Bundestag und propagierten mit ebenso großem Einsatz wie Nachdruck den Gedanken der nationalen Einheit unter Preußens Führung. Anfänglich bildeten sie zwar eine Minderheit, besaßen Gewicht und Außenwirkung aber aufgrund ihres wissenschaftlichen Ansehens. Durch die politische Entwicklung wurden sie bestärkt, und die großdeutsch Orientierten gerieten immer mehr in die Defensive. So auch Heinrich Zoepfl, altgedienter Ordinarius für Staatsrecht, Naturrecht und Rechtsgeschichte; er galt im Kreis seiner jüngeren Kollegen als überlebter, unbeirrter Anhänger Österreichs, der früheren Präsidialmacht des Deutschen Bundes. Voller Misstrauen beobachtete Zoepfl die Gründung des Zweiten Deutschen Kaiserreichs unter dem leitenden Staatsmann dieser Epoche, Fürst Otto von Bismarck.[107] Johann Caspar Bluntschli, gewichtigster politischer Kopf innerhalb der Fakultät, war ein unbedingter Anhänger der kleindeutschen Partei, welcher den Wunsch des preußischen Auswärtigen Amtes nach einer Ehrbezeugung für Mancini gerne unterstützte und ohne Zeitverzug umsetzte.

Unter dem 20.1.1879 erreichte Achilles Renaud als Dekan der Juristischen Fakultät eine Anfrage des am Berliner Obertribunalgericht eingerichteten Komitees

---

[105] S. hierzu Johann Caspar Bluntschli, Denkwürdiges aus meinem Leben, Bd. 3, Nördlingen 1884, S. 328 ff., 331 f.
[106] In: Festschrift für Vischer, Zürich 1983, S. 131 ff.
[107] Vgl. SCHROEDER (wie Anm. 39), S. 156 f.

zur Organisation der Feier des Dienstjubiläums ihres Vizepräsidenten Julius Wenzel: „Der Ober-Tribunals-Vizepräsident Julius Wenzel begeht am 20. Januar 1879 sein 50jähriges Dienstjubiläum (…) Zuversichtlich würde es dem Jubilar gar höchste Freude und ganz besondere Anerkennung gereichen, wenn ihm an jenem Ehrentage von der Universität, bei der er den Grund zu seiner juristischen Bildung und späteren Laufbahn legte, die Würde eines Doctor beider Rechte verliehen würde."[108]

Mit Achilles Renaud, welcher seit 1851 als Ordinarius deutsches Privatrecht, Badisches Landrecht und auch Kirchenrecht lehrte, wird die Reihe Schweizer Rechtsprofessoren an der Ruperto Carola eröffnet, die sich bis in die zweite Hälfte des 20. Jahrhunderts erstreckt.[109] Im Mittelpunkt seines wissenschaftlichen Interesses standen verhältnismäßig junge Disziplinen der Jurisprudenz: Handelsrecht, Wechsel- und Aktienrecht. Seit 1867 leitete er in der Nachfolge Carl Joseph Anton Mittermaiers das Spruchkollegium der Heidelberger Juristenfakultät, zweimal übertrug man ihm das Amt des Prorektors (1857, 1872/73).[110] Neben Mittermaier, Karl Heinrich Brinckmann und Levin Goldschmidt zählte Renaud zu den bedeutendsten Vertretern des Handelsrechts.

Auch Wenzel – gebürtig aus Breslau, wo sein Vater am OLG der schlesischen Metropole tätig war – hatte sich vor mehr als fünfzig Jahren am 25.10. 1825 in die Matrikel der Heidelberger Ruperto Carola eingetragen.[111] Schon damals, knapp zwanzig Jahre nach ihrer Restitution, verfügte die Heidelberger Juristische Fakultät über eine so hervorragende wissenschaftliche Reputation, dass sie auch auf „Ausländer" – insbesondere Preußen wie Julius Wenzel – eine erhebliche Anziehungskraft ausübte. Vor allem der herausragenden Persönlichkeit Anton Friedrich Justus Thibauts war es zu verdanken, dass die Fakultät binnen weniger Jahre einen führenden Rang unter den deutschen Hochschulen einnahm. Treffend charakterisierte Robert von Mohl die Ruperto Carola als eine „Universität für Juristen und von Juristen", deren „Haupt" Thibaut über lange Jahre hinweg bildete. Als Thibaut 1805 nach Heidelberg kam, hatte er bereits seinen Ruf als einer der führenden deutschen Zivilrechtslehrer begründet.[112]

Julius Wenzel, Sproß einer alten und angesehenen Breslauer Juristendynastie, konnte auf eine lange und erfolgreiche Richterkarriere verweisen. Sie führte ihn als Referendar beim Oberlandesgericht der schlesischen Hauptstadt an das Pose-

---

[108] UAH, H-II,111/65, fol. 7–12.
[109] S. Klaus-Peter SCHROEDER, Helvetia an der Ruperto Carola: Johannes Achilles Renaud (1819–1884), in: Deutsches, Europäisches und vergleichendes Wirtschaftsrecht – Festschrift für Werner F. Ebke zum 70. Geburtstag, München 2021, S. 873–880.
[110] JAMMERS (wie Anm. 44), S. 66 ff.
[111] S. TOEPKE (wie Anm. 41), S. 302 Nr. 256.
[112] Vgl. Klaus-Peter SCHROEDER, Anton Friedrich Justus Thibaut – Ein deutsches Gelehrtenleben im Umbruch der Epochen, in: Christian HATTENHAUER/Klaus-Peter SCHROEDER/Christian BALDUS (Hrsg.), Anton Friedrich Justus Thibaut (1772–1840): Bürger und Gelehrter, Tübingen 2017, S.1–20 (12 ff.).

ner Oberappellationsgericht, 1835 nach Wollstein, wo er 1839 zum „Mitkommissarius" für die Bearbeitung der schlesischen Lokalrechte ernannt wurde. 1842, zurückgekehrt an das Breslauer Stadtgericht, beauftragte man ihn mit dem Kommissorium zur Regulierung der von der Landeskirche sich getrennt haltenden lutherischen Konfessionsverwandten in Schlesien. Nach weiteren Richterämtern in Trebnitz und Glogau übertrug man Julius Wenzel schließlich 1877 das gewichtige und ehrenvolle Amt eines Vizepräsidenten am Berliner Obertribunal.[113] Mit Einrichtung des Reichsoberhandelsgerichts in Leipzig 1869 gab das Obertribunal die Handels- und Wechselsachen an dieses ab. Das Reichsgericht in Leipzig löste 1879 das Preußische Obertribunal als letzte Instanz ab. Das Gericht wurde aufgehoben, 25 Richter aus dem Obertribunal berief man zum Reichsgericht. 19 Richter gingen, so auch Julius Wenzel, in Pension; 1901 verstarb er in der Hauptstadt des Deutschen Reichs. Seine Karriere im Richterdienst Preußens bildete für die Fakultät ausreichender Anlass, ihm Anfang des Jahres 1879 die Ehrendoktorwürde der Heidelberger Juristischen Fakultät zu verleihen.

Eine weitere Ehrenpromotion geht wieder unmittelbar auf Johann Caspar Bluntschli zurück. Wahrscheinlich während der späten 1870er Jahre begegnete er Gottlieb Wilhelm (William) Leitner, der sich zu Studienzwecken in Heidelberg aufhielt. Beeindruckt war Bluntschli von der außergewöhnlichen Persönlichkeit Leitners, welcher nicht nur fließend sämtliche europäische Sprachen beherrschte, sondern ebenso Türkisch und Arabisch. Aufgewachsen in Konstantinopel, unterrichtete er, gerade einmal 19 Jahre alt, als Dozent am Kings College London neben den benannten Sprachen auch Neugriechisch, wenig später ernannte man ihn zum Professor für Arabisch und muslimisches Recht. 1862 dissertierte er an der Universität Freiburg zum Dr. phil., sein Promotor war Leopold Heinrich Fischer.[114]

Am 14. Oktober 1840 wurde Leitner in Pest als Sohn des Kaufmanns Leopold Saphir geboren; sein Vater war jüdischen Glaubens wie auch seine Mutter, welche nach dem frühen Tod ihres Mannes den Arzt Johann Moritz Leitner heiratete, dessen Namen dann sein Stiefsohn Gottlieb Wilhelm annahm. Leitners weitere berufliche Karriere, inzwischen britischer Staatsbürger, gefördert durch ein außergewöhnliches Sprachtalent, führte ihn 1864 nach Lahore (Britisch-Indien). Als Direktor der Government College University Lahore begründete er neben einer Rechtsschule die 1882 eingerichteten Universität des Punjab, der Leitner gleichfalls bis zu seinem Ausscheiden 1886 vorstand.[115] Wesentlich förderte er den Bau

---

[113] S. die Angaben bei Friedrich Hermann SONNENSCHMIDT (Hrsg.) Geschichte des Königlichen Ober-Tribunals zu Berlin, Berlin 1879, S. 455.

[114] Vgl. Universitätsarchiv Freiburg, Alexander ZAHORANSKY (Bearb.), Promotions- und Examensprüfungen 1771–1877, Freiburg i.Br. 2001, S. 487; Art. Leitner, Gottlieb William, in: Österreichisches Biographisches Lexikon 1850–1950, Bd. 5, Wien 1972, S. 119; Art. Leitner, Gottlieb William, in: Susanne BLUMESBERGER/Michael DOPPELHOFER/Gabriele MAUTHE (Bearb.), Handbuch österreichischer Autorinnen und Autoren jüdischer Herkunft 18. bis 20. Jahrhundert, Berlin 2011, S. 770.

[115] Ende des Jahres 1880 teilte Bluntschli mit, dass er zum Ehrenmitglied der Universität Lahore ernannt wurde (s. BLUNTSCHLI [wie Anm. 105], S. 480).

einer Moschee in Großbritannien für muslimische Studenten, die heute noch besteht. Auf der Suche nach einem Zentrum für das Studium orientalischer Sprachen, Kultur und Geschichte in Europa, entschied sich Leitner letztlich für Woking – ein Vorort Londons – in seiner Wahlheimat England als Standort.[116] Bedeutsam waren ebenso seine Expeditionen in die weithin unbekannten Gebiete zwischen Kaschmir und Afghanistan; als erster erforschte er die Anfänge buddhistischer und indischer Kunst. Große Beachtung fand auf der Wiener Kunstausstellung 1873 seine Sammlung altindischer und zentralasiatischer Altertümer, Münzen, Skulpturen und Manuskripte. Beteiligt war er gleichfalls an der Begründung zahlreicher literarischer Gesellschaften und gelehrter Sozietäten.[117]

Diese außergewöhnliche, schon in jungen Jahren erbrachte Lebensleistung bildete den Hintergrund für den Antrag Bluntschlis, „dass Herrn Dr. Leitner die juristische Doctorwürde honoris causa ertheilt werde mit Rücksicht auf seine Verdienste um Heranbildung von mohammedanischen und anderen nicht-christlichen Juristen in Indien, um die Gründung einer Rechtsschule und einer juristischen Facultaet an der Universität Lahore und um die Ausbreitung europäischer Stats- und Rechtsbegriffe unter den verschiedenen fremden Nationen des englisch-ostindischen Kaiserreiches."[118] Zuvor aber hatte sich Bluntschli mit Leitner in Lahore Verbindung aufgenommen und „ihn um Auskunft ersucht über seine persönlichen Verhältnisse und seine Leistungen auf dem Gebiet der Rechtswissenschaft."[119] Da die Antwort Leitners befriedigend ausfiel, leitete Dekan Achilles Renaud ungesäumt den Antrag „den verehrten Mitgliedern der Juristenfacultät ... mit dem Vorschlag der Annahme zu." Einstimmig folgte die Fakultät dem sorgfältig begründeten Antrag Bluntschlis und verlieh 1880 Leitner die Ehrendoktorwürde. Knapp zwanzig Jahre später, 1899, verstarb Leitner in Bonn im Alter von 58 Jahren, von der „Times" gerühmt „as a linguist he probably had no rival in the area of his knowledge".[120]

---

[116] Es handelt sich hierbei um das Oriental Institute in Woking, das aber nach seinem Tod 1899 nicht weiter fortgeführt wurde.

[117] Innerhalb des „Katalogs der Bibliothek des verstorbenen Geh. Rahths u. Prof. Dr. J.C. Bluntschli in Heidelberg (o.J.) wird erwähnt „A Review oft the life and labores of Dr. G.W. Leitner".

[118] UAH, H-II,111/86, fol. 50–52.

[119] UAH, H-II,111/86 fol. 50.

[120] Zit. nach W.D. RUBINSTEIN, Art. Leitner (formerly Sapier), Gottlieb Wilhelm, in: Oxford Dictionary of National Biography, Oxford 2009 (http://www.oxforddnb.com/view/article/51109).

V Ehrenpromotionen im Rahmen der Universitätsjubiläen der Jahre 1886 und 1903

1   1886 – 500 Jahre Universität Heidelberg

Mit äußerster Sorgfalt und Weitsicht erfolgten die Vorbereitungen zur Feier des 500jährigen Universitätsjubiläums im Jahr 1886. Schon Ende 1876 fand die erste Sitzung des Festkomitees statt, auf der die Planung wissenschaftlicher Publikationen vorbereitet werden sollte.[121] Schnell einigte man sich auf ein Urkundenbuch, eine allgemeine Geschichte der Hochschule sowie einzelne Beiträge zur Historie der Fakultäten. Auch die Stadt Heidelberg wollte nicht abseitsstehen, sie beteiligte sich an den Kosten für Festhalle und Festumzug. Während der Monate Juni und Juli 1886 befasste sich die Juristische Fakultät mit der Ausgestaltung der Ehrenpromotionsfeierlichkeiten.[122] Neben den Ordinarien durfte auch Heinrich Buhl, vorübergehend „außerordentliches Mitglied" der Fakultät, Vorschläge der zu ehrenden Persönlichkeiten einreichen.[123] Dekan Hermann Schulze benannte Erbgroßherzog Friedrich, Wilhelm Nokk, Minister der Justiz, des Kultus und Unterrichts, Carl Wilhelm von Stösser, Senatspräsident am Oberlandesgericht Karlsruhe, Friedrich Kiefer, Präsident des Landgerichts Konstanz und Johann Gustav von Loeper, Direktor des preußischen Hausarchivs. Der Münchener Philologe Rudolf Schöll wie auch der Pariser Historiker Hippolyte Taine standen auf der Vorschlagsliste Ernst Immanuel Bekkers. Otto Gierke beschränkte sich auf Karl Zeumer, Mitarbeiter an der Monumenta Germaniae Historica, und den Geschichtsprofessor William Stubbs. Bemerkenswert sind die Ausführungen Gierkes zu Karl Zeumer, der „ihm persönlich nicht bekannt ist." Er betont, dass die von Zeumer veranstaltete Ausgabe der Formelsammlungen in den „Monumenten" nicht allein durch ihre Exaktheit, Textkritik und Vollständigkeit sämtliche bisherige Ausgaben übertrifft, sondern ebenso durch „vortrefflichen Einleitungen". Abschließend stellt Gierke fest, „die Fakultät würde sicherlich die Ehrenpromotion einer der juristischen Doktorwürde einem im höchst Grade würdigen Mann zu Teil werden lassen."[124] Michael von Bulmerincqs benannte Richard Koch, Syndikus der Reichsbank, und den Heidelberger Historiker Eduard Winkelmann. Rudolf Heinze schlug Joseph Bedeus Baron von Scharenberg, Karlowa den Juristen Peter

---

[121] Ausführlich. hierzu Armin Schlechter, Kaisertreu, badisch, protestantisch: Die Universitätsjubiläen der Jahre 1886 und 1903, in: ENGEHAUSEN/MORITZ (wie Anm. 17), S. 39–63.
[122] S. BAUR (wie Anm. 9), S. 148.
[123] UAH, H-I-111/95 fol. 83 ff., 89 ff.; 134 ff.; BAUR (wie Anm. 9), S. 148 Anm. 718.
[124] Gutachten zu Zeumer (UAH, H-II-111/95 fol. 83).

Willems aus Löwen, Heinrich Buhl den Vorstandsvorsitzenden der Anwaltskammer beim Reichsgericht Karl Dorn und schließlich Johann Caspar Bluntschli den Provinzialdirektor Rudolf von Bennigsen.[125] Ohne weitere Diskussionen wurden sämtliche der benannten Persönlichkeiten einstimmig gebilligt, wobei die „Elogien" innerhalb der Ehrendiplome von dem jeweils vorschlagenden Fakultätsangehörigen verfasst werden mussten, waren sie doch „mit deren Verdienste selbstverständlich am vertrautesten."[126] Die Kosten für die Anfertigung der kunstvoll gestalteten und gefassten Diplome bestritt man aus dem Geldbetrag in Höhe von 1500 Mk., den das Karlsruher Ministerium der Justiz, des Kultus und des Unterrichts für diese Feierlichkeit zur Verfügung gestellt hatte, weitere 300 Mk. kamen aus den Mitteln der Jubiläumskommission hinzu.[127]

Nicht mehr als eine Formalität bedeutete die Vergabe des Ehrendoktortitels der Juristischen Fakultät an Erbgroßherzog Friedrich, „welcher auf unserer Universität in ernster Geistesarbeit die gediegenen Grundlagen seiner wissenschaftlichen Ausbildung gelegt hat." Damit verfolgte man die Absicht, sich der Gunst der Fürstenfamilie zu versichern. Dekan Hermann Schulze berichtete der Fakultät unter dem 21. September 1886: „S. Kgl. Hoheit, der Erbgroßherzog, dankte auf mein gleich nach dem Promotionsakt an ihn gerichtetes Telegramm ebenfalls telegrafisch … Ich war zur Übermittlung des Ehrendiploms gestern nach Baden-Baden befohlen und der Erbherzog sprach mir nochmals seinen Dank in der liebenswürdigsten Weise aus und beauftragte mich auch sämtlichen Fakultätsmitglieder, deren Namen unter dem Diplom stehen, den wärmsten Dank auszusprechen. Mit besonderer Liebe gedachte er seiner früheren Lehrer, deren Einfluß er so viel verdanke."[128]

Es blieb nicht aus, dass das Jubiläum der Universität auch zum Anlass genommen wurde, sich selbst um die Würde eines Ehrendoktorats zu bemühen. So wendete sich ein Dr. Max Wirth, welcher von 1839 bis 1843 in Heidelberg Rechtswissenschaft studiert hatte, an den Berliner Professor und Geheimrat Rudolf Gneist mit der Bitte, dass er die „Aufmerksamkeit der maßgebenden Personen auf mich lenken möchte. Wie ich höre, hat Herr Geh. Rath Schulze, an den Sie mich 1873 zu empfehlen die Güte hatten, eine entscheidende Stimme."[129] Gneist setzte sich auch wenige Tage später mit Hermann Schulze in Verbindung, wobei ihm – zurückhaltend formulierend – es „aus dem Berliner Jubiläum nur zu gut erinnerlich

---

[125] Buhl hatte noch „den Italiener" Rossi vorgeschlagen. Über ihn sollte „Erkundigung eingezogen werden, ob er bereits Dr. jur. ist. In diesem Fall soll von einer Promotion Abstand genommen werden." Die Nachforschungen ergaben, dass Rossi bereits seit geraumer Zeit den Doktortitel führte und damit ausschied (Dekan Schulze unter dem 13.7.1886 [UAH, H-II-111/85]).

[126] UAH, H-II-111/95 fol. 85.

[127] Unter dem 28.3.1886 (UAH, H-II-111/95 fol. 83 ff.).

[128] UAH, H-II, 111/95 fol. 86. – Zu Schulze vgl. Sina OTT, Leben und Werk des preußischen Kronsyndikus und Heidelberger Staatsrechtslehrers Hermann von Schulze-Gaevernitz (1824–1888), Hamburg 2008.

[129] Unter dem 23.3.1886 (UAH, H-II, 111/95 fol. 118).

(ist), wie mannigfaltige Wünsche sich bei dem Jubiläum häufen. Die Verdienste des Petenten, die Ihnen ja hinreichend bekannt sind, sind indessen nicht gering und vielseitig genug, um vielleicht Berücksichtigung finden zu können." Anderer Ansicht war Schulze, der auf diese Anregung nicht näher einging. Beharrlich, wenn auch vergebens, verfolgte der aus Breslau gebürtige, als Publizist in Wien lebende Petent Max Wirth sein Anliegen und fragte bei Gneist wiederum an, „ob es nicht dienlich wäre, Ihre freundliche Empfehlung noch einmal in Erinnerung zu bringen."[130]

Ernst Immanuel Bekker, letzter „Pandektenfürst" an der Heidelberger Ruperto Carola, führte als Prorektor 1886 den Vorsitz innerhalb der Akademischen Jubiläumskommission, welche auch über die „persönliche und akademische Beteiligung" des badischen Großherzogs beriet, der sich der Hochschule eng verbunden wusste. Persönlich teilnehmen wollte er in seiner Eigenschaft als Rector magnificentissimus – mit Ausnahme des Festkommerses – an sämtlichen Festakten der sich über drei Tage, vom 3. bis 7. August, hinweg erstreckenden Feierlichkeiten. Das Geschenk des badischen Staates war die umfassende Renovierung des Universitätshauptgebäudes mit dem gleichzeitigen Einbau der Alten Aula; aber ein Neubau, „Herzensanliegen" der Universität, blieb aus finanziellen Gründen leider ein Wunschtraum. Festzuhalten ist jedoch, dass von allen Bundesstaaten des Reichs der Hochschuletat Badens der relativ größte war: 1880 betrug der Aufwand für die Wissenschaften 3% des gesamten Staatshaushalts.[131] Treffend bezeichnete Prorektor Ernst Immanuel Bekker „Geldmittel und Freiheit" gelegentlich des Festakts als wichtigste Forderungen der Wissenschaft. Glückwünsche, Trinksprüche und Grußadressen wechselten in diesen Tagen festlicher Hochstimmung einander ab. Ihren Schlusspunkt fanden die akademischen Jubiläumsfeierlichkeiten mit der Verleihung der Ehrenpromotionen in der Heiliggeistkirche am dritten Festtag, der am Abend mit einem Empfang im Karlsruher großherzoglichen Schloss ausklang.[132]

Wieder war es Ernst Immanuel Bekker, der in seiner Eröffnungsrede die akademischen Würdigungen „honoris causa" als die „höchsten Ehren der Wissenschaft" bezeichnete, die nichts weniger „als Gegengaben seitens der Universität" darstellen.[133] Bemerkenswert sind seine weiteren, durchaus kritischen Ausführungen zu dem Wesen, Art und Auswahl der Vergabung von Ehrenpromotionen, die er scharf von dem „gewöhnlichen" Erwerb des Doktorgrades zu unterscheiden wusste. Denn insbesondere die Heidelberger Juristische Fakultät stand im Ruf ei-

---

[130] Unter dem 14.4.1886 (UAH, H-II, 111/95 fol. 130).
[131] S. WOLGAST (wie Anm. 21), S. 107.
[132] Mit einem „Extrazug" wurden die Ehrendoktoren in die Karlsruher Residenz befördert. – S. zum Jubiläum 1886 Sabine BOCK, Die künstlerische Gestaltung der Heidelberger Universitätsjubiläen, Heidelberg 1993, S. 77 ff.
[133] Vgl. SCHLECHTER, in: ENGEHAUSEN/MORITZ (wie Anm. 17), S. 48.

ner „Doktorfabrik", von Theodor Mommsen offen der „Misswirtschaft" im Promotionswesen bezichtigt.[134] Bekker geht auf diese Anwürfe nur am Rande ein, ausführlicher nimmt er aber Stellung zu den Kriterien des Ehrendoktorats:

> „Und diese höchsten Ehren der Wissenschaft lassen sich nimmer verschenken; verschenkt wären sie schon keine wissenschaftlichen Ehren mehr. Nur denen können sie verliehen werden, welche dieselben durch eigene Arbeit, durch das, was sie selber für die Wissenschaft gethan, wirklich verdient haben. Wohl könnte man hier einwerfen, daß die Fakultäten doch nicht immer alle ganz so streng gewesen, daß einzelne mit Verleihung der auf der breiten Landstrasse zu erwerbenden Doktorwürde leicht vorgegangen, und wohl auch solche zuweilen ‚rite' promovirt haben, deren Verdienste um die Wissenschaft nicht ebenso leicht zu beweisen gewesen wären. Anders aber haben unsere Fakultäten es allzeit gehalten bei der Verleihung ihrer höchsten Ehren nur der Ehren halber, honoris causa; hier ist es durchweg Regel, streng und keusch vorzugehen, nur wahres Verdienst zu krönen. Sodann aber hemmt uns auch noch eine zweite Schranke; da es gewohnheitlich feststeht, daß dieselben Fakultätsehren demselben Manne, auch dem Verdientesten, nicht zum zweiten Male verliehen werden können. Diese Regel ist uns diesmal vielfach lästig gewesen; wir hofften noch diesen und jenen promoviren zu können, bis nähere oft mühsame Erkundigung angab, daß der, den wir schmücken wollten, schon also geschmückt, und damit für unser Vorhaben verloren sei.
> Wiederum aber war der Kreis, aus dem wir zu wählen hatten, doch auch kein gar so enger. Denn es ist alter Brauch, bei Ehrenpromotionen nicht bloß Verdienste in der Wissenschaft, sondern auch die um die Wissenschaft in Betracht zu ziehen. Deutlicher: Nicht bloß der Forscher, der zuerst gesehen, was vor ihm keines Menschen Auge erblickt hat, gilt als deren höchsten Ehren würdig, sondern ebenso derjenige, der durch seine Thätigkeit die rein wissenschaftliche Arbeit vorbereitet und ermöglicht, und nicht minder wer die Ergebnisse der gelehrten Forschung im Interesse der Menschheit auszunutzen, und die erwachsenden Vortheile breiten Schichten der Bevölkerung zugänglich zu machen verstanden, der Erfinder, der in die Fußstapfen des Entdeckers steigt. Indem wir aber auf diese beiden Klassen sehen, auf diejenigen, welche das Feld der Forschung vorbereiten, und auf die, welche die Ergebnisse practisch verwerthen, drängte sich uns abermals eine Wahrnehmung auf, die wir während dieser Festtage schon mehrfach Gelegenheit zu machen hatten, die nämlich, wie gute Gesellen, ein gesunder Staat und wahre Wissenschaft sind. Wohl ließen sich mit leichter Mühe scheinbare Zweifel an der Zusammengehörigkeit der Beiden machen: die Forschung drängt zur Isolirung, fordert strengste Sammlung und Abschließung des Einzelnen auf sich selber, der starke bildende Trieb aber sei ja gerade der Vereinigungstrieb, und was dergleichen mehr wäre ...
> Zurück zu Denen, die noch jetzt an der Arbeit sind, und deren Verdienste wir zu lohnen haben. Es ist ein überaus seltenes, vielleicht ganz einziges Glück, wenn der Landesherr selber in der Liebe und in der thätigen Pflege der Wissenschaft allen Anderen voranschreitet. Nicht ganz so ungewöhnlich, aber kaum minder erfreulich, wenn die Nächsten zum Throne auch als treueste Schüler anderen Jüngern der Wissenschaft zum Vorbild dienen. Danach war solcher Staatsbeamten und Führer der Stände zu gedenken, welche um die Pflegstätten der Forschung und Lehre sich besondere Verdienste erwarben. Sodann aber auch Derjenigen, die unser Werk fortgesetzt, und was wir gefunden, brauchbar und nützlich gemacht: praktische Theologen, Juristen, Richter, Anwälte Ärzte, Erfinder und viele Andere, den man den Dank dafür abzustatten hatte, daß ihr Thun die praktische Bedeutung der Wissenschaft den Augen Aller erschlossen hat. Zuletzt die uns am nächsten stehen, Forscher, die irgendwo ein Ziel erreicht, in dem vor ihnen noch kein Mensch

---

[134] S. SCHROEDER (wie Anm. 48), S. 49 f.

vorgedrungen, zumal solche, deren Thätigkeit über die Schranken des Fachs im technischen Sinne hinaus gedrungen ist und Kollegen anderer Fakultäten Licht und Wärme gebracht hat."[135]

Im Anschluss an seine Rede verkündeten die Dekane der einzelnen Fakultäten die jeweiligen Verleihungen. Beeindruckend ist, dass Hermann Schulze, Dekan der Juristischen Fakultät, in seiner einleitenden Ansprache die Internationalität der Wissenschaft hervorhob: „Aber bei dem wärmsten patriotischen Pulsschlage eines deutschen Herzens dürfen wir nie vergessen, daß die große Kulturarbeit der Neuzeit nur dann gelingen kann, wenn alle civilisirten Völker mit geeinten Kräften daran theilnehmen, wenn zu dem vollberechtigten nationalen Gedanken, läuternd und klärend, auch ein internationales Element hinzutritt."[136]

Innerhalb der „Ruperto Carola. Illustrirte Festchronik der V. Säcularfeier der Universität Heidelberg", die von Karl Bartsch und Adolf Koch herausgegebene offizielle Publikation zum Jubiläum, ist die Liste der 15 Ehrendoktoren, die von der Juristischen Fakultät verliehen wurden, wiedergegeben.[137] War man in den Jahrzehnten zuvor äußerst sparsam und zurückhaltend im Umgang mit dieser „höchsten Ehre der Wissenschaft" verfahren, so überrascht doch die umfängliche Anzahl von Persönlichkeiten, die mit der Würde eines Heidelberger doctor iuris honoris causa anlässlich des Universitätsjubiläums ausgezeichnet werden sollten. Angeführt wird sie von Großherzog Friedrich I. von Baden und beschlossen mit dem noch nicht einmal vierzig Jahre alten Historiker Karl Zeumer.

An zweiter Stelle findet sich der Name Rudolf von Bennigsen, gewürdigt als hochherziger deutscher Patriot, „welcher in der Zeit der tiefsten Abspannung den Glauben an Deutschlands Zukunft bewahrt und im deutschen Volke genährt und befestigt hat, welcher einen entscheidenden Einfluß auf das Zustandekommen der norddeutschen Bundesverfassung ausgeübt und ebenso bei der Wiederherstellung des deutschen Reiches im Rathe der Staatsmänner, wie im Parlament, bedeutsam mitgewirkt hat und in seinem ganzen öffentlichen Leben Ueberzeugungstreue mit staatsmännischem Blicke und weiser Mäßigung verbunden hat."[138]

---

[135] In: BARTSCH/KOCH (Hrsg.), Ruperto Carola. Illustrirte Festchronik der V. Säcularfeier der Universität Heidelberg, Heidelberg 1886, S. 152. – Bereits in einem Schreiben an den Dekan Rosshirt hatte Bluntschli unter dem 3.11.1865 vergeblich darauf hingewiesen, dass die „Frage" der Voraussetzungen einer Ehrenpromotion „bei Gelegenheit der Revision des Promotionsstatuts entschieden werden" müsse, „die wir mir scheint, gegenwärtig ruht, aber jeden Augenblick zur Entscheidung reif ist." (UAH, H-II-111/16 fol. 66).

[136] Zit. nach SCHLECHTER, in: ENGEHAUSEN/MORITZ (wie Anm. 17), S. 49.

[137] BARTSCH/KOCH (wie Anm. 135), S. 154 (Robert DAVIDSOHN/Arthur KLEINSCHMIDT, Festbericht. IV. Dritter Festtag Donnerstag den 5. August). – Übertroffen wurde die Juristische Fakultät von der Philosophischen Fakultät, welche 19 Ehrendoktoren benannte, nur 7 hingegen die Theologische Fakultät.

[138] AaO. (wie Anm. 135), S. 154. – Zu Bennigsen s. Hans HERZFELD, Art. Bennigsen, Rudolf von, in: NDB 2 (1955), S. 50–52.

Schon zehn Jahre zuvor sollte Rudolf von Bennigsen die Ehrendoktorwürde der Heidelberger Juristischen Fakultät verliehen werden. Rechtspolitisch motiviert war der unter dem bezeichnenden Datum des 18. Januar 1877 an den Dekan Rudolf Heinze gerichtete Vorschlag Bluntschlis, dem Mitbegründer der Nationalliberalen Partei, Rudolf von Bennigsen, mit einem Ehrendoktorat auszuzeichnen: „Die Juristenfacultät der Universität Berlin hat bekanntlich Herrn Reichstagsabgeordneten Miquel mit Rücksicht auf dessen Verdienste um die neuen Justiz Gesetze durch Ernennung zum Doctor Juris geehrt. Ich höre, daß in Gießen dieselbe Auszeichnung aus derselben Rücksicht dem Präsidenten des Reichstags, Herrn von Forckenbach, vorbereitet ist. Zugleich erfahre ich, daß der Präsident des Preußischen Abgeordnetenhauses, Herr von Bennigsen, welcher als Dritter im Bunde ebenfalls entscheidend für das Zustandekommen der Justiz Gesetze gewirkt hat, seine Studien vornehmlich in Heidelberg gemacht hat. Deßhalb habe ich die Hoffnung, daß es Ihnen und den übrigen Herrn Collegen gefallen werde, auch Herrn von Bennigsen in derselben Form zu ehren und dadurch zugleich unsere Dankbarkeit für das große Werk auszudrücken. Bei Gelegenheit des Examens von morgen dürfte diese Frage ebenfalls erledigt werden."[139] Der „Antrag des Herrn Geh. Rath Bluntschli auf Ernennung Herrn Rudolf von Bennigsen zum Doctor iuris" wurde jedoch abgelehnt und auch nicht – soweit aus den Fakultätsprotokollen ersichtlich – weiterverfolgt.[140] Der Hintergrund dieser, von Bluntschli sicherlich als Eklat und Provokation empfundenen Ablehnung seines Antrags ist in der durch die klein- und großdeutschen Aktivitäten ihrer Mitglieder stark zerstrittenen Fakultät zu suchen sein. Insbesondere Heinrich Zoepfl stand ablehnend dem 1871 begründeten Deutschen Reich gegenüber, hatte er sich doch mit voller Überzeugung für eine Erneuerung und Festigung des Deutschen Bundes eingesetzt, um auf diesem Weg die deutsche Einheit zu vollenden.[141] Bluntschli jedoch war ein glühender Befürworter der Reichseinigung unter Führung Preußens. Zoepfls ablehnendes Votum verhinderte aber die Verleihung des Ehrendoktorats, war doch Einstimmigkeit unter den Mitgliedern der Fakultät notwendig.[142] Im Rahmen der Jubiläumsfeierlichkeiten sollte nunmehr die Würdigung Bennigsens als eine besondere Form der „Wiedergutmachung" – auch gegenüber ihrem 1881 verstorbenen Fakultätskollegen Bluntschli – ein Dezennium später nachgeholt werden.

Rudolf von Bennigsen, geboren am 10. Juli 1824, studierte 1842 bis 1845 an den Universitäten Götttingen und Heidelberg, in deren Matrikel er sich unter dem 15.11.1844 einschrieb.[143] Geprägt wurde seine politische Haltung durch den Studienaufenthalt an der Ruperto Carola, damals eine Hochburg des Liberalismus.

---

[139] UAH, H-II,111/81 Nr. 19 fol. 86.
[140] UAH, H-II,111/81 Nr. 21 fol. 88. – Der gescheiterte Antrag Bluntschlis blieb fakultätsintern.
[141] S. SCHROEDER, in: Mußgnug/Stolleis (wie Anm. 86), S. 15 f.
[142] Nur wenige Monate später, am 4. Juli 1877, verstarb Zoepfl in Heidelberg, ohne dass man aber wieder auf den Antrag Bluntschlis zurückkam.
[143] Vgl. TOEPKE (wie Anm. 41), S. 726 Nr. 444.

1845 beschrieb der an der Universität lehrende Historiker Karl Hagen die „unbestreitbaren Vortheile" Heidelbergs: „Der geistige Austausch unter den Mitgliedern der hiesigen Universität, ferner die vortreffliche Lage, durch die außerordentliche Menge an Fremden aller Farben eine Weltstadt – sodann die gänzliche Freiheit auf dem Katheder, wie in den Büchern, die uns hier gestattet ist, und mit welcher sich gewiß keine andere Universität vergleichen kann."[144] Insbesondere Professoren wie Robert Mohl, Karl Josef Mittermaier und die Historiker Ludwig Häusser als auch Gottfried Gervinus beherrschten die akademische Bühne der Hohen Schule und beeinflussten wesentlich die Verfassungsdiskussion in Deutschland.[145] Neben Johannes Miquel gehörte Rudolf von Bennigsen zu den Gründern des Deutschen Nationalvereins, dem er bis 1867 vorstand. Als Mitglied des Reichstags zählte er zu den Führern der nationalliberalen Fraktion, die in den ersten Jahren des neu gegründeten deutschen Reichs die stärkste politische Kraft war. In Zusammenarbeit mit der Regierung und Bismarck konnte Rudolf von Bennigsen 1874 einen Kompromiss über die Militärfrage (siebenjährige Festlegung der Friedensstärke des Heeres) und vor allem 1876 über die Justizgesetze erreichen. 1883 zog er sich aus dem politischen Leben zurück, kehrte jedoch noch einmal kurzfristig wieder, ohne dass aber seine Nationalliberale Partei ihre frühere Bedeutung zurückgewann. Kaiser Wilhelm II. ernannte Rudolf von Bennigsen 1888 zum Oberpräsidenten der Provinz Hannover, 1898 schied er aus diesem Amt und verstarb vier Jahre später. Zuvor hatte aber Rudolf von Bennigsen noch durch eine Vereinbarung mit dem Zentrum die Annahme des neuen Bürgerlichen Gesetzbuches erreicht.[146]

Schon Bluntschli hatte mit Nachdruck gelegentlich seines letztlich gescheiterten Antrags die Verdienste Rudolf von Bennigsens um die in den ersten Monaten des Jahres 1877 veröffentlichten Reichsjustizgesetze hervorgehoben. Sie umfassten das Gerichtsverfassungsgesetz, die Zivilprozessordnung, die Strafprozessordnung, die Konkursordnung und einige Nebengesetze.[147] Verwirklicht wurden mit diesen Gesetzen die Forderungen der national-liberalen Bewegung, die bereits in der gescheiterten Reichsverfassung vom 28. März 1849 verbrieft worden waren. Programmatisch hieß es in Art. XIII § 64, dass „durch die Erlassung allgemeiner Gesetzbücher über bürgerliches Recht, Handels- und Wechselrecht, Strafrecht und

---

[144] Zit. nach Robert ZEPF, Karl Hagen, in: Frank ENGEHAUSEN/Armin KOHNLE (Hrsg.), Gelehrte in der Revolution – Heidelberger Abgeordnete in der deutschen Nationalversammlung 1848/49, Ubstadt Weiher 1998, S. 155–182 (157); zu Hagen s. Dagmar DRÜLL, Heidelberger Gelehrtenlexikon 1803–1932, 2. Aufl., Wiesbaden 2019, S. 319.

[145] S. Klaus-Peter SCHROEDER, „Tod den Scholaren!" – Studentische Kriege, Revolten und Krawalle an der Heidelberger Universität von den Anfängen bis zum Ausgang des 20. Jahrhunderts (Heidelberger Schriften zur Universitätsgeschichte 4), Heidelberg 2016, S. 117 ff.

[146] S. Wilhelm KOSCH, Biographisches Staatshandbuch, 1. Bd., Bern und München 1963, S. 91 f.

[147] Vgl. Wolfgang SELLERT, Die Reichsjustizgesetze von 1877 – ein gedenkwürdiges Ereignis? in: Juristische Schulung 17 (1977), S. 781–789.

gerichtliches Verfahren die Rechtseinheit im deutschen Volk zu begründen" sei.[148] Nach vielfältigen Diskussionen um Kernfragen jedweder rechtsstaatlicher Gerichtsverfassung verwies der Reichstag die ihm vom Bundesrat zugeleiteten Justizgesetze (StPO, ZPO und GVG) an eine Reichsjustizkommission unter dem Vorsitz Johannes Miquels. Auch Rudolf von Bennigsen gehörte ihr neben Eduard Lasker als einer der führenden nationalliberalen Reichstagsmitglieder an. Sie alle verband nicht allein ihre praktischen und politischen Erfahrungen, sondern ebenso ein durch die an den Universitäten gelehrte Pandektenwissenschaft vorgebildeter Sachverstand. Ihrem Verhandlungsgeschick war es zu verdanken, dass die umstrittensten Punkte der Justizgesetze in vertraulichen Gesprächen zwischen ihnen und dem preußischen Justizminister Adolf Leonhardt letztlich verglichen werden konnten.[149] Das schnelle Vorantreiben der Reichsjustizgesetzgebung diente vor allem dazu, die innerpreußischen Widerstände gegen eine Justizreform zu überwinden. Benannt sei in diesem Zusammenhang ebenso die „Lex Bennigsen" (Art. 17 S. 2 der Norddeutschen Bundesverfassung), welche in der Reichsverfassung von 1871 aufgenommen wurde und das Bismarck'sche Konzept des Regierungssystems von Grund auf veränderte: Anordnungen und Verfügungen des Reiches mussten vom Kanzler unterzeichnet werden, der damit die Verantwortung übernahm.[150]

Gleichfalls als „Mitarbeiter an den großen deutschen Reichsjustizgesetzen" wird Carl Dorn, Vorstandsvorsitzender der Anwaltskammer beim Leipziger Reichsgericht, mit der Heidelberger Ehrendoktorwürde am 5. August 1886 ausgezeichnet.[151] In wenigen Zeilen bedankte er sich artig für diese Ehrung: „ … der festliche Anlaß, der altbewährte Ruhm der Universität, der Glanz der Namen, die ich unter dem Diplom lese, erhöhen den Werth der Gabe."[152]

Gerühmt als „Mitarbeiter an den großen deutschen Reichsjustizgesetzen, die Zierde des deutschen Anwaltsstandes", nahm Dorns Karriere ihren Anfang zunächst im Justizdienst.[153] Zuvor hatte er, geboren am 19. März 1816 im schlesischen Landeshut, nach dreijährigem Studium der Rechtswissenschaft an den Universitäten Breslau, Bonn und Berlin, die obligatorischen juristischen Staatsexamina erfolgreich bestanden. 1842 wurde er zur vertieften Ausbildung im Rheinischen Recht an das LG Koblenz abgeordnet. Weitere Stationen waren das OLG Posen, von wo aus Dorn auf eigenen Wunsch hin an das Landgericht Köln versetzt wurde. Zum Advokatanwalt beim Rheinischen Revisions- und Kassationshof in

---

[148] Veröffentlicht bei Ernst Rudolf HUBER (Hrsg.), Dokumente zur deutschen Verfassungsgeschichte, Bd.1, Berlin 1961, S. 310.
[149] S. SELLERT (w. Anm. 147), S. 783.
[150] Werner FROTSCHER / Bodo PIEROTH, Verfassungsgeschichte, 5. Aufl., München 2005, Rdnrn. 462 ff.; Hermann KALKOFF, Nationalliberale Parlamentarier 1867–1917 des Reichstages und der Einzellandtage, Berlin 1917, S. 5 f.
[151] BARTSCH/KOCH (wie Anm. 135), S. 154.
[152] Unter dem 29.8.1886 (UAH, H-II, 111/95 fol.107).
[153] Vgl. zu diesen Angaben den Nachruf von MECKE, Carl Dorn, in: Juristische Wochenschrift, Nrn. 17/18 (1893), S. 153-155.

Berlin wird Carl Dorn 1847 ernannt. Wenige Jahre später, 1853, ist er nunmehr Rechtsanwalt beim Obertribunal in der preußischen Hauptstadt und zugleich Vorsitzender des Ehrenrates der Rechtsanwaltschaft bei diesem Gericht, späterhin – nach der Reichseinigung – Vorsitzender des Deutschen Anwaltvereins und Rechtsanwalt beim Leipziger Reichsgericht. Erfahrungen auf dem Gebiet der Legislative sammelte er als Mitglied der StGB-Kommission des Norddeutschen Bundes 1869 und der ZPO-Kommission von 1871/72.[154] Über die Grenzen Preußens hinaus wurde Carl Dorn bekannt als liberal geltender Verteidiger in zwei politischen Prozessen gegen den „Märtyrer der Revolution", Benedikt Waldeck, und gegen Lothar Bucher wegen versuchten Aufruhrs in den revolutionsbewegten Jahren 1849/50. Eine Tätigkeit als Abgeordneter übte er nie aus. Seit Gründung des Deutschen Reichs war Carl Dorn bis zu seinem Tod 1892 Vertrauensmann und damit „gleichsam das Haupt" der deutschen Rechtsanwaltschaft.[155]

Auch Friedrich Kiefer wurde im Jahr der Jubelfeier der Ehrendoktor der Heidelberger Juristischen Fakultät verliehen. In der Urkunde zu seinem Ehrendoktorat findet er sich gewürdigt als „langjähriges Mitglied der zweiten badischen Kammer und des deutschen Reichstages", als „geistvoller Redner" und schließlich als „Vorkämpfer des deutschen Einheitsgedankens im südlichen Deutschland."[156] Befürworteten mehrheitlich die süddeutschen Universitäten Österreich als deutsche Vormacht, so stand die Heidelberger Professorenschaft bedingungslos an der Seite Preußens. Zu ihrem Kreis zählten innerhalb der Juristischen Fakultät Carl Joseph Anton Mittermaier, Karl Adolph von Vangerow und Johann Caspar Bluntschli. Vor diesem Hintergrund ist auch die Verleihung der Ehrendoktorwürde an Friedrich Kiefer zu verstehen, welcher als einer der wenigen Abgeordneter der badischen Zweiten Kammer unbeirrt für die nationale Einheit unter Preußens Führung stritt.

Geboren wurde Friedrich Kiefer am 14. Januar 1830 in Mappach (Baden), schrieb sich nach der Matura in die Matrikel der Heidelberger Universität ein, an der er von 1849 bis 1854 Rechtswissenschaften studierte.[157] Einen Ruf als „renommierter Schläger" erwarb er sich im Kreis seines Corps Suevia.[158] Nachhaltig geprägt wurde der junge Student von den an der Fakultät lehrenden Professoren wie Mittermaier, Mohl und auch Vangerow, die dem gemäßigten Liberalismus

---

[154] S. Werner SCHUBERT, Entstehung und Quellen der Civilprozeßordnung von 1877, 1. Halbbd., Frankfurt am Main 1987, S.10 f.
[155] So MECKE (wie Anm. 153), S. 154.
[156] BARTSCH/KOCH (wie Anm. 135), S. 154.
[157] S. TOEPKE, Die Matrikel der Universität Heidelberg, 6. Teil, Heidelberg 1907, S. 98 Nr. 206.
[158] Vgl. R. HAAß, Art. Friedrich Kiefer, in: F. v. WEECH/A. KRIEGER (Hrsg.), Badische Biographien, V. Teil, Heidelberg 1906, S. 374–397 (374 f.).

nahestanden, freimütig ihre politischen Überzeugungen propagierten und nach öffentlicher Wirksamkeit strebten.[159] Auch nach dem Scheitern der Revolution zogen sie sich keineswegs auf ihr Fachgebiet zurück, wählten aber nicht den Weg des Aufruhrs, sondern agierten nach Abklingen der restaurativen Jahre im Zeichen der „Neuen Ära" weiterhin als politische Erzieher der akademischen Jugend. Kiefer trat nach dem Studium und den obligatorischen Staatsexamina in den Staatsdienst des Großherzogtums Baden. Seine Karriere begann zunächst als Staatsanwalt in Offenburg, 1867 wurde Kiefer in das Badische Justizministerium berufen; aus politischen Gründen – eine von ihm angeführte Neuorganisation der nationalen und liberalen Partei Badens – versetzte man Kiefer als Geheimen Regierungsrat zur Generaldirektion der Verkehrsanstalten. Ein Jahr später schied er aus dem Staatsdienst, ließ sich zunächst als Rechtanwalt nieder, wurde dann aber 1870 zum Oberstaatsanwalt in Mannheim und 1879 zum Landesgerichtsdirektor in Freiburg ernannt. Seine Karriere beendete er 1884 als Landgerichtspräsident zu Konstanz. Nahezu über drei Dezennien hinweg, von 1865 bis 1894, war Kiefer, der als ausgezeichneter Redner galt, Mitglied des Badischen Landtags. Nach Königgrätz appellierte er für einen Eintritt Badens in den Norddeutschen Bund: „Heute dürfen wir uns einer Aufgabe nicht entziehen, vor deren Ernst und Tiefe jede andere Rücksicht zurücktreten muß – der Gründung des deutschen Staates! Die Erringung des Eintritts in den Norddeutschen Bund, die Zusammenschließung in einen deutschen Gesamtstaat muß von nun an das Ziel einer nie mehr ruhenden Tagesarbeit sein!"[160] Nach der glücklich gewonnenen Reichseinigung saß er von 1871 bis 1874 als Abgeordneter der Nationalliberalen Partei im Reichstag.[161] 1895 verstarb Friedrich Kiefer in Freiburg: „Dankbar sollten wir Badener am Sedanstage auch stets des Mannes gedenken, der lange vor 1870 all seine Kraft und Begabung eingesetzt hatte, den deutschen Süden für die große Stunde der nationalen Einigung vorzubereiten und dem Reiche einzufügen."[162]

Es überrascht, dass von August Michael von Bulmerincq, seit 1881 Nachfolger auf dem Lehrstuhl Bluntschlis, der Vorschlag kam, Richard Koch, Geheimer Oberfinanzrat und Syndikus der Reichsbank Berlin, mit einem Ehrendoktorat auszuzeichnen.[163] Denn Bulmerincq, der über lange Jahre hinweg an der Rechtswissenschaftlichen Fakultät Dorpat gelehrt hatte, war ein ausgewiesener Kenner des Völkerrechts und eifriger Mitarbeiter an dem „Institut de droit international". Begeistert aufgenommen wurde von dem gelehrten Publikum seine Darstellung „Das

---

[159] Zu Mittermaier und Mohl s. ENGEHAUSEN/KOHNLE (wie Anm. 144), S. 41 ff., 93 ff. – Zu Vangerow s. SCHROEDER (wie Anm. 28), S. 195 ff.
[160] In einem Schreiben an den badischen Minister des Auswärtigen von Freydorf unter dem 17.8.1866 (zit. nach Haaß [wie Anm. 147], S. 378).
[161] S. hierzu HAAß (wie Anm. 158), S. 384 ff.
[162] So sein Biograph HAAß (wie Anm. 158), S. 396 f.
[163] Zu Blumerincq s. SCHROEDER (wie Anm. 28), S. 265 ff.

Völkerrecht oder internationales Recht" innerhalb des „Handbuch(s) des öffentlichen Rechts der Gegenwart".[164] In der von ihm für das Doktordiplom verfassten Laudatio betonte er, dass Koch „sich bei der Ausarbeitung des großen deutschen Civilprozeßgesetzes wesentlich betheiligt, durch seine zahlreichen Schriften das Handelsrecht wesentlich gefördert und besonders auch wichtige Institute des ausländischen Handelsverkehrs bei uns eingebürgert hat."[165] Auch hier wird erneut die eminente Bedeutung der neuen Zivilprozessordnung innerhalb der Reichsjustizgesetze hervorgehoben. Begrüßt wurden sie unmittelbar nach ihrer Publikation als Werk der nationalen Einigung, als Erfüllung eines fünfzigjährigen Wunsches des deutschen Volkes.[166] Allein die Beseitigung des zersplitterten Rechtszustandes durch die Justizgesetzgebung war eine Leistung von „epochaler Bedeutung" (Wolfgang Sellert).

Geboren wurde Richard Koch am 15. September 1834 in Cottbus, eine aufstrebende, moderne Industriestadt, die ihm später das Ehrenbürgerrecht verlieh. Nach dem Studium der Rechtswissenschaft an der Berliner Friedrich-Wilhelms-Universität war er zunächst Hilfsrichter bei den Appellationsgerichten in Ratibor und Halberstadt, dann Richter beim Kreis- und Stadtgericht in Danzig und seit 1865 Richter am Stadtgericht Berlin. 1868 berief man ihn, der mit mehreren profunden Abhandlungen auf den Gebieten des Zivilprozess-, Handels- und Konkursrechts Aufmerksamkeit erregt hatte, zum Schriftführer der Zivilprozesskommission des Norddeutschen Bundes.[167] Seine weiteren beruflichen Stationen führten ihn von der Preußischen Bank zu der 1876 begründeten Reichsbank als Mitglied und Justitiar ihres Direktoriums. Seit 1890 stand Richard Koch in der Nachfolge Hermann von Dechends an der Spitze der Reichsbank, die er gegen vielfachen Widerstand während seiner langen Amtszeit tiefgreifend umgestaltete und erheblich erweiterte.[168] Immensen Einfluss übte er in dieser Position auf die Bank- und Münzgesetzgebung des Kaiserreiches aus. Auch das Scheckgesetz von 1908 geht bis in das Detail auf ihn zurück. 1891 erfolgte seine Berufung zum Kronsyndikus, womit gleichzeitig die lebenslange Mitgliedschaft im Preußischen Herrenhaus verbunden war. Am 15. Oktober 1910 verstarb Richard Koch in der Reichshauptstadt, zwei Jahre zuvor war er noch gelegentlich der Verabschiedung in den Ruhestand in den Adelsstand erhoben worden.

Innerhalb des Buchbestandes der Heidelberger Universitätsbibliothek finden sich lediglich Veröffentlichungen Gustav von Loepers zu Goethes Leben und Werk. Dies ist umso bemerkenswerter, da Loeper für seine Forschungen über den „Dichterfürsten" auf keine akademische Ausbildung in der neueren deutschen Literatur verweisen konnte. Dennoch wurde er, der begabte Dilettant, von den füh-

---

[164] Herausgegeben von Heinrich MARQUARDSEN, Bd. I/2, Freiburg 1884, S. 177–384.
[165] BARTSCH/KOCH (wie Anm. 135), S. 154.
[166] Vgl. SELLERT (wie Anm. 147), S. 781.
[167] S. zu diesen Angaben Manfred POHL, Art. Koch, Richard, in: NDB 12 (1980), S. 273–274.
[168] Seine Unterschrift trugen die Reichsbanknoten von 1891 bis 1907.

renden Goetheforschern der damaligen Epoche als gleichwertiger Partner anerkannt. Zusammen mit Woldemar von Biedermann beherrschte der „vornehme Beamte" von Loeper die frühe Phase der zeitgenössischen Goethe-Philologie.

Gustav von Loeper, geboren am 27. September 1822 im pommerschen Wedderwill als Sohn eines Generallandschaftsrats, studierte Rechtswissenschaften in den Jahren 1842 bis 1845 an den Universitäten Heidelberg und Berlin.[169] Auch seine Studienzeit war geprägt von den Ereignissen des Vormärzes im Süden Deutschlands, die zu einer politischen Neuorientierung führten. Nicht einer revolutionären Burschenschaft, wohl aber dem feudalen Corps Saxo-Borussia schloss sich Loeper während seiner Heidelberger Semester an. Das zügig betriebene Studium beendete er mit der Abfassung einer Dissertation an der Friedrich-Wilhelms-Universität, aufgrund deren man ihn vom Auskultatorexamen befreite.[170] Seine erste Station war die eines Richters in der preußischen Hauptstadt, 1854 wurde er als Experten für die Praxis des Staats- und Privatfürstenrechts in das Preußische Ministerium des Königlichen Hauses, dem sogenannten Hausministerium, berufen. Keinen einzigen der Prozesse, die Loeper als rechtskundiger Staatsdiener für das königliche Haus während seiner 32jährigen Tätigkeit führte, verlor er.[171] Zu verdanken hatte Loeper die ausgezeichneten Kenntnisse auf dem Gebiet des hochkomplexen Privatfürstenrechts Heinrich Zoepfl, seinem Heidelberger Lehrer aus längst vergangenen Studientagen. Für die Zeitgenossen galt Zoepfl als die Autorität auf dem Gebiet historisch gewachsenen Rechts. Seit 1876 amtete Loeper, 1879 zum Regierungsrat 1. Klasse ernannt, auch noch als Direktor des Königlichen Geheimen Hausarchivs. Im Oktober 1886 beschloss er seine außergewöhnliche Beamtenlaufbahn als Wirklicher Geheimer Rat mit Exzellenz-Prädikat.

Loepers dauerhafte Hingabe galt aber nicht dem Fürstenrecht mit den „aus der Rumpelkammer des heiligen römischen Reiches stammenden Geheimnissen" (Georg Jellinek), sondern – wie eingangs erwähnt - Goethe und einigen wenigen Persönlichkeiten aus dessen näheren Umfeld. Neben Eduard von Simson, dem Präsidenten des Reichsgerichts, verkörperte ebenso der Mitte Dezember 1891 verstorbene Gustav von Loeper die angestrebte „Vereinigung von politischer Nation und Kulturnation."[172] Entsprechend gewürdigt wird er in der von Dekan Hermann Schulze verfassten Laudatio als ein Gelehrter, „welcher als sachkundiger Herausgeber und geistvoller Ausleger unseres großen Dichterfürsten in weitesten Kreisen bekannt, zugleich als gründlicher Kenner der königlichen Hausverfassung und des deutschen Fürstenrechtes seit länger als einem Menschenalter in den wichtigsten

---

[169] Eingeschrieben in die Matrikel der Ruperto Carola unter dem 2.5.1842 (TOEPKE [wie Anm. 41], S. 687 Nr. 139).

[170] S. Ina EBERT, Die Normierung der juristischen Staatsexamina und des juristischen Vorbereitungsdienstes in Preußen (1849–1934), Berlin 1995, S. 32.

[171] Vgl. Ludwig FRAENKEL, Eine Selbstbiographie Gustav von Loepers, in: Goethe Jahrbuch 16 (1895), S. 220.

[172] S. Walter SCHMITZ, Art. Loeper, Gustav von, in: NDB 15 (1987), S. 54.

Rechtssachen der bewährte Rathgeber des durchlauchtigsten preußischen Königshauses gewesen ist."[173]

Verliehen werden sollte die Würde eines juristischen Ehrendoktors ebenso dem badischen Staatsminister Wilhelm Nokk. Zuvor hatte Dekan Schulze sich „genau" in Karlsruhe „erkundigt, ob Staatsrath Nokk bereits Dr. jur. ist und in Erfahrung gebracht, dass er es noch nicht ist."[174] Der beabsichtigten Titelverleihung stand also nichts mehr entgegen.

Wilhelm Nokk, geboren am 30.11.1832 in Bruchsal, entstammte einer vielseitig engagierten Familie.[175] Sein Vater, ein Gymnasialprofessor, war über lange Jahre hinweg Abgeordneter in der Zweiten Kammer der Badischen Ständeversammlung. Das Studium der Rechtswissenschaften führte Wilhelm Nokk an die Universitäten in Freiburg, Bonn, Heidelberg und wieder zurück nach Freiburg. In Bonn nahm er 1851 das Band der Burschenschaft Frankonia auf, in Freiburg 1853 das der Teutonia. Über den begrenzten Tellerrand juristischer Vorlesungen hinaus belegte Nokk zahlreiche fachfremde Kollegs. So hörte er in Bonn neben dem Archäologen Johannes Oberbeck auch bei dem Historiker Friedrich Christoph Dahlmann, bekannt als einer der „Göttinger Sieben", und dem Publizisten Ernst Moritz Arndt, der über vergleichende Völkergeschichte vortrug.[176] Nach Studium und bestandenen Examina trat er 1855 in den Staatsdienst des badischen Großherzogtums ein. Schon nach wenigen Jahren wurde Nokk als Ministerialrat in das von Julius Jolly geleitete Innenministerium berufen, gleichzeitig saß er von 1867 bis 1870 als Abgeordneter der Nationalliberalen Partei in der Zweiten Kammer der badischen Ständeversammlung.[177] In dem nach der Reichseinigung anhebenden, in Baden besonders heftig geführten Kulturkampf überrascht es, dass Nokk, welcher als „feinsinniger Katholik" (Friedrich von Weech) galt, die antiklerikale Politik des Großherzogs und seines Ministers Jolly maßgeblich unterstützte. Erst nach dem Sturz Jollys 1876 wurde nach langen Jahren ein Ausgleich zwischen Staat und Kirche gefunden.[178] 1874 ernannt zum Direktor des Oberschulrats, trat Nokk 1881 in die badische Landesregierung ein und übernahm das Justiz-, Kultus- und Unterrichtsministerium, welches er äußerst erfolgreich über zwanzig Jahre hinweg leitete. Auf ihn geht die Reform des Volks- und Mittelschulwesens zurück, das Karlsruher Polytechnikum wurde zur ersten deutschen Technischen Hochschule 1885 aufgewertet und 1893 erhielt gleichfalls das erste deutsche Mädchengymnasium in Karlsruhe die staatliche Genehmigung.[179] Sein besonderes Augenmerk galt den beiden Universitäten des Landes, welche, finanziell großzügig gefördert,

---

[173] Zit. nach BARTSCH/KOCH (wie Anm. 135), S. 154.
[174] Unter dem 13.7.1886 (UAH, H-I-111/95 fol. 85v).
[175] Vgl. Manfred KREBS, Art. Wilhelm Nokk, in: Albert Krieger (Hrsg.), Badische Biographien, Teil VI, Heidelberg 1927, S.495-498.
[176] S. Friedrich VON WEECH, Staatsminister Dr. Wilhelm Nokk, Heidelberg 1904, S. 7 ff.
[177] S. Hans-Georg MERZ, Art. Nokk, Franz Wilhelm, in: NDB 19 (1999), S. 325 f.
[178] Zu Julius Jolly s. Robert GOLDSCHMIT, in: v. WEECH/KRIEGER (Hrsg.), Badische Biographien, 5. Teil, Heidelberg 1906, S. 327-352.
[179] Vgl. GOLDSCHMIT, in: v. WEECH/KRIEGER (wie Anm. 178), S. 330 ff.

planmäßig den Ausbau des Lehr- und Forschungsbetriebes vorantrieben und mit neuen Instituten den Anforderungen eines modernen Wissenschaftsbetriebs gerecht wurden.[180] Neben diesem Amt war Nokk Bevollmächtigter im Bundesrat in Berlin und seit 1893 bis 1901 Präsident des badischen Staatsministeriums. 1901 bat Wilhelm Nokk um Entlassung aus dem Staatsdienst, zwei Jahre später verstarb er in der Residenzhauptstadt Karlsruhe.

Beschrieben finden sich die hier nur knapp skizzierten Verdienste in der von Hermann Schulze verfassten Eloge des Ehrendoktordiploms: Wilhelm Nokk, „welcher sich um das badische Schulwesen, um die Fortbildung der gerichtlichen Einrichtungen, vor allem aber um unsere Universität durch umsichtige und wohlwollende Förderung aller wissenschaftlichen Interessen und Bestrebungen hohe und bleibende Verdienste erworben hat."[181] Auch weitere Hochschulen wussten um die Meriten Wilhelm Nokks, dem siebenfach die Ehrendoktorwürde verliehen wurde – darunter auch der Dr. phil. h.c. der neubegründeten Naturwissenschaftlich-Mathematischen Fakultät der Universität Heidelberg am 22. Dezember 1896[182], 1901 folgten die Medizinische sowie die Philosophische Fakultät nach – und erstmals die Würde eines Ehren-Doktoringenieurs durch die Technische Hochschule Karlsruhe.

Der an der Münchener Universität lehrende klassische Philologe Rudolf Schöll findet sich auf der Vorschlagsliste Ernst Immanuel Bekkers, dem wohl am besten philologisch vorgebildeten Romanisten des deutschen Sprachraums. Persönlich waren sich Bekker und Schöll als noch junge Lehrkräfte an der Universität Greifswald begegnet, beide vertraten sie die Altertumswissenschaft in ihrer gesamten Breite, Wort- und Sachphilologie mit Alter Geschichte, Rechtsgeschichte und Klassischer Archäologie verknüpfend.[183] Gewürdigt findet sich Schöll in der Promotionsurkunde als brillanter Gelehrter, „welcher durch seine kritische Ausgabe der Fragmente der zwölf Tafeln und der Novellen die Wissenschaft des römischen Rechts in hohem Grade gefördert hat."[184] Gleichfalls in seinem umfänglichen Dankschreiben hebt Schöll hervor, dass er sich bei der ihm „gestellten Aufgabe der philologischen Bearbeitung römischer Rechtsquellen treuer Hingebung gewidmet" habe, und „auch spröderen und reizlosen Stoffen gegenüber den Forderungen, welche die Behandlung der klassischen Literaturwerke an uns stellt, Nichts zu vergeben mich bestrebt habe, weil ich mit andern Arbeitsgenossen der Ansicht bin, dass in diesen Dingen Nichts zu gut gemacht werden kann. Wenn nun dieses Streben anerkannter Meister der Rechtswissenschaft ein

---

[180] So erhöhte sich die in dem Zeitraum von 1868 bis 1901 die Zahl der ordentlichen Professoren von 36 auf 45, der Honorar- und außerordentlichen Professoren von 3 auf 10.

[181] Zit. nach BARTSCH/KOCH (wie Anm. 135), S. 154.

[182] Nokk „hat sich durch die Begründung der naturwissenschaftlich-mathematischen Fakultät, durch den Neubau des chemischen und zoologischen Instituts (sowie) die Verlegung der Sternwarte von Karlsruhe nach Heidelberg ... Verdienste um unsere Facultät erworben." (UAH, H-V-1/26 Bl. 23a).

[183] S. Uwe DUBIELZIG, Art. Schöll, Rudolf, in: NDB 23 (2007), S. 363 f.

[184] Zit. nach BARTSCH/KOCH (wie Anm. 135), S. 154.

Lohn zu Theil wird, wie ich ihn nie zu erhoffen wagte, so gewinnt die hohe persönliche Auszeichnung dadurch nur einen grösseren Werth für mich, dass ich in ihr die Anerkennung der wohlthätigen Wechselbeziehung zwischen klassischer Philologie und römischer Jurisprudenz, ihre gegenseitige Unentbehrlichkeit für einander erblicken darf."[185]

In Weimar wurde Rudolf Schöll am 1. September 1844 als zweiter Sohn des Literaturhistorikers Adolf Schöll geboren. An den Universitäten Göttingen und Bonn studierte er 1862 bis 1864 Klassische Philologie, daneben Grammatik und Geschichte. 1865 folgte seine Promotion zum Dr. phil. an der Bonner Friedrich-Wilhelms-Universität mit einer Arbeit über die Zwölftafelgesetze. Als Mitarbeiter Theodor Mommsens bei der Erschließung von Inschriften und Handschriften, dann in seiner Eigenschaft als Privatsekretär des preußischen Gesandten in Florenz und schließlich als Forschungsreisender hielt er sich während der Jahre 1867-1870 in Griechenland und Italien auf. 1871 erfolgte die Habilitation an der Berliner Universität im Fach Klassische Philologie, 1873 erreichte ihn der Ruf auf eine außerordentliche, dann ordentliche Professur an der Greifswalder Universität. Jena, Straßburg und München sind die weiteren Stationen seiner professoralen peregrinatio academica. In der bayerischen Hauptstadt entstanden seine bedeutendsten Schriften, gleichwohl verhinderte sein früher Tod am 10. Juni 1893 die geplanten zusammenfassenden Darstellungen griechischer Epigraphik und griechischer Staatsaltertümer.[186] Unvollendet blieb ebenso die Ausgabe der Novellen des Justinian, lediglich vier Hefte erschienen zu seinen Lebzeiten. Noch heute aber werden die Zwölftafelfragmente nach der Schöllschen Ausgabe zitiert.[187]

Rudolf Heinze war es, welcher in seiner Eigenschaft als Dekan einzig Joseph Bedeus Freiherr von Scharberg als möglichen Ehrendoktorand den Fakultätskollegen vorstellte. Er musste davon ausgehen, dass Person und Wirken seines Kandidaten in ihrem Kreis weitgehend unbekannt sind. Heinze selbst hatte über Heidelberg hinausgehend großes Aufsehen erregt mit seiner aus Anlass der brutalen Magyarisierung der deutschen Sachsen in Ungarn verfassten Pasquille „Hungarica", die in Siebenbürgen begeistert begrüßt wurde.[188] Den Hintergrund dieser „flammenden" Anklageschrift bildeten die Emanzipationsbestrebungen der Nationalitäten im Vielvölkerstaat des Habsburgerreiches, die sehr schnell zu einem Kampf um die Macht im Staat wurde, der schließlich in einen Kampf der Nationalitäten untereinander und gegen den Staat mündete. Der Wiener Hof hatte durch sein Nachgeben den Ungarn gegenüber vor allem die Einheit der Monarchie innerhalb des Vielvölkerstaates erhalten wollen. So wurde durch den Österreichisch-Ungarischen Ausgleich 1867 das Kaisertum Österreich in die Doppelmonarchie Österreich-Ungarn umgewandelt. Die übrigen Volksgruppen waren jedoch leer ausgegangen. Hinzu kam, dass die Ungarn gegenüber den anderen Völkern in den

---

[185] Unter dem 20.9.1886 (UAH, H-II, 111/95 fol. 98 f.).
[186] S. Bruno KEIL, Art. Schöll, Rudolf, in: ADB. 5 (1908), S. 140–148.
[187] Vgl. nur Alfred SÖLLNER/Christian BALDUS, Römisches Recht, Heidelberg 2022, S. 46.
[188] Freiburg 1882. – Zu Heinze vgl. SCHROEDER (wie Anm. 28), S. 255 ff.

Ländern der Stephanskrone nunmehr eine gewaltsame Politik der Magyarisierung betrieben. Die nichtmagyarische Bevölkerung sollte durch mehr oder weniger sanften Druck die ungarische Sprache und Nationalität annehmen. Mit allen Mitteln widersetzten sich die Siebenbürger Sachsen dem Bestreben, einen magyarisch-nationalen Staat, der für ein deutsches Munizipium keinen Raum mehr ließ, zu errichten.[189] An vorderster Front stand bei diesen Kämpfen, ihre eigene Volksindividualität zu wahren, insbesondere aber ihr eigenes Schul- und Kirchenwesen deutsch zu erhalten, Josef Bedeus Freiherr von Scharberg.

Geboren wurde Bedeus von Scharberg am 22. Juli 1826 in Hermannstadt. Nach Besuch des evangelischen Gymnasiums und einem zweijährigen Studium an der Hermannstädter Rechtsakademie fand er Verwendung innerhalb der Verwaltung seiner Heimatstadt. 1847 trat er in den Dienst des königlichen Landes-Guberniums in Klausenburg, war nach dessen Auflösung im Wiener Ministerium des Inneren beschäftigt und bat 1869 als k.k. Urbarialgerichtsrat um Versetzung in den Ruhestand. In Folge des österreichisch-ungarischen Ausgleichs verzichtete er 1873 auf den Freiherrentitel und damit auf einen Sitz im ungarischen Oberhaus. Von 1863 bis 1868 war Bedeus von Scharberg Abgeordneter des Siebenbürgischen Landtags wie auch von 1879 bis 1882 Mitglied der „Sächsischen Nationsuniversität", zog sich dann aber aus dem politischen Leben zurück.[190] Danach galt sein unermüdlicher Einsatz dem weiteren Ausbau des Siebenbürger-Sächsischen Landwirtschaftsvereins, dem er bereits 1857 beigetreten war und ab 1867 bis zu seinem Tode 1901 leitete. Wichtigstes Anliegen des Vereins bildete die Förderung der landwirtschaftlichen Fachausbildung. Bis 1898 stand er gleichfalls als Direktor der 1872 begründeten Bodenkreditanstalt zu Hermannstadt vor, eines der wichtigsten Finanzinstitute der Siebenbürger Sachsen. Sie konnte auch den Kleinbauern Kredite gewähren, um unter anderem An- und Verkauf von Boden zwischen Sachsen abzuwickeln, d.h. um die Böden möglichst sächsisch zu erhalten. Besonders erfolgreich agierte sie bei der Beschaffung langfristigen Kapitals durch Verkauf von Pfandbriefen an den Börsen von Budapest und Wien. Darüber hinaus sollte der siebenbürgisch-sächsische Bevölkerungsanteil durch die Einrichtung einer von Bedeus von Scharberg mitbegründeten „Siebenbürger Vereinsbank" stabilisiert werden.[191] Nicht zuletzt machte er sich verdient um die allgemeine Pensionsanstalt der evangelischen Kirche in Siebenbürgen, als deren Schöpfer gleichfalls Bedeus gilt.

---

[189] Vgl. Friedrich TEUTSCH, Die kulturelle und politische Bedeutung der Siebenbürger Sachsen, in: Zeitschrift für Politik 4 (1911), S. 522–543 (539 f.).
[190] Vgl. Art. Bedeus VON SCHARBERG, in: Die Siebenbürger Sachsen – Lexikon, 1993, S. 42 f.
[191] S. hierzu insb. Hans SCHÖPP, Josef Bedeus v. Scharberg, in: Der Pflug 3 (1930), S. 124–129 (127 f.).

Auf diese knapp skizzierten, vielfältigen Verdienste verwies Rudolf Heinze, der ebenso die Anliegen der Siebenbürger Sachsen leidenschaftlich verfocht, bei der Vorstellung seines Ehrendoktoranden: „Das Universitätsjubiläum ... gibt mir Anlaß der hochlöblichen Juristenfakultät die Verleihung des Doktorhutes an einen hervorragenden Fachmann und Praktiker aus der Mitte der Siebenbürger Sachsen zu beantragen ... Es erscheint nicht unangemessen, daß von ihr (sc. Juristische Fakultät) die höchste akademische Ehre auch Gelehrten außerhalb des deutschen Reiches zuerkannt werde, weil die Siebenbürger Sachsen an ihrer deutschen Individualität sowie den Zusammenhang mit dem deutschen Geistes- und Wissenschaftsleben gegenüber allen Erschwerungen und Angriffen, mit rühmlicher Mannhaftigkeit und Unerschütterlichkeit hoch- und festgehalten haben ... In vielfältiger und bedeutungsvoller Weise Bedeus sich verdient gemacht hat um die Wissenschaft sowie um das Gedeihen seines Volkes und seiner Kirche."[192] Dem so begründeten Antrag Heinzes schloss sich die Fakultät einstimmig an. Bedeus von Scharberg bewertete die Verleihung der Ehrendoktorwürde an ihn „als eine hohe Auszeichnung und Anerkennung meines Wirkens in der Mitte des siebenbürgisch sächsischen Volkes und der evangelischen Landeskirche in Siebenbürgen und mehr noch der Haltung dieses deutsch evangelischen Bürgervolkes." Er fährt fort: „So ermuthigende Theilnahme und Würdigung unserer Bestrebungen für die Erhaltung des deutschen Volksthums in Siebenbürgen verpflichtet uns zu dem wärmsten Danke und der hingebenden Ausdauer, welche mich bis zu dem Ende meiner Tage beseelen wird."[193]

In der von Theodor von Olshausen verfassten Festschrift zum fünfzigjährigen Jubiläum des deutschen Juristentages 1910 findet sich die Notiz: „Das älteste und in seiner Art einzig dastehende Mitglied der Deputation ist der Präsident Dr. von Stoeßer, der dieser seit Bestehen des Juristentages bis zum heutigen Tag angehört."[194] Die Lebensspanne Carl Wilhelm von Stössers umfasste, für die damalige Zeit ungewöhnlich, nahezu ein Jahrhundert. Geboren wurde er am 30. Juni 1822 in der badischen Residenz Karlsruhe, wo Stösser auch am 17. Oktober 1913 verstarb.[195] In die Matrikel der Universitäten Heidelberg und Freiburg trug er sich zum Studium der Rechtswissenschaften ein. Nach dem Staatsexamen hielt Stösser sich zur Ausbildung für längere Zeit in Paris auf, um nach der Rückkehr 1852 in den badischen Staatsdienst zu treten. Hier durchlief er eine erfolgreiche, mit zahlreichen Versetzungen verbundene Karriere, deren Höhe- und Endpunkt die Ernennung zum Senatspräsidenten am Oberlandesgericht Karlsruhe 1884 bildete; 1899 trat er in den Ruhestand.[196] Große Verdienste erwarb sich Stösser im

---

[192] UAH, H-II-111/95 fol. 116.
[193] Schreiben an den Dekan Heinze unter dem 8.9.1886 (UAH, H-II, 111/95 fol. 104).
[194] Der deutsche Juristentag. Sein Werden und Wirken, Berlin 1910, S. 14.
[195] S. Chronik der Haupt- und Residenzstadt Karlsruhe für das Jahr 1913, 29 (1914), S. 264 f.
[196] Zu der Familie Stösser s. Wolfgang LEISER, in: OTTNAD (Hrsg.), Badische Biographien NF 3 (1990), S. 264-265.

Verlauf der Einführung der Reichsjustizgesetze im Großherzogtum Baden. Vorbereitet wurden sie im Vorfeld der Reichseinigung durch die Juristentage, deren Versammlungen er über lange Jahrzehnte hinweg als Präsident und späterhin als Ehrenmitglied der ständigen Deputation leitete. Großherzog Friedrich I. berief den nationalliberal gesinnten Stösser zum Mitglied der Ersten Kammer der Landstände (1883–87), an deren gesetzgeberischen Arbeiten er gleichfalls maßgeblich mitwirkte.

Hervorzuheben sind aber ebenso Stössers mannigfachen Aktivitäten auf kirchlich-sozialem Gebiet.[197] Von 1884 bis 1908 präsidierte er der evangelischen Generalsynode. Wilhelm von Stösser war Mitglied der kirchlich-liberalen Vereinigung, Mitbegründer und erster Vorsitzender des badischen Zweiges des „Deutschen Vereins gegen den Mißbrauch geistiger Getränke" wie auch erster Generalsekretär bei der Neuorganisation des Badischen Frauenvereins. Seit 1897 gehörte er dem Aufsichtsrat der „Allgemeinen Versorgungsanstalt im Großherzogtum Baden" (später Karlsruher Lebensversicherung) an, ab 1900 stand Stösser an dessen Spitze. Unerwähnt blieben diese Tätigkeiten bei der von Dekan Hermann Schulze formulierten Laudatio. Auszeichnen wollte man Carl Wilhelm von Stösser lediglich als „den langjährigen bewährten Richter, welcher sich mit seltener Gesetzeskunde und unermüdlicher Thätigkeit an den gesetzgeberischen Arbeiten der ersten Kammer erfolgreich beteiligt hat."[198]

Bemerkenswert ist die Verleihung der Ehrendoktorwürde an William Stubbs, seit 1884 Bischof von Chester, zuvor Inhaber der Regius Professur für „Modern History" an der Universität Oxford, späterhin (1888) bis zu einem Tod im Jahre 1901 Lordbischof von Oxford. Nicht sein Amt im Dienst der anglikanischen Kirche, wohl aber seine historischen Studien standen im Mittelpunkt der Ehrung jenes angesehenen Wissenschaftlers außerhalb des deutschsprachigen Raums. Hohe Anerkennung fand die drei Bände umfassende „Constitutional History of England in its Origins and Development", erschienen zwischen den Jahren 1874–1878.[199] Nachdrücklich betont wird in der Ehrendoktorurkunde, dass Stubbs „durch sein gelehrtes Werk über den Ursprung und Fortschritt der englischen Verfassung die gemeinsamen Grundlagen der germanischen Rechtsentwicklung in fruchtbarer Weise nachgewiesen hat."[200] Späterhin standen im Zentrum seiner wissenschaftlichen Interessen die Herausgabe der 19 Bände umfassenden sog. „Roll Series", eine Sammlung mittelalterlicher englischer Chroniken.

1825 in Knaresborough (Yorkshire) geboren, studierte William Stubbs Theologie an der Universität Oxford und wurde nach Abschluss der Studien Vikar. Neben

---

[197] S. hierzu LEISER (wie Anm. 196), S. 264.
[198] Zit. nach BARTSCH/KOCH (wie Anm. 135), S. 154.
[199] Vgl. James CAMPBELL, William Stubbs (1825-1901), in: Helen DAMICO/Joseph B. ZAVADIL, Medieval Scholarship – Biographical studies on the Formation of a Discipline, Bd. 1, New York/London 1995, S. 77–87.
[200] Zit. nach BARTSCH/KOCH (wie Anm. 135), S. 154.

dem umfassenden Bereich priesterlicher Aufgaben fand er Interesse an der Erforschung der mittelalterlichen Geschichte Englands. Im Rahmen seiner ersten wissenschaftlichen Studie „Registrum sacrum Anglicanum" befasste Stubbs sich noch mit kirchengeschichtlichen Fragestellungen. Späterhin lag das Hauptgewicht seiner Arbeiten auf der Erforschung der mittelalterlichen Geschichte Englands. Noch 1872 begründete er an der Universität Oxford die „School of Modern History". Vorbildlich erschien ihm die Organisation der Geschichtswissenschaft an den deutschen Universitäten und ihre Lehrbücher wie auch professorale Studien, so die vielbeachtete „Verfassungsgeschichte" aus der Feder von Georg Waitz, noch heute wegen ihres Materialreichtums wertvoll.[201] Auch die „English Historical Review", im Jahr 1886 begründet, nahm sich zum Vorbild die „Historische Zeitschrift". Stubbs Verdienste einer umfassenden Darstellung der englischen Verfassungsgeschichte sind freilich nicht unumstritten. So charakterisiert ihn J.W. Burrow in seiner 1981 publizierten Studie „A Liberal Descent: Victorian Historians and the English Past" als einen „historical scholar with little or no experience of public affairs, with views of the present, which were romantically historicised and who was drawn to history by what was in a broad sense an antiquarian passion for the past, as well as a patriotic and populist impulse to identify the nation and its institutions as the collective subject of English history."[202]

Aber nicht allein England, sondern auch das Nachbarland Frankreich wurde mit der Verleihung eines Ehrendoktorats an den Historiker Hippolyte Adolphe Taine gewürdigt. Er war einer der ersten Praktiker der historistischen Kritik, „welcher auf der Grundlage der umfassendsten Quellenstudien über den Ursprung der französischen Gesellschaft neues Licht verbreitet hat und die französische Revolution in ihren Bestrebungen und Gegensätzen, in ihren Persönlichkeiten und Ideen mit Meisterhand dargestellt hat, ein unbestechlicher Priester der geschichtlichen Wahrheit."[203]

Geboren wurde Taine in Vouziers, einer kleinen, in den Ardennen gelegenen Stadt als Sohn eines Notars.[204] Nach einer vielseitigen Ausbildung, die im Elternhaus begann und während der Schulzeit fortgesetzt wurde, scheiterte er 1851 bei der Prüfung für den nationalen Concours d'Agrégation in Philosophie. Nunmehr wandte er sich der Literatur zu und promovierte 1853 an der Sorbonne mit der Dissertation „Essai sur les fables de La Fontaine". Das Doktorexamen war das schwierigste und ehrenvollste der drei Hauptexamina in der französischen Prüfungsordnung. Dann begeisterte sich Taine für ein völlig anderes Gebiet: In Paris schrieb er sich an der Medizinischen Fakultät ein, zog sich zu einem medizinischen Kuraufenthalt in die Pyrenäen zurück, verfasste zugleich zahlreiche Artikel auf den Gebieten der Literatur, Philosophie und Geschichte, welche in der „Revue

---

[201] S. insb. CAMPBELL (wie Anm. 199), S. 80 f.
[202] AaO., Cambridge 1981, S. 97 ff.
[203] Zit. nach BARTSCH/KOCH (wie Anm. 135), S. 154.
[204] S. hierzu die Kurzbiographie aus der Feder von Alfred COBBAN, Hippolyte Taine, Historian of the french revolution, in: History 53 (1968), S. 331–341.

des deux Mondes" und im „Journal des débats" veröffentlicht wurden. Ein Ergebnis seiner Reisen nach England bildete die fünf Bände umfassende Geschichte der englischen Literatur. Darüber hinaus versuchte sich Taine an einer wissenschaftlichen Darstellung der Literatur, welche er als Produkt der Umgebung des Autors verstand. Taine schrieb über die französischen Philosophen des 19. Jahrhunderts, über die Kunst in Griechenland, Italien und den Niederlanden; ergänzt wurden sie mit Reiseskizzen aus Italien und durch Betrachtungen über Kunstphilosophie.[205] Auf diese Weise bekannt geworden, ernannte man ihn zum Professor für Kunstgeschichte an der École des Beaux Arts und für Geschichte und Deutsch an der École spéciale militaire de Saint. Vorwiegend lebte Taine aber von dem Honorar seiner überaus zahlreichen Veröffentlichungen. Während eines Aufenthalts in Oxford (1871) verlieh man ihm die Würde eines Ehrendoktors. Wenige Jahre später, 1878, wurde er Mitglied der Französischen Akademie. Bis zu seinem Tod im Jahr 1893 arbeitete Taine ununterbrochen an dem sechsbändigen Werk „The Origins of Contemporary France". Scharf verurteilte er darin die Künstlichkeit der politischen Konstruktionen der Revolution, die seiner Meinung nach dem natürlichen und langsamen Wachstum der Institutionen eines Staates offensichtlich widersprachen: „Hier zeigt sich sein unübertroffenes Talent, kleine Züge, selbst Anecdoten und Bonmots, unter seine leitenden Ideen zu stellen ... den massenhaften Stoff mit seiner gewaltigen Gestaltungskraft zu gliedern und seine Beurteilung von nationalen Vorurteilen und Ueberlieferungen freizuhalten."[206] Eine gänzlich andere Bewertung erfährt sein Werk mehr als sieben Dezennien später aus der Feder von Alfred Cobban, welcher einleitend notiert: „Taine ist the most influential and stimulating, the most dazzling, in a word perhaps the greatest of bad historians."[207]

Ausgezeichnet mit der Ehrendoktorwürde wurde gleichfalls Pieter Willems, Professor für Römisches Recht an der Universität Löwen. Vorgeschlagen wurde er von Otto Karlowa, welcher seit 1872 an der Heidelberger Universität Römisches Recht lehrte.[208] Hervorgehoben wurden von ihm die Verdienste Willems „um die Geschichte des römischen Staatsrechts, besonders durch seine gelehrte Arbeit über den römischen Senat". Ein besonderer Anziehungspunkt stellt heute das ehemalige Wohnhaus dieses außergewöhnlichen Leuvener Professors Pieter Caspar Hubert Willems dar, welcher 1840 in Maastricht geboren wurde und 1898 in Sint-Jois-Weert verstarb. Stipendien ermöglichten ihm ein Studium der Klassischen Geisteswissenschaften am renommierten Königlichen Athenaeum seiner Heimatstadt wie auch ein Studium der Klassischen Philologie in Leuven. Im Alter

---

[205] S. hierzu den Nekrolog auf Hippolyt Taine aus der Feder von v. Cornelius in der Oeffentlichen Sitzung der Bayerischen Akademie der Wissenschaften vom 21.3.1893, S. 249–251.
[206] S. R. MAHRENHOLTZ, Hippolyte Adolphe Taine, in: Zeitschrift für französische Sprache und Literatur, Bd. 15 (1893), S. 141–145 (143).
[207] AaO. (wie Anm. 204), S. 331.
[208] Zu Karlowa s. SCHROEDER (wie Anm. 28), S. 243 f.

von nicht einmal 25 Jahren wurde er an dieser Universität zum Professor für Römisches Recht ernannt. Willems verfasste mehrere Bücher zu diesem Fachgebiet, welche in sechs Sprachen übersetzt wurden. Er selbst sah sich in erster Linie als Altphilologe; seine dreibändige Studie zur Geschichte des Römischen Rechts wurde unmittelbar nach ihrer Publikation 1870 zu einem internationalen Nachschlagewerk, das fünf Nachdrucke und Übersetzungen erlebte. Es folgte sein eigentliches Hauptwerk, eine zweiteilige Studie über den Senat in der Römischen Republik, veröffentlicht zwischen 1878 und 1880. 1885 verlieh ihm die Belgische Akademie der Wissenschaften für diese Untersuchung den alle fünf Jahre verliehenen Staatspreis für Geschichtswissenschaften. Auch als Hochschullehrer war Willems äußerst produktiv. So bevorzugte er im akademischen Unterricht einen neuen, für die damalige Zeit ungewöhnlichen interdisziplinären Forschungsansatz an der Schnittstelle von Klassischer Philologie, Altertumsgeschichte, Quellenkunde und Römischen Recht.

1886 wurde Willems – welcher eine Zentralfigur innerhalb der flämischen Bewegung darstellte - zum ersten Präsidenten der Königlich-flämischen Akademie für Sprache und Dichtung gewählt. In dieser Eigenschaft initiierte er das erste Dialektwörterbuch in den Niederlanden. Gleichfalls stand er als Erster Sekretär der Universität Leuven vor und hatte über zwanzig Jahre lang den Vorsitz des katholischen Davidsfonds und der „Zuidnederlandse Maatschappij voor Taalkunde" wie auch weiterer flämisch orientierter Organisationen inne. Willems war nicht allein ein international hochangesehener Professor für klassische Sprachen, sondern ebenso ein enthusiastischer Sammler von Dialekten aus der gesamten Region der Südlichen Niederlande. Zum ersten Mal dokumentierte Willems die Dialekte des Niederländischen (in Flandern und den Niederlanden). Dieses „Corpus Dialectmaterial Pieter Willems" ist heute fester Bestandteil der Philologie des Niederländischen. Ausgezeichnet wurde er gleichfalls mit dem alle fünf Jahre vergebenen belgischen Staatspreis für Geschichte. Für die damalige Zeit ungewöhnlich ist ebenso sein philanthropisches Engagement auf dem damals brachliegenden Feld sozialer Belange: Auf seine eigenen Kosten errichtete Pieter Willems in Leuven um 1880 ein Baugebiet mit mehr als 30 bezahlbaren Wohnungen für Arbeiter.[209] In Erinnerung an diese außergewöhnliche Persönlichkeit wurde 1921 eine Straße in Maastricht nach ihm benannt.

Unentbehrlich für jeden, der sich mit der Geschichte der Heidelberger Hohen Schule befasst, ist das zweibändige Urkunden- und Regestenbuch der Universität Heidelberg, pünktlich erschienen zu ihrem 500jährigen Jubiläum 1886. Erarbeitet hatte das umfängliche Werk in langen Jahren Eduard Winkelmann, welcher 1873 Wilhelm Wattenbach auf dessen Lehrstuhl nachfolgte. Geboren wurde Winkelmann 1838 in Danzig, studierte ab 1856 Geschichte in Berlin bei Leopold von

---

[209] S. zu diesen Angaben Rob BELEMANS (Hrsg.), Pieter Willems (1840–1898). Life and work of a versatile Leuven resident (SALSA cahiers of the circle of friends of the Leuven city archives, Nr. 13).

Ranke und seit 1858 an der Universität Göttingen bei Georg Waitz. In der Hauptstadt Preußens promovierte er 1859 mit einer Studie „De regni Siculi administratione", war kurzzeitig als Mitarbeiter für die Monumenta Germaniae Historica in Berlin und als Oberlehrer an der Ritter- und Domschule zu Reval angestellt. An der Universität Dorpat habilitierte er sich 1866. Noch als Privatdozent wurde Winkelmann korrespondierendes Mitglied der Gesellschaft für Geschichte und Altertumskunde der Ostseeprovinzen Russlands, von 1867 bis 1869 amtete er als Präsident der Gelehrten Estnischen Gesellschaft.[210] In diesem Jahr folgte Winkelmann einem Ruf an die 1834 neu begründete Universität Bern, an der man ihn nach wenigen Monaten zum ordentlichen Professor ernannte. Den angesehenen Heidelberger Lehrstuhl für mittelalterliche Geschichte hatte er, nach Ablehnung eines Rufes an die Universität Marburg, bis zu seinem Tod 1896 inne.[211]

In der Laudatio auf ihn anlässlich der Verleihung der Ehrendoktorwürde wird – neben zahlreichen Quellenstudien und der Mitarbeit bei der Neubearbeitung der V. Abteilung der Regesta Imperii durch Julius Ficker – insbesondere das Hauptgebiet seiner Forschungen, die Epoche der Stauferkaiser, hervorgehoben: Es sei Winkelmann, „welcher durch sein Werk über die Geschichte Kaiser Friedrichs II. und des hohenstaufischen Zeitalters und durch die sorgfältige der deutschen Reichsakten sowie in neuester Zeit durch sein Urkunden- und Regestenbuch der Universität Heidelberg sich als einer der gründlichsten deutschen Geschichtsforscher bewährt hat."[212]

Ausgezeichnet mit dem Ehrendoktorat wurde auch Karl Zeumer, ein enger Fachgenosse Winckelmanns, durch die Heidelberger Juristische Fakultät. So notiert Otto Gierke in seinem Gutachten über dessen wissenschaftlichen Verdienste: „Zeumer hat sich jüngst 1878 durch eine vortreffliche Abhandlung über die deutschen Städtesteuern, insbesondere die städtischen Reichssteuern im 12. und 13. Jahrhundert bekannt gemacht. Mit einem Theil dieser Arbeit hat er damals die philosophische Doktorwürde erlangt ... vor allem hat er die vor dem Krieg vollständig erschienene Ausgabe der Formelsammlungen in den Monumenta veranstaltet. Diese Ausgabe übertrifft nicht nur durch Exaktheit, Textkritik und Vollständigkeit die bewährte Ausgabe von Rozieren, sondern zeichnet sich durch vortreffliche Einleitungen, welche über Alter und Handschriften der einzelnen Sammlungen ... neue Erkenntnisse bringen." Es bestehe kein Zweifel, „daß hier eine der vorzüglichsten Arbeiten vorliegen, welche bisher überhaupt in den Monumenta erschienen sind. Durch diese große Ausgabe hat sich Zeumer ein nicht genug zu schätzender Verdienst um die deutsche Rechtsgeschichte erworben."[213]

---

[210] 1873 wird er korrespondierendes Mitglied der Bayerischen Akademie der Wissenschaften, 1880 korrespondierendes Mitglied der Göttinger Akademie der Wissenschaften.
[211] Zu diesen Angaben vgl. DRÜLL (wie Anm. 144), S. 916-917.
[212] Zit. nach BARTSCH/KOCH (wie Anm. 135), S. 154.
[213] UAH, H-II-111/95 fol 83 (unter dem 6.6.1886).

Die von Otto Gierke verfasste Laudatio des Diploms rühmt ihn denn auch als den *socium strenuum hominum doctorum qui celeberrima ille Monumenta Germaniae historica edunt, qui cum libellis eruditissimis ad leges moresque Germanroum antiquorum spectantibus tum egregia veterum formularum editione, exploratione, interpretatione scientiam iuri patrii mirum quantum promovit.* Gewürdigt wird von Gierke insbesondere der Nutzen von Zeumers großen Editionen (Leges Visigothorum, Lex Burgundiorum) für die Rechts- und Reichsgeschichte. Auch in der Festchronik wird auf diese Verdienste hingewiesen, „welche er sich durch seine gründlichen Arbeiten über älteres deutsches Recht, besonders durch die Herausgabe der Formelbücher in den Monumenten erworben hat."[214]

Diese Ehrung nahm Zeumer, bisher „gelehrter Gehilfe" in der Abteilung „Leges" der „Monumenta", zum Anlass, sich an der Berliner Friedrich-Wilhelm-Universität 1887 im Fach Deutsche Rechtsgeschichte mit einer Studie über die „Geschichte und Quellen des deutschen Rechts" zu habilitieren.[215] Ausgewiesen war Zeumer durch kein rechtswissenschaftliches Studium, hatte er doch, 1849 in Hannover als Sohn eines Kürschnermeisters geboren, Klassische und Deutsche Philologie in Göttingen, Leipzig und Berlin studiert.[216] Noch vor dem Abschluss seiner eingangs erwähnten, von Julius Weizsäcker betreuten Dissertation fand Zeumer als Mitarbeiter der Monumenta Germaniae Historica eine Anstellung, 1897 rückte er zum Mitglied ihrer Zentraldirektion auf. Eng verbunden wusste er sich dem Ranke-Schüler Georg Waitz, seinem unmittelbaren Vorgesetzten und getreuen Förderer. 1889 wurde Zeumer, der nie eine rechtswissenschaftliche Vorlesung besucht hatte, zum außerordentlichen Professor für Deutsche Rechtsgeschichte an der Berliner Universität ernannt. 1910 folgte in diesem Fach die Bestallung zum besoldeten ordentlichen Honorarprofessor. Sein Lebensmittelpunkt blieb jedoch die Monumenta, die angestrebte Übertragung eines historischen Lehrstuhls scheiterte an der Ministerialbürokratie. Nur wenig bedeutete ihm daher die Ernennung zum Leiter der Abteilungen „Constitutiones" und „Leges". Vielbeachtet wurde ebenso seine Studie über „Die Goldene Bulle" und zu Eike von Repgow als Verfasser der „Sächsischen Weltchronik". Beträchtlichen Erfolg hatte Zeumer mit der von ihm, trotz einer nahezu vollständigen Erblindung sorgfältig edierten Quellensammlung zur „Geschichte der deutschen Reichsverfassung in Mittelalter und Neuzeit", die 1913 noch eine zweite Auflage erlebte. Ein Jahr später verstarb Karl Zeumer „nach langen Jahren standhaft ertragener Leiden" in Berlin.[217] Seine letzte

---

[214] Zit. nach BARTSCH/KOCH (wie Anm. 135), S. 154.

[215] Vgl. Adalbert ERLER, Zeumer, Karl, in: Adalbert ERLER/Ekkehard KAUFMANN/Dieter WERKMÜLLER (Hrsg.), Handwörterbuch zur Deutschen Rechtsgeschichte, Bd. 5, Berlin 1998, Sp. 1698 - 1699. – Zur Lage der „gelehrten Gehilfen" vgl. Horst FUHRMANN, „Sind eben alles Menschen gewesen" – Gelehrtenleben im 19. und 20. Jahrhundert, München 1996, S. 77 ff.

[216] Zu diesen Angaben s. Heinz DUCHHARDT, Blinde Historiker – Erfahrung und Bewältigung von Augenleiden im frühen 20. Jahrhundert, Stuttgart 2021, S. 59–76.

[217] Zit. nach Richard SALOMON, Karl Zeumer – Ein Nachruf, in: Neues Archiv der Gesellschaft für ältere deutsche Geschichtskunde 39 (1914), S. 518–533.

Studie über „Das vermeintliche Widerstandsrecht gegen Unrecht des Königs und Richters im Sachsenspiegel" wurde noch 1914 von Fritz Kern herausgegeben.

Nur zwei Jahre nach den Feierlichkeiten anlässlich des 500jährigen Jubiläums der Universität folgte eine weitere Ehrenpromotion: 1888 verlieh die Heidelberger Juristische Fakultät die Würde eines doctor honoris causa an den badischen Finanzminister Moritz Ellstätter. Über seine Berufung an die Spitze des Ministeriums berichtet die Zeitschrift "Der Israelit": „Karlsruhe, den 13. Februar 1868. Eine Neuigkeit durchläuft unsere Stadt und bildet ausschließlich das Tagesgespräch. Ein Israelite ist zum Präsidenten des Finanzministeriums ernannt worden. Moritz Ellstädter, der Sohn eines hiesigen Möbelhändlers und Schwager des Rabbiners Willstätter ... Sie werden begreiflich finden, dass diese Ernennung nach allen Seiten überraschte, namentlich seine Glaubensgenossen und zahlreichen Freunde des Ernannten in freudige Aufregung versetzte. Seine juristische Tüchtigkeit und bewährte politische Gesinnung sollen ihm diesen wichtigen Posten eingebracht haben. Möge es ihm gelingen, das Wohlwollen unseres Fürsten und das in ihn gesetzte Vertrauen sich dauernd zu erhalten." 1868 war Ellstätter in das Kabinett Jolly eingetreten und behielt diesen Posten auch in den nachfolgenden Regierungen bis 1893. Möglich geworden war die Ernennung durch das am 4. Oktober 1862 verabschiedete „Gesetz, die bürgerliche Gleichstellung der Israeliten betreffend".[218]

1827 wurde Ellstätter in Karlsruhe geboren, besuchte das dortige Lyzeum und studierte anschließend in Heidelberg und Bonn Rechtswissenschaft.[219] Seit 1845 gehörte er dem republikanisch gesinnten „Neckarbund" an. Nach Ablehnung seines Antrags auf Zulassung zum Rechtsanwaltsberuf ließ er sich in Berlin nieder und lernte dort an der von David Hansemann gegründeten Diskontobank das Bankgeschäft näher kennen. 1859 kehrte Ellstätter in die badische Heimat zurück, war in Durlach für kurze Zeit als Rechtsanwalt tätig, wechselte 1864 als Rat am Kreis- und Hofgericht in Mannheim in den Staatsdienst und wurde 1866 von Karl Mathy, mit dem er seit den gemeinsamen Tagen in der preußischen Hauptstadt eng verbunden war, in das Finanzministerium berufen. Im Gefolge des überraschenden Todes Mathys 1868 wurde Ellstätter sein Nachfolger als Präsident des Finanzministeriums im Kabinett Jolly. Gegen heftigen Widerstand des Landtags gelang ihm eine grundlegende Reform des gesamten Steuerwesens, die das Großherzogtum Baden nach den bedrückenden Folgelasten der Revolution 1848/49 zu einem finanziell leistungsstarken Land machte: So galt ab 1886 eine allgemeine Einkommensteuer, wobei Ellstätter bestrebt war, die Steuerlast – wie auch später bei der Reform der Verbrauchssteuern – gerechter zu verteilen. Seit 1871 wirkte er bei der Reichsgesetzgebung über das Münzwesen mit und war wiederholt Mitglied des Reichsbankkuratoriums. 1886 erhielt er den Titel „Finanzminister", erst Jahre spä-

---

[218] S. hierzu SCHROEDER, in: MUßGNUG/STOLLEIS (wie Anm. 86), S.79–94 (89).
[219] S. Günther HASELIER, Art. Ellstätter, Moritz, in: NDB, Bd. 4, Berlin 1959, S. 480.

ter, 1906, wurden die Ressortleiter gleichzeitig zu Ministern ernannt. Ein Jahr zuvor war Ellstätter in Karlsruhe verstorben. Bis 1918 blieb er das einzige jüdische Regierungsmitglied innerhalb des Deutschen Reichs.

Seine Verdienste um die Heidelberger Universität, deren finanziellen Grundlagen auch durch die erwähnten, von Ellstätter initiierten Reformen abgesichert waren, wurden in dem Ehrendoktordiplom überschwänglich gefeiert: *...qui reditus publicos sagaciter praemeditando prudenter despensando ad laetissimum incrementum provexit; qui de universitate nostra propaganda egregie meritus es eo quod consilium suum atque auxilium interponendo plurimum contulit ut largae concessae sint facultates cum academiae universae tum singulis eius institutis; hoc mense quo muneris amplissimi per hos viginti annos continuos summo rei publicae emolumento administrati sollemnitatem.*[220]

1889 findet wiederum eine Ehrenpromotion statt. Der auf diese Weise Geehrte ist der Geschäftsmann und Politiker Hermann Henrich Meier aus der Hansestadt Bremen. In den Akten des Universitätsarchivs stößt man allein auf den mageren Hinweis, dass ihm am 3. März 1889 die Ehrendoktorwürde verliehen wurde; vergeblich bleibt auch hier die Suche nach einer weiteren Ausfertigung des Doktordiploms.[221]

Überblickt man den Lebensgang Hermann Henrich Meiers so fällt es schwer, unter der Vielzahl seiner Leistungen auf politischem, wirtschaftlichem und sozialem Gebiet Schwerpunkte zu setzen, welche die außergewöhnliche Ehrung durch die Heidelberger Fakultät rechtfertigen. 1809 wurde Meier in Bremen geboren. Nach dem frühen Tod des Vaters zog er mit seiner Mutter nach Stuttgart, besuchte dort das Gymnasium und trat 1826 in das väterliche Unternehmen in Bremen ein.[222] Im Verlauf seiner kaufmännischen Ausbildung unternahm er zahlreiche Geschäftsreisen, die ihn nach England und die USA führten. Bemerkenswert ist, dass Meier dem preußischen Gesandten Ludwig von Rönne als Wirtschaftsgutachter diente. Zurückgekehrt nach Bremen, verfügte er als Mitglied des Bürgerkonvents und der Bremischen Bürgerschaft über gewichtigen politischen Einfluss. Beteiligt war Meier an der Gründung der Bremer Bank und der Bremer Börse. Auf ihn geht ebenso die Initiative zur Gründung des Norddeutschen Lloyd zurück, eines der erfolgreichsten Schifffahrtsunternehmen. Über 30 Jahres stand er an der

---

[220] „ ... der die öffentlichen Einkünfte unerbittlich plante und klug verwaltete und dadurch zum fruchtbarsten Wachstum beitrug; der sich um die Förderung unserer Universität äußerst verdient gemacht hat, indem er ihr mit Rat und Tat beistand und ihr sehr viel zukommen ließ, so dass großzügige Mittel sowohl der Universität als Ganzes, als auch einzelnen ihrer Institute zugeteilt wurden" (unter dem 16.2.1888, UAH, H-II-111/101 fol. 209).

[221] Erwähnt wird die Verleihung der Ehrendoktorwürde an ihn einzig in der Studie von Friedrich HARDEGEN, H.H. Meier – der Gründer des Norddeutschen Lloyd, Berlin und Leipzig 1920, S. 257.

[222] Vgl. Wilhelm VON BIPPEN, Art. Meier, Hermann Henrich, in: ADB 52 (1908), S. 291–294.

Spitze der Reederei und führte sie, die zum wichtigsten Träger der überseeischen Auswanderung wurde, zu weltweiter Bedeutung.[223] Ebenso bemerkenswert waren auch seine politischen Ambitionen, welche ihren Anfang nahmen als Vertreter des Wahlkreises Bremervörde in der Frankfurter Nationalversammlung 1849. 1867 wurde Meier in den Reichstag des Norddeutschen Bundes für die Nationalliberal Partei gewählt, von 1881 bis 1887 war er Mitglied des Reichstags. Hier engagierte Meier sich für die Einrichtung eines Reichspostdampferdienstes nach Ostasien und Australien. Als gesuchter Sachverständiger übte er erheblichen Einfluss auf sämtliche Gebiete der Seefahrt aus. Gleichfalls auf ihn geht die Gründung der „Deutschen Gesellschaft zur Rettung Schiffbrüchiger" zurück, zu deren ersten Vorsitzenden er 1865 gewählt wurde; über dreißig Jahre lang hatte er dieses Amt inne. Am 17. November 1898 verstarb Hermann Henrich Meier nach einem vielgeschäftigen Arbeitsleben in seiner Vaterstadt Bremen: „Was immer an Unternehmungen mannichfacher Art seiner Leitung unterstellt war, das zeichnete sich nicht allein durch zweckmäßige Einrichtungen, sondern auch durch eine großzügige Anlage aus."[224]

Ebenso wie bei Hermann Hinrich Meier ist auch bei Karl Kah außer in der vom Universitätsarchiv erstellten Liste der juristischen Ehrendoktoren kein weiterer Hinweis einer Begründung der Verleihung dieser Würde an ihn zu finden. In den badischen Personal- und Dienerakten des Generallandesarchivs Karlsruhe stößt man einzig auf die spröde Auflistung der Stationen seiner Richterlaufbahn im Dienst des Großherzogtums Baden.[225] Ausführlicher wird man aber unterrichtet in einem von C. Kah (wohl seinem Sohn) verfassten Artikel, publiziert innerhalb der „Badischen Biographien".[226]

Geboren wurde Karl Kah 1810 in Rastatt, wo sein Vater als Direktor des Hofgerichts amtete. 1829 immatrikulierte er sich an der Freiburger Universität, wurde 1833 unter die Rechtspraktikanten aufgenommen und – nach einem längeren Aufenthalt in der französischen Schweiz – fand 1840 seine erste Anstellung beim Landamt Freiburg. Heidelberg wurde ihm nach weiteren Stationen zum Mittelpunkt seiner über 40 Jahre hinweg erstreckenden Laufbahn als Zivil- und Einzelrichter. Hohes Ansehen gewann er als Obmann bei gütlichen Einigungen im Rahmen von zahlreichen städtischen Streitigkeiten. Als Richter erwarb Kah sich wegen seiner streng sachlichen Urteile, aber auch wegen seiner humanen Prozessführung vielfacher Wertschätzung. Bekannt wurde Kah im weiteren Kreis der badischen Juristen durch seine Ausgaben des „Badischen Landrechts". Darüber hinaus verfasste er kleinere Kommentare zur Zivilprozessordnung, zum Pressgesetz wie auch (u.a.) zum Haftpflichtgesetz. Beachtung fanden ebenso seine Studien „Die

---

[223] Monika DUENSING, Art. Meier, Hermann Henrich, in: NDB 16 (1990), S. 642–643.
[224] So V. BIPPEN, Meier (wie Anm. 222), S. 294.
[225] GLA Karlsruhe, 76 Nr. 10798.
[226] V. Teil (1891/1910), S. 362–363.

Ehe und das bürgerliche Standesamt nach badischem Recht"[227] wie auch „Die Polizeivergehen (Übertretungen §§ 360–370) des deutschen Strafgesetzbuchs"[228]. Wohl ausreichender Anlass für die Heidelberger Juristische Fakultät, ihn anlässlich seines 50-jährigen Dienstjubiläums 1890 mit der Verleihung der Ehrendoktorwürde auszuzeichnen: *...qui gravibus officii muneribus senex annis animo iuvenis indefessus perfungitur. Qui in litibus diiudicandis per tot lustra aequi et boni artem strenue ac pie exhibuit. Qui iuris patrii notitiam doctissimis commentariis coluit illustravit ampliavit.*[229] Zwei Jahre später trat er in den Ruhestand, 1895 verstarb Karl Kah in Heidelberg, der Stadt, die ihn gleichfalls 1890 zu ihrem Ehrenbürger ernannt hatte.

Zu den überragenden politischen Persönlichkeiten des Großherzogtums Baden in der zweiten Hälfte des 19. Jahrhunderts zählt der 1848 in Mosbach geborene, 1904 in Karlsruhe verstorbene Adolf Buchenberger.[230] Nach einem mit Auszeichnung bestandenen Abitur am Wertheimer Lyzeum 1866 studierte er Kameralwissenschaften in Freiburg, München und Heidelberg. Dieses Fach bildete eine „badische Spezialität", vereinigte es doch als eine Art „Generalstudium" volkswirtschaftliche Gebiete, einige juristische Hauptdisziplinen sowie mathematische Studien und weiterführende „Hilfswissenschaften" aus dem Bereich der Technik und Erdkunde.

Aufgrund seines ausgezeichneten Examens wurde Buchenberger sofort in den Staatsdienst des Großherzogtums Baden übernommen. Seit 1869 arbeitete er bei unterschiedlichen Behörden: So 1878 als Ministerialassessor im Handels- und seit 1881 im Innenministerium. Die auf ihn zurückgehende Erhebung über die Gesamtlage der in der Landwirtschaft arbeitenden Bevölkerung führte zu verschiedenen, überaus progressiven gesetzgeberischen und administrativen Maßnahmen mit dem Ziel ihrer nachhaltigen Förderung (z.B. Vieh- und Hagelversicherung; landwirtschaftliches Kreditwesen, Gesetz über die geschlossenen Hofgüter). Sie war Vorbild für parallel verlaufende Untersuchungen in den Königreichen Bayern und Württemberg, im Großherzogtum Hessen und im Reichsland Elsaß-Lothringen.[231] Buchenberger selbst galt als die „agrarpolitische Autorität" innerhalb des Deutschen Reichs.

1893 wurde ihm als Ministerialpräsident die Leitung des Finanzministeriums in der Nachfolge von Moritz Elstätter durch Großherzog Friedrich anvertraut.[232]

---

[227] Heidelberg 1872.
[228] Stuttgart 1879.
[229] „Er übte die schwierigen Aufgaben seines Amtes als Greis mit der Unermüdlichkeit eines jungen Mannes aus, er erwies sich bei der Schlichtung von Streitigkeiten so viele Jahre in der Sache des Guten und Gerechten als rechtschaffen und konsequent, er pflegte, erläuterte und vermehrte mit seinen hochgelehrten Kommentaren die Kenntnis des inländischen Rechts" (UAH, H-II-111/104 fol. 13-15).
[230] Vgl. Paul STRACK, Art. Buchenberger, Adolf, in: NDB 2 (1955), S. 698.
[231] S. Albert KRIEGER, Art. Adolf Buchenberger, in: Ders. (Hrsg.) Badische Biographien, VI. Teil, Heidelberg 1935, S. 207–232 (212 f).
[232] KRIEGER (wie Anm. 231), S. 224.

Gleichzeitig ernannte er ihn zum badischen Bevollmächtigten beim Bundesrat. Mit nicht nachlassendem Eifer verfolgte Buchenberger nun, neben steuerrechtlichen Fragen, eine Neuausrichtung der Domänenpolitik.[233] Konkret ging es um die Erleichterung des Eigentumserwerbs an den Pachtlehen durch die Pächter. Referate über die Heimstättenfrage hielt Buchenberger im Kreis des Badischen und Deutschen Landwirtschaftsrats. Von erheblichem Gewicht war die unter seiner Leitung unternommene Reform des badischen Steuersystems, die er aber wegen seines frühzeitigen Todes (1904) unvollendet zurücklassen musste. Überregionale Beachtung fanden ebenso seine ausgewogenen Stellungnahmen zu tagesaktuellen wirtschaftspolitischen Themen.

Beeindruckend ist gleichfalls seine literarische Produktivität während dieser überaus anstrengenden Jahre: 1897 erschien in erster, 1899 bereits in zweiter Auflage das Buch „Grundzüge der deutschen Agrarpolitik unter besonderer Würdigung der kleinen und großen Mittel", 1902 veröffentlichte Buchenberger die Studie über „Finanzpolitik und Staatshaushalt im Großherzogtum Baden"; zu nennen sind ebenso einzelne Artikel im renommierten „Handwörterbuch der Staatswissenschaften" wie auch in der „Zeitschrift für die gesamten Staatswissenschaften", Fragen der Steuerreform diskutierte er in dem 1884 begründeten „Finanzarchiv".

1897 erreichte Buchenberger der Ruf, die Führung des Reichsschatzamtes in der Nachfolge des Grafen Posadowsky zu übernehmen. Er lehnte jedoch das ehrenhafte Angebot, trotz mehrfacher Versuche, ihn für dieses Amt zu gewinnen, letztlich ab. Zu sehr wusste sich Buchenberger seiner badischen Heimat und ihrem Regenten verpflichtet. 1899 erfolgte schließlich seine Ernennung zum Finanzminister. Wenige Jahre zuvor hatte ihn seine Freiburger Heimatuniversität mit der Ehrendoktorwürde der Philosophischen Fakultät für die Verdienste um den badischen Staat gewürdigt. 1897 folgte die Heidelberger Ruperto Carola mit dem juristischen Ehrendoktorhut nach. Die beiden Hohen Schulen des Großherzogtums wussten nur zu genau um die Verdienste Buchenbergers hinsichtlich ihrer überaus großzügigen finanziellen Ausstattung.[234] Treffend heißt es in der Heidelberger Ehrendoktorurkunde: *Magno duci badarum a consiliis intimis praesidem summi redituum publicorum ministerii de oeconomia politica de pecuniis publicis administrandis de universitate nostra promovenda optime meritum.*[235]

Georg Meyer, welcher seit 1889 mit großem Erfolg an der Heidelberger Juristischen Fakultät Reichs- und Landesstaatsrecht, Verwaltungsrecht und Polizeiwissenschaft lehrte, war es, welcher sich nur wenige Monate vor seinem überraschen-

---

[233] KRIEGER (wie Anm. 231), S. 227 f.
[234] Bemerkenswert ist, dass Baden um 1900 über den verhältnismäßig größten Hochschuletat sämtlicher deutscher Länder verfügte (vgl. WOLGAST [wie Anm. 21], S. 108).
[235] UAH, H-II-111/124, fol. 282 („Dem Großherzog von Baden (sc. wird) von den ersten Beratern (sc. empfohlen) der Chef des höchsten Ministeriums der öffentlichen Einkünfte für seine Verdienste um die Staatsökonomie, die Verwaltung der öffentlichen Gelder und die Förderung unserer Universität").

den Ableben (28.2.1900) für eine weitere Ehrenpromotion in der Sitzung der Juristischen Fakultät vom 17. Mai 1899 einsetzte: „Die Promotion h.c. des Herrn Landgerichtspräsidenten Fieser in Freiburg i.Br. wurde auf Antrag von Herrn S.R. Meyer beschlossen."[236] Aus den schmalen Protokollberichten der Sitzungen und der Urkunde selbst lässt sich entnehmen, dass diese Ehrung „erwiesen" wurde „dem durch juristische Bildung ausgezeichneten Mann, der lange Zeit als Richter thätig war und zuletzt 7 Jahre an der Spitze des Oberlandesgerichtes in Karlsruhe gestanden hat. Er beteiligte sich während dieser Zeit mit grossem Fleisse und Erfolge an den Gesetzgebungsarbeiten der ersten Kammer und hat sich dabei namentlich um die Ausführungsgesetze zum bürgerlichen Gesetzbuche hervorragende Verdienste erworben."[237] In Sinsheim wurde Emil Fieser 1835 geboren, studierte nach dem Abitur an den badischen Universitäten Heidelberg und Freiburg. 1864 bekleidete er das Amt eines Amtsrichters in Offenburg, 1868 Staatsanwalt in Villingen, später (1870) in Konstanz. 1890 wurde er Landgerichtsdirektor, 1898 Landgerichtspräsident in Freiburg. Lange Jahre war Fieser Abgeordneter in der Badischen II. Kammer (1873-1882) und von 1887 bis 1890 Mitglied des Deutschen Reichstags für die Nationalliberale Parte, wobei er - gleichzeitig Vorsitzender der altkatholischen Kirchengemeinschaft in Baden - in scharfer Gegnerschaft zu der katholischen Kirche stand.

Vergeblich bleibt jedoch die Suche nach Lebenslauf, Literatur und berufliche Karriere des Geheimen Regierungsrats Heinrich Pfister, dem unter dem 18.5.1900 die juristische Ehrendoktorwürde verliehen wurde: „ ... dem hervorragend tüchtigen Juristen, der der Verwaltung des badischen Landes ausgezeichnete Dienste geleistet, der in zahlreichen Abhandlungen sich um die Wissenschaft des Verwaltungsrechts verdient gemacht, der eine sehr grosse Zahl junger Juristen als vortrefflicher Lehrer in der Verwaltungs-Kunst unterrichtet hat."[238] Geführt wird er gleichfalls in der Liste der Ehrenbürger der Stadt Heidelberg aus dem Jahr 1902.

Weitaus ertragreicher gestalten sich hingegen die Suche nach den Motiven bei der Verleihung des Ehrendoktorhutes an Richard Schneider, den die Heidelberger Juristische Fakultät gleichfalls im Jahr 1899 unter dem 16.6. beschloss: „ ... der lange Zeit hindurch als Richter thätig war und zuletzt 7 Jahre an der Spitze des Oberlandesgerichts in Karlsruhe gestanden hat. Er beteiligte sich während dieser Zeit mit grossem Fleisse und Erfolg an den Gesetzgebungsarbeiten der ersten Kammer und hat sich namentlich um die Ausführungsgesetze zum bürgerlichen Gesetzbuch hervorragende Verdienste erworben."[239] Schneider war im Zeitpunkt der Ehrung bereits 76 Jahre und erst kurz zuvor in den verdienten Ruhestand ge-

---

[236] UAH, H-II-201/1 fol. 10v.
[237] Unter dem 1.7.1899 (UAH, H-II-111/118 fol. 393; H-II-201/1 fol. 10v.).
[238] UAH, H-II-111/121 fol. 184–186.
[239] „Die Promovirung des Oberlandesgerichtspräsidenten a.D. Richard Schneider honoris causa wurde beschlossen." (UAH, H-II-201/1 fol. 11v).

treten. Nahezu ein halbes Jahrhundert stand er ununterbrochen im badischen Justizdienst.[240] Seine Karriere begann nach rechtswissenschaftlichen Studien an den Heimatuniversitäten Freiburg wie auch Heidelberg und erfolgreichem Ersten juristischen Staatsexamens 1845 als Rechtspraktikant beim Oberamt Offenburg am Vorabend der badischen Revolution, die den 1823 in Ettenheim geborenen Sohn des dortigen Amtsphysikus unberührt ließ.[241] Die Oberämter Offenburg, Kork und Lahr wie auch das Stadtamt Freiburg bildeten die weiteren Stationen seines beruflichen Werdegangs, der ihn bereits 1854 zum Hofgericht des Seekreises nach Konstanz führte. Während dieser Zeitspanne war Schneider mit der 1864 erfolgten Einführung der vorbildlichen neuen badischen Gerichtsorganisation nach den Vorgaben des badischen Gerichtsverfassungsgesetzes betraut; anerkannt wurden seine Verdienste wenige Jahre später, 1868, mit der Verleihung des Ritterkreuzes I. Klasse des Zähringer Löwenordens. 1872 übertrug man ihm den Vorsitz der Prüfungskommission für die Zweite juristische Staatsprüfung, den er bis zu seiner Pensionierung 1898 beibehielt. Endpunkt seiner langen beruflichen Karriere bildete die badische Residenzhauptstadt Karlsruhe, wohin man ihn 1877 als Vizekanzler des Oberhofgerichts berief und gleichzeitig zum außerordentlichen Mitglied des Staatsministeriums ernannte. Nach dem Inkrafttreten der Reichjustizgesetze übertrug man Schneider, unter Verleihung des Titels „Wirklicher Geheimer Rat", 1892 das Amt des Präsidenten am Oberlandesgericht Karlsruhe.[242] Sein Landesherr, Großherzog Friedrich I., ernannte ihn, welcher der Nationalliberalen Partei angehörte, zum Mitglied der Ersten Kammer der Badischen Ständeversammlung. Innerhalb der Justizkommission der Ständeversammlung war er „mit bewundernswürdiger Hingabe" an der Entstehung und Verabschiedung der Überleitungsgesetze im Rahmen der Einführung des BGB beteiligt. Seine Verdienste um Rechtspflege und Justizverwaltung des Großherzogtums Baden würdigte Großherzog Friedrich I. mit der Verleihung der höchsten Ehrung des Landes, der goldenen Kette zum Großkreuz des Ordens des Zähringer Löwen.[243] Im Alter von 88 Jahren verstarb Richard Schneider am 3. November 1911 in Karlsruhe.

Innerhalb des sorgfältig geführten Protokollbuchs der Heidelberger Juristenfakultät findet sich unter dem 7.12 1900 die Notiz: „In mündlicher Verständigung haben sich am 1. Dezember sämtliche Mitglieder der Fakultät auf Antrag der Herrn Kollegen Jellinek und Anschütz geeinigt, dem Präsidenten des Preußischen Oberverwaltungsgerichts, Wirkl. Geh. Rat Persius aus Anlass des 25jährigen Jubiläums genannten Gerichts zum Ehrendoktor zu ernennen. Professor Buhl, zur Zeit in

---

[240] S. Wilhelm GOHL, Karl Richard Schneider – Oberlandesgerichtspräsident 1892 bis 1899, in: Werner MÜNCHBACH (Hrsg.), Festschrift 200 Jahre Badisches Oberhofgericht - Oberlandesgericht Karlsruhe, Heidelberg 2003, S. 146 f.
[241] S. hierzu Horst Ferdinand SCHNEIDER, Art. Richard Kahl, in: OTTNAD (Hrsg.), Badische Biographien NF. Bd. 4, Stuttgart 1996, S. 266–268; GOHL (wie Anm. 240), S. 146.
[242] S. GOHL (wie Anm. 240), S. 147.
[243] 1880 wurde Schneider ausgezeichnet mit dem Kommandeurkreuz II. Klasse, 1891 mit dem Stern zu diesem Kreuz und 18994 schließlich das Großkreuz (s. hierzu SCHNEIDER [wie Anm. 241], S. 268).

Karlsruhe abwesend, gibt telegraphisch seine Zustimmung. Der Dekan wird beauftragt, Herrn Persius telegraphisch Mitteilung zu machen."[244]

Geboren wurde der auf diese Weise Geehrte 1832 in Potsdam. Nach dem rechtswissenschaftlichen Studium in Jena wie auch Berlin und glänzend bestandener Examina war Paul Persius 1852 zunächst Auskultator am Berliner Kammergericht, wechselte dann als Referendar an die Regierung der preußischen Residenzstadt Potsdam, wo er seit 1858 als Assessor arbeitete.[245] Ein Jahr später wurde Persius zum Landrat im Kreis Ostprignitz ernannt. 1866 wählte man ihn für den Wahlkreis West- und Ostprignitz in das Preußische Abgeordnetenhaus, dem er bis 1876 angehörte; gleichzeitig war Persius als Abgeordneter dieses Wahlkreises ebenso Mitglied im ersten Reichstag des Norddeutschen Bundes. Entscheidend für seine anschließende Karriere wurde aber der Wechsel als Hilfsarbeiter in das preußische Innenministerium. In diesem Bereich zählte er schon bald zu den wichtigsten und fähigsten Mitarbeitern im Rahmen der preußischen Verwaltungsreformgesetzgebung. Zusammen mit Rudolf Friedenthal verfasste Persius, beruhend auf „Gneistischen" Ideen, zahlreiche Gesetzesvorlagen. Insbesondere das Verwaltungsgerichtsgesetz von 1875 entstammte seiner Feder. Von 1875 bis 1892 war Persius erster Präsident des Oberverwaltungsgerichts. In dieser Eigenschaft wirkte er an entscheidender Stelle mit am personellen und institutionellen Ausbau des neuen Gerichts; maßgeblich verbunden ist das hohe Ansehen dieser Institution, die sich rasch als unabhängige Verwaltungsgerichtsbarkeit im preußischen Staatsgefüge etablierte, mit seiner herausragenden Persönlichkeit. 1884 berief man Persius zum Mitglied des Staatsrats, 1891 des Herrenhauses. Ausschlag gebend für die Verleihung der Ehrendoktorwürde waren seine unbestreitbaren Verdienste um die konzeptionelle Gestaltung der preußischen Verwaltungsreformgesetzgebung, die niemand besser zu würdigen wusste als die beiden Staatsrechtslehrer an der Heidelberger Ruperto Carola, Georg Jellinek und Gerhard Anschütz: „ ... der für diese und andere Verdienste für den Staat mit dem höchsten Rang 1875 an die Spitze des damals erst eingerichteten höchsten Verwaltungsgerichts gesetzt worden ist; der sich seit jener Zeit fünfundzwanzig Jahre lang als Leiter dieses Gerichtes auszeichnete, was neulich, als er die fünf Jahrfünfte feierlich beging, alle Rechtsgelehrten Deutschlands mit höchstem Lob priesen und zu Recht verkündeten, dies sei die Verteidigung der wahren Gerechtigkeit und Mäßigung des Verwaltens und ebenso der gelehrte Stuhl, der die Rechtswissenschaft mit hervorragenden Gaben fördere."[246] 1902 verstarb Paul Persius in der deutschen Reichshauptstadt Berlin.

---

[244] UAH, H-II-201/1 fol. 16v.
[245] Vgl. Andreas Thier, Art. Persius, Paul, in: NDB 20 (2001), S. 199–200.
[246] UAH, H-II-111/122 fol. 51.

2 Das Universitätsjubiläum des Jahres 1903

1903 war wiederum ein Jubiläumsjahr, gedachte man doch im Rahmen einer kleinen Feier der Wiederbegründung der Hochschule nach dem Übergang der rechtsrheinischen Pfalz an Baden vor einhundert Jahren. Zentraler Festort war die von 1901 bis 1903 errichtete Stadthalle, in deren Rahmen Anfang August allein 39 Ehrenpromotionen vorgenommen wurden. Bemerkenswert ist, dass man die Diplome in wertvollen silbernen Kapseln überreichte, deren Kosten das großherzogliche Finanzministerium übernahm.[247] In einer zum 29. Juni 1903 einberufenen Sitzung der juristischen Fakultät einigten sich ihre Mitglieder darauf, sechs „Herren h.c. zu promovieren."[248] An erster Stelle der Fakultätsliste stand Freiherr Alexander von Dusch, gefolgt von Wilhelm Hübsch, Albert Gönner, Georg von Below, Heinrich Friedjung und Paul Frédéric Girard. Nicht erwähnt findet sich Arthur von Brauer, Präsident des Staatsministeriums.

In der von Gerhard Anschütz als Dekan verfassten Würdigung Alexander von Duschs, badischer Minister der Justiz, des Kultus und des Unterrichts, werden überschwänglich dessen Verdienste um die Rechtskultur hervorgehoben und gleichfalls seines 1902 verstorbenen Vorgängers Wilhelm Nokk gedacht:

> ... quem cum aliis muneribus tum cognitoris publici officiis per longam annorum seriem egregie functum iam a principe serenissimo ac potentissimo iuris dictioni reique scholasticae moderandis praepositum esse gaudemus; quem nos maxime iuris utriusque et praeceptores et interpretes summ reverential prosequimur nostroque coetui tamquam caput adnumeramus; quem viri immortalis memoriae Guilemi Nokk successorem iustitiae doctrinae humanitati libere liberaliterque excolendis semper et ubique auxilio praesidio decori fore confidimus ...[249]

In Karlsruhe wurde Alexander von Dusch 1851 geboren, in Stuttgart – wo sein Vater als Gesandter Badens in Württemberg und späterhin in der Schweiz tätig war – besuchte er das Gymnasium, um sich zum Wintersemester 1869 in die Matrikel der Heidelberger Juristischen Fakultät einzutragen.[250] Unterbrochen wurde sein Studium durch den Deutsch-Französischen Krieg, an dem von Dusch aktiv als badischer Leibdragoner teilnahm. Nach dem Ersten Staatsexamen und

---

[247] Unter dem 8.8.1903 (vgl. Armin SCHLECHTER, Kaisertreu, badisch, protestantisch: Die Universitätsjubiläen der Jahr 1886 und 1903, in: ENGEHAUSEN/ MORITZ [wie Anm. 17], S. 39-63 [62 f.]); SCHROEDER (wie Anm. 28), S. 365 ff.
[248] UAH, H-II-201/1 fol. 33.
[249] UAH, H-II-201/1 fol. 33; H-II-111/124 fol. 283 („... wir freuen uns, dass er, der schon andere Ämter, besonders aber Pflichten eines öffentlichen Rechtsgelehrten, über lange Jahre ausgeübt hat, vom allergnädigsten Fürsten an die Spitze der Rechtsprechung und der Schulbehörde gesetzt worden ist; wir, die Lehrer und Erklärer beider Rechte folgen dem mit höchster Ehrerbietung und nehmen in unsere Vereinigung als einen unserer Köpfe auf; wir vertrauen darauf, dass er als Nachfolger des unvergessenen Wilhelm Nokk die Justiz, die Wissenschaft und die Menschlichkeit immer und überall unterstützt, schützt und ihnen zur Ehre gereicht, indem er sie in Freiheit und Großzügigkeit fördert").
[250] Unter dem 25.10.1869 (vgl. TOEPKE [wie Anm. 41], S. 653).

den üblichen Stationen als Rechtspraktikant und Rechtsreferendar amtete er als Amtsrichter und späterhin als Staatsanwalt in Mannheim (1878, 1880).[251] 1895 berief man ihn zum Ersten Staatsanwalt, 1899 zum Oberstaatsanwalt am OLG Karlsruhe. Damit war seine Karriere in badischen Justizdiensten keineswegs beendet. Ernannt wurde von Dusch zum Vortragenden Rat im Justizministerium mit dem Titel eines Geheimen Oberregierungsrats. 1901, mitten in den heftigen Diskussionen über die Wahlrechts- und Verfassungsreform, trat er in die badische Regierung unter Arthur von Brauer ein; politisch stand von Dusch der Nationalliberalen Partei nahe, ohne sich jedoch stärker zu engagieren. Den Höhepunkt seiner Laufbahn bildete die Ernennung zum Präsidenten des badischen Justiz-Kultus- und Unterrichtsministeriums, seit 1904 mit dem Titel eines Ministers; ein Jahr später wurde er badischer Regierungschef mit der Bezeichnung „Staatsminister und Präsident des badischen Staatsministeriums", zugleich war er Justizminister und bis 1911 Kultus- und Unterrichtsminister. Danach übertrug man von Dusch das Amt eines Ministers des Großherzoglichen Hauses und des Auswärtigen. Aus gesundheitlichen Gründen reichte er 1917 sein Rücktrittsgesuch ein, dem Großherzog Friedrich II. auch entsprach. Im Alter von 72 Jahren verstarb Alexander Freiherr von Dusch 1923 in Mauren bei Ehningen.

Begleitet wurde seine Laufbahn in Diensten des Großherzoglich-badischen Hauses von mannigfachen Auszeichnungen wie (u.a.) der Preußische Rote Adler Orden I. Klasse mit Brillanten, der Sächsische Albrechtsorden I. Klasse mit Stern und silberner Krone und der schwedische Wasa-Orden I. Klasse. Neben dem Ehrendoktorat der Heidelberger Juristischen Fakultät verlieh ihm 1906 die Universität Freiburg den Titel eines Dr. med. h.c.

Nahezu gleichaltrig mit Alexander von Dusch ist der 1848 in Wertheim geborene Wilhelm Hübsch. Nach dem Besuch des Gymnasiums seiner Heimatstadt studierte er in den Jahren 1866-1871 Rechtswissenschaften an den Universitäten Würzburg und Heidelberg, unterbrochen durch seine Teilnahme als Einjährig-Freiwilliger während des Deutsch-Französischen Kriegs 1870/71. Es folgten das Rechtspraktikanten- und Referendarexamen 1871 und 1874. Zunächst wurde er an das Kreisgericht Mosbach abgeordnet, dann an das Bezirksamt Konstanz und letztlich zum Justizministerium Karlsruhe. 1876 ist Hübsch Sekretär im Handelsministerium, wird 1878 Regierungsassessor bei der Oberdirektion des Wasser- und Straßenbaus und übernimmt 1883 das Amt eines Staatsanwalts in Karlsruhe. Zehn Jahre später beruft man ihn als Ministerialrat in das Ministerium der Justiz, des Kultus und des Unterrichts, 1901 ist Hübsch bereits Ministerialdirektor und 1911 Staatsrat im nunmehr selbständigen Kultusministerium, bevor er 1915 aufgrund seines souveränen Fachwissens zum Minister des Kultus und Unterrichts zunächst im Kabinett Dusch und dann von 1917 bis 1918 im Kabinett Heinrich von Bodmans ernannt wird. Zudem ist Hübsch von 1907 bis 1915 nationalliberales

---

[251] S. zu diesen Angaben Frank RABERG, Art. Dusch, Alexander Freiherr von, in: V. WEECH/ KRIEGER (Hrsg.), Badische Biographien NF Bd. V, Stuttgart 1905, S. 55–58.

Mitglied der Ersten Kammer der Ständeversammlung. Schwerpunkte während seiner langjährigen Dienstzeit bildeten der vorbildliche Ausbau und Modernisierung des badischen Schulwesens wie auch seine moderate Haltung gegenüber der katholischen Kirche im Rahmen des Kulturkampfes, wobei er die - insbesondere mit der Freiburger Kurie - bestehenden Spannungen klug taktierend in kleinen Schritten abbauen konnte. Lange Jahre hindurch war Hübsch gleichfalls Vorsitzender der Prüfungskommission für die juristischen Examina: „Er hat sich um die Verbreitung der Rechtsprechung in unserem Land sehr verdient gemacht, sowohl indem er andere sehr umfangreiche und schwierige Aufgaben pflichtbewusst und eifrig übernahm, als auch indem er mit nicht geringerem Wohlwollen als Strenge die Kandidaten der Jurisprudenz zum Nutzen der zukünftigen Richter und des Staates selbst examinierte."[252]

Mit dem Ende der Monarchie musste auch Wilhelm Hübsch seinen Abschied nehmen. Gänzlich zurückziehen aus der politisch-sozialen Arbeit wollte er sich aber nicht: bis zu seinem Tode 1928 war Wilhelm Hübsch im Rahmen der Zentralleitung des Landesverbandes für Jugendschutz und Gefangenenfürsorge tätig. In seinem Dankschreiben an den Dekan der Juristischen Fakultät führte er aus: „Aber nicht nur liebe Jugenderinnerungen sind es, die mich an Alt-Heidelberg fesseln, auch der Abend meines Lebens hat mich der Universität in erfreulichster Weise wieder nähergebracht, in dem mir beim Ausscheiden aus dem öffentlichen Dienste von der hohen Juristischen Fakultät die Würde eines doctor iuris utriusque honoris causa verliehen worden ist. Mit freudiger Genugtuung erfüllt mich das erhebende Bewußtsein, daß durch diese hohe Auszeichnung meine langjährige richterliche Tätigkeit und meine Mitarbeit in der Ersten Kammer der badischen Stände von berufensten Männern der Wissenschaft eine für mich so ehrenvolle Beurteilung gefunden hat."[253]

Ausführlich würdigt hingegen das Diplom, welches Albert Gönner am 8. August 1903 überreicht wird, seine vielfältigen Engagements als Oberbürgermeister von Baden-Baden, als Abgeordneter und als Präsident der Zweiten Kammer des badischen Landtages in Karlsruhe:

> *... qui post sublatam iuri dictionem academicam primus nostrae universitati procurator additus novam condicionem strenue ac feliciter inauguravit; qui praeter cetera munera officiosissime suspecta et expleta iam per viginti annos et quod excedit in alteram Badensium curiam delegatus ac mox eius praeses factus cum omnio de patria industrie administranda liberaliter instruenda large excolenda optime meruit tum universitatis nostrae ipsiusque ordinis nostri commodis numquam deesse voluit.*[254]

[252] UAH, K-Ia-58/67.
[253] Unter dem 4.8. 1903 (UAH, H-II-111/124).
[254] „ ... er führte als erster Kanzler unserer Universität nach der Aufhebung der juristischen Akademie beharrlich und zielstrebig eine neue Möglichkeit des Zugangs ein; außer dass er andere Aufgaben zwanzig Jahre lang sehr pflichtbewusst auf sich nahm und ausfüllte und, was darüber hinausging, in eine andere badische Stadt entsandt wurde und bald deren Bürgermeister wurde, hat er sich im Ganzen, indem er die Heimat mit Eifer verwaltete, großzügig unterstützte und förderte, in höchstem Maße verdient gemacht sowie

Verbunden mit Heidelberg wusste sich der 1838 als Sohn eines Revierförsters in Neufra geborene Albert Gönner nicht allein durch sein Studium an der Rechtswissenschaftlichen Fakultät der Ruperto Carola,[255] sondern auch durch sein Amt als akademischer Disziplinarbeamter der Heidelberger Universität in den Jahren 1868 bis 1871. Seine weiteren Studienorte waren Freiburg und München. Nach der Ersten (1862) und der Zweiten juristischen Staatsprüfung (1864) durchlief Gönner zunächst eine typische Beamtenlaufbahn im Dienst des Großherzogtums Baden: Gehilfe am Kreis- und Hofgericht Offenburg, Verwaltung der Amtsgerichte Haslach und Kenzingen, Amtmann in Überlingen und Oberamtmann in Neustadt im Schwarzwald.[256] Entscheidend für seine weitere Karriere wurde für Gönner die Wahl zum ersten vollberuflichen Oberbürgermeister der Stadt Baden-Baden. Während der langen Jahre seiner Amtszeit erhöhte sich beständig ihre Anziehungskraft. Bald zählte die altberühmte Bäderstadt aufgrund der vielfältigen Initiativen Gönners zu dem Kreis der internationalen „Sommergroßstädte".[257]

Über zwei Jahrzehnte war Gönner Vorsitzender des Vereins der Kurorte und Mineralquelleninteressenten Deutschlands, Österreich-Ungarns und der Schweiz. Vom Jahre 1878 an hatte er ebenso den Vorsitz der Kreisversammlung des Landkreises Baden inne. Trotz seines politischen Engagements als Mitglied der Nationalliberalen Partei pflegte er über lange Jahre hinweg enge freundschaftliche Beziehungen zu Großherzog Friedrich I. 1905 wurde Gönner, obgleich die Nationalliberalen in der Zweiten Kammer des Landtags nicht länger die relative Mehrheit besaßen, noch einmal zu ihrem Präsidenten gewählt. 1908, zum Schluss der Session, legte er sein Mandat nieder. Ein Jahr später verstarb Albert Gönner in Baden-Baden. Zuvor noch hatte man ihm 1907 bei seinem Ausscheiden aus städtischen Diensten das Ehrenbürgerrecht verliehen hatte.

Nahezu unüberschaubar sind die zahlreichen Orden und weiteren Auszeichnungen, mit denen er von den in der Kurstadt weilenden fürstlichen und königlichen Hoheiten ausgezeichnet wurde: So u.a. das Kommandeurkreuz siamesischer Orden vom Weißen Elefanten, Komturkreuz 2. Klasse anhaltischer Hausorden Albrecht des Bären, Ritterkreuz brasilianischer Rosenorden.[258]

Georg von Below zählt heute zu den deutschen Historikern des ausgehenden 19. und beginnenden 20. Jahrhunderts, deren Leben und Werk nur wenig Sympathie entgegengebracht wird. Militärbegeistert, bedingungsloser Verfechter der Flotten- und Kolonialpolitik, Hasser von Sozialisten, Liberalen, Frauen und Juden: Sämtliche, der hier nur kursorisch benannten Etiketten sind verbunden mit seiner

---

es niemals an Willen fehlen lassen, sich unserer Universität und ihrer Gemeinschaft nützlich zu erweisen" (UAH, H-II-111/124 fol. 284; 201/1 fol. 33).

[255] Unter dem 25.10.1859 (TOEPKE [wie Anm. 41], S. 367 Nr. 134).

[256] Vgl. Robert GOLDSCHMIT, Art. Gönner, Albert, in: Anton BETTELHEIM (Hrsg.), Biographisches Jahrbuch und Deutscher Nekrolog 14 (1909), S. 267–271.

[257] S. Alfred GROSCH, Art. Albert Gönner, in: KRIEGER/OBSER (Hrsg.), Badische Biographien, Bd. 6; Heidelberg 1935, S. 270–275 (271).

[258] Vgl. Art. Gönner, Albrecht, in: Die Amtsvorsteher der Oberämter, Bezirksämter und Landratsämter in Baden-Württemberg 1810 bis 1972, Stuttgart 1996, S. 280–281.

Person: „Der Antisemitismus kann nicht aufgegeben werden, weil er nur Gegenwehr, Notwehr ist." Diesem „Ekelpaket" in der heutigen Zeit eine Biographie zu widmen, erscheint manchem unverständlich.[259] Mitte der Zwanziger Jahre gefiel er sich darin, die unterschiedlichsten sozialen Gruppierungen, Religionsgemeinschaften und politische Parteien zu den „Elementen" der „nationalen Dekomposition", das „besondere Unglück Deutschlands", zu zählen: „Man darf gut zwei Drittel der deutschen Bevölkerung auf jene Parteien der nationalen Dekomposition aufrechnen".[260]

Georg von Below, 1858 in Königsberg geboren, entstammte einer alten preußischen Beamten- und Offiziersfamilie. Nach dem Studium der Geschichte in seiner Heimatstadt, in Bonn und Berlin promivierte er 1883 bei Moritz Ritter und habilitierte sich 1886 in Marburg. Seine Professorenkarriere nahm ihren Beginn in Königsberg, danach übernahm er in rascher Folge Ordinariate in Münster (1891), Marburg (1897), Tübingen (1901) und Freiburg im Breisgau, wo er bis zum Jahre 1924 lehrte; wenige Jahre später verstarb Georg von Below 1927 in Badenweiler. Bis zum heutigen Zeitpunkt zählt er neben Dietrich Schäfer und Eduard Meyer zu den bekanntesten Vertretern der deutschen Geschichtswissenschaft um die Wende zum 20. Jahrhundert.[261] Sein Hauptwerk ist die – Torso gebliebene – Studie „Der deutsche Staat des Mittelalters. Eine Grundlegung der deutschen Verfassungsgeschichte". Der Staat ist das zentrale Thema der wissenschaftlichen Arbeiten Belows, der sich stets als „politischer Historiker" verstand.[262] Sein Hauptanliegen war es, den in den Begriffen seiner Zeit öffentlich-rechtlichen Charakter des Staates von der Frühzeit an zur Anerkennung zu bringen. Meist in gesuchter Antithese gegenüber den Meinungen anderer versuchte er innerhalb induktiv angelegter Einzeluntersuchungen (Grundherrschaft, Stadt- und Zunftverfassung, Kaufmannschaft, Territorium) die Problematik klar herauszuarbeiten und die Erkenntnisse – zum Teil in historischen Rechtsbegriffen – scharf zu formulieren. Seinen Hauptgegner erblickte Below in dem Rechtshistoriker Otto von Gierke, gegen dessen 1868 erschienene „Rechtsgeschichte der deutschen Genossenschaft" er heftig polemisierte. Schon bald galt Below als der „große kritische Kopf", als „streitbarster Vertreter" der deutschen Geschichtswissenschaft. Below selbst stilisierte sich als ein unbedingter Verfechter der „Klarheit der Begriffe", wobei er der Rechtswissenschaft eine führende Rolle zuerkannte: „Die Schulung in der juristischen Sys-

---

[259] Vgl. die eingehende Besprechung der Biographie aus der Feder von Hans CYMOREK, Georg von Below und die deutsche Geschichtswissenschaft um 1900, Stuttgart 1998, durch Klaus-Peter Sommer, in: H-Soz-Kult, 05.02.2000.
[260] Zit. nach der antidemokratischen Hetzschrift: „Die Hemmnisse der politischen Befähigung der Deutschen", 1924, S. 21.
[261] Ausführlich hierzu Otto Gerhard OEXLE, Ein politischer Historiker: Georg von Below (1858–1927), in: Notker HAMMERSTEIN (Hrsg.), Deutsche Geschichtswissenschaft um 1900, Stuttgart 1988, S. 283–312.
[262] S. OEXLE (wie Anm. 261), S. 286.

tematik verleiht die Ritterrüstung, der das lose Aufgebot der historischen Stoffhuber nicht zu widerstehen vermag."²⁶³ Der Jurisprudenz und der Rechtsgeschichte wie auch der Nationalökonomie als die systematischen Nachbarwissenschaften der Historie galt sein besonderes Interesse. Dies spiegelte sich ebenso in den Ehrendoktorwürden, mit denen Georg von Below ausgezeichnet wurde. Unabhängig von dem um 1890 ausbrechenden Streit der Historiker um „Kulturgeschichte" und „politische Geschichte" hob die Heidelberger Juristenfakultät in der am 8. August 1903 verliehenen Ehrendoktorwürde die Verdienste Georg von Belows um die Geschichtswissenschaft hervor, *qui cum aliis multis libris commentationibusque germanorum historiae illustrandae nova fundamenta iecit tum de constitutione terrtoriali de statu terrae de urbium collegiorumque iure ac privilegiis de rebus agrariis ita egit et singulariter etiam de iuris germanici historia meritus sit.*²⁶⁴

Allein in historisch interessierten Kreisen ist der 1851 als Sohn eines jüdischen Kaufmanns in Roschtin (Mähren) geborene deutschnationale Historiker und Publizist Heinrich Friedjung noch bekannt. Ende des 19. Jahrhunderts brillierte er mit seinem Hauptwerk „Der Kampf um die Vorherrschaft in Deutschland", in der damaligen Epoche ein großer Publikumserfolg. Auch aufgrund seiner Forschungen zur Geschichte der francisco-josephinischen Epoche galt er als einer der bedeutendsten Historiographen seiner Zeit.

Sein Studium der Geschichte führte Heinrich Friedjung während der Jahre 1871 bis 1873 nach Wien, Prag und Berlin, u.a. zu Theodor Mommsen und Leopold von Ranke. Im Anschluss daran unterrichtete er am Institut für österreichische Geschichtsforschung und arbeitete in dieser Zeitspanne an seiner 1872 erfolgten Dissertation zum Dr. phil. Parallel dazu lehrte er an der Wiener Handelsakademie Deutsch und Geschichte bis zu seiner Entlassung nach der Denunziation eines Kollegen 1879. Drei Jahre zuvor war seine Studie über „Kaiser Karl IV. und sein Anteil am geistigen Leben seiner Zeit" erschienen. Nicht mit diesem Erstlingswerk erregte Friedjung in den maßgebenden politischen Kreisen Wiens Aufsehen, wohl aber mit der Streitschrift „Der Ausgleich mit Ungarn", in der er die deutsche Bestimmung Österreichs und die Lebensnotwendigkeit einer innigen politischen Verbindung mit Deutschland beschwor. In den nachfolgenden Jahren brillierte Friedjung als gesuchter politischer Publizist auf unterschiedlichsten Gebieten. Maßgebend beteiligt war er an dem sogenannten „Linzer Programm", einem Grundsatzpapier des deutsch-österreichischen Nationalismus, das Friedjung 1882 gemeinsam mit den Sozialistenführern Viktor Adler, Engelbert Pernerstofer und

---

²⁶³ S. Hermann AUBIN, Art. Below, Georg von, in: NDB 2 (1955), S. 32–33.
²⁶⁴ UAH, H-II-111/124 fol. 285; H-II-201/1 fol. 33v („… der mit vielen anderen Büchern und Abhandlungen neue Grundlagen der Darstellung der Geschichte der Deutschen gelegt hat; zunächst schrieb er über die territoriale Verfassung, über die Verfassung des Landes, das Recht und die Privilegien der Städte und Gemeinschaften, den Ackerbau, wie er sich auch einzigartig um die deutsche Rechtsgeschichte verdient gemacht hat"). – 1917 erhielt er den Dr. theol. h.c. der Universität Erlangen, 1927 den Dr. rer. pol. h.c. in Marburg.

dem späteren Vertreter völkisch-rassischer Gesinnung in Österreich, Georg von Schönerer, veröffentlichte.[265] Nunmehr wandte er sich endgültig dem Journalismus zu: Von 1883 bis 1886 gab er die „Deutsche Wochenschrift" heraus und leitete 1886/87 die Redaktion der „Deutschen Zeitung", offizielles Organ der neubegründeten deutsch-nationalen Partei. Bald aber trennte Friedjung sich von diesem Aufgabenkreis wieder, da er die antiösterreichische Tendenz und den damit gleichzeitig verbundenen, von Schönerer propagierten Antisemitismus nicht tolerieren wollte; ausgeschlossen wurde Friedjung auch diesem Grund als Mitglied der Wiener Gemeinderats, dem er von 1891 bis 1895 angehörte. Friedjung selbst plädierte für die Assimilation als Mittel gegen den Antisemitismus. Danach trat er nur mehr als Publizist und Historiker in Erscheinung, dessen Eingangs erwähntes zweibändiges Hauptwerk „Der Kampf um die Vorherrschaft in Deutschland 1859-1866" 1897/98 erschien und sein Prestige über die Kreise der Historiker des deutschsprachigen Raums hinaus begründete. Fritz Fellner bezeichnete ihn aufgrund seiner journalistischen Methoden (Interview) bei der Recherche als einen „österreichischen Ahnherrn der ‚oral history'".[266] Die Grundidee seiner Studie bildete die Versöhnung von Österreichertum und Deutschtum im Rahmen eines engen Bündnisses der zwei benachbarten. Großmächte.[267] Bei der Verleihung der Ehrendoktorwürde durch die Juristische Fakultät wird darauf ausdrücklich Bezug genommen:

Qui cum magnam de imperio germaniae contentionem inter borussos et austriacos factam scitissime ac luculentissime describeret simul docuit quibusnam rationibus vetere foederis iuris quo olim populi illi potentissimi tenebantur sublato nova iura eaque duratura tam ipsis civitatibus quam inter civitates orta atque exculta sint.[268]

Nach der Niederlage im Ersten Weltkrieg und dem Zusammenbruch des Habsburgerreichs trat Friedjung für einen Anschluss Österreichs an Deutschland ein, warnte aber gleichzeitig vor einem weiteren Krieg. Aufmerksamkeit erreichte er auch noch mit dem Werk „Österreich von 1848–1860", erschienen 1908–1912. Die Vollendung seines weiteren Hauptwerks „Das Zeitalter des Imperialismus" erlebte Friedjung nicht mehr; er verstarb am 14. Juli 1920 in Wien. Nicht verwunden hatte er die öffentliche Bloßstellung in einem vielbeachteten Prozess der

---

[265] Vgl. Robert A. KANN, Art. Friedjung, Heinrich, in: NDB 5 (1961), S. 451-452.
[266] In: Fritz FELLNER, Geschichtsschreibung und nationale Identität. Probleme und Leistungen der österreichischen Geschichtswissenschaft, Wien u.a., 2002, S. 293.
[267] S. M. WLADIKA, Art. Friedjung, Heinrich, in: Österreichisches Biographisches Lexikon und biographische Dokumentation, Bd. 1, 1956, S. 362 f.
[268] „ … der, als er den großen Streit um das Deutsche Reich zwischen Preußen und Österreichern äußerst kenntnisreich und klar beschrieb, zugleich erklärte, mit welchen Methoden, mit welchem alten Bündnisrecht, womit einst jene Völker sehr mächtig blieben, und, nachdem es aufgehoben wurde, welche neuen Gesetze geschaffen wurden, die sowohl in den Völkern selbst, als auch unter den Völkern eingehalten werden" (UAH, H-II-111/124 fol. 286, 303; H-II-201/1 fol. 33 v).

serbo-kroatischen politischen Irredenta, der ihn als gutgläubiges Opfer einer von offiziöser Seite lancierten Fälschung politischer Dokumente bloßstellte.[269]

Geehrt wurde mit der Verleihung der Heidelberger Ehrendoktorwürde an den französischen Romanisten Paul Frédéric Girard ein bedeutender Gelehrter außerhalb des deutschsprachigen Raums. Er galt als der unbestrittene Repräsentant der Wissenschaft vom Römischen Recht innerhalb Frankreichs. Seine Lebensdaten umfassen den Zeitraum von 1852 bis 1926. Bewusst erlebte er den deutsch-französischen Krieg 1870/71 und die Niederlage Deutschlands am Ende des Ersten Weltkriegs.

Am Beginn seiner wissenschaftlichen Laufbahn an der Pariser Sorbonne stehen die Studien zur Rechtsmängelhaftung des Verkäufers und zu den actiones noxales.[270] 1901 veröffentlichte er den ersten und einzigen Band seiner breit angelegten „Histoire de l'organisation judicaire des Romains", welcher im Kreis der deutschen Romanisten aufgrund der Eindringlichkeit und Klarheit der Darstellung große Aufmerksamkeit fand. Gerühmt wurde neben seinen Monographien, die durch Gewissenhaftigkeit ihrer Quellen- und Literaturverwertung bestechen, sein außergewöhnliches Talent zur systematischen Gesamtdarstellung, zur wissenschaftlichen Organisation und zur Ausbildung des Nachwuchses. Girards weit über den französischen Sprachraum hinausgehendes Ansehen beruhte auf seinem 1896 erschienen Hauptwerk „Manuel élémentaire de droit romain", welches sieben Auflagen erlebte und an den französischen Universitäten aufgrund seines pädagogischen Geschicks binnen kurzem zu dem verbreitetsten Lehrbuch avancierte.

Bekannt wurden seine Studien durch Übersetzungen auch in Deutschland und in Italien. Girard selbst hatte das sieben Bände umfassende Staatsrecht Theodor Mommsens, sein bewundertes Vorbild, übersetzt. Angeregt wurde von ihm gleichfalls die französische Ausgabe von Otto Lenels „Edictum perpetuum". Vorwiegend auf Editionen von Carl Georg Bruns, Theodor Mommsen, Paul Krüger und weiteren deutschen Romanisten stützen sich die fünfmal aufgelegten Texte de droit romain. Wesentlich durch die Arbeiten Girards, der die Forschungen deutscher Rechtsgelehrter aufmerksam verfolgte und gewissenhaft auswertete, gelangte die Romanistik in Frankreich wieder zu einer neuen Blüte.[271] Treffend lautet es in der Laudatio der Ehrendoktorurkunde:

Qui ut fontibus juris colligendis emendandisque operam navat utilissmam ita non minore arte ipse inde perspicere atque efficere solet quae aliorum acumen effugerint. Qui qua virtute et constantia de judiciis ordinandis praecepta congessit et nova et utilia

---

[269] Vgl. Gerald LIND, Satiriker kontrollieren den Geschichtsforscher – Karl Kraus und Heinrich Friedjung, in: Mitteilungen des Instituts für Österreichische Geschichtsforschung 114 (2006), S. 381–403 (385 ff.).

[270] S. Paul COLLINET, L'oeuvre de Paul-Frédéric Girard, in: Revue internationale de l'enseignement, Bd. 83 (1929), S. 161–170; Le jubilé de M. Paul-Frédéric Girard, in: Revue internationale de l'enseignement 64 (1912), S. 499–527.

[271] Vgl. Paul COLLINET, Paul-Frédéric Girard (1852-1926), in: Revue historique de droit francais et étranger, Bd. 7 (1928), S. 315–325.

wadem utitur ad doctrinas veteres stabilesque defendas ac propugnandas contra noviciorum hominum impetum temere pleraque addubitantium.[272]

Keine Erwähnung auf der Liste der von der Fakultät vorgeschlagenen Persönlichkeiten, welche anlässlich des Jubiläums mit der Würde eines Ehrendoktors der Heidelberger Juristischen Fakultät ausgezeichnet werden sollten, findet K a r l L u d w i g W i l h e l m A r t h u r v o n B r a u e r. Gleichwohl erhielt auch er diesen Ehrentitel unter dem 8. August 1903 verliehen. Brauer stand damals an der Spitze des Ministeriums des badischen Großherzoglichen Hauses und der auswärtigen Angelegenheiten; 1901 übernahm er zudem den Vorsitz im Staatsministerium, d.h. die Leitung des Badischen Kabinetts als Ministerpräsident. Zu diesem Zeitpunkt konnte Brauer, geboren 1845 in Karlsruhe, schon auf eine beachtliche Karriere in den Diensten des Reiches und des Großherzogtums Baden zurückblicken. Studiert hatte Arthur von Brauer Rechtswissenschaften 1864 bis 1868 in Göttingen, Berlin, Heidelberg und Freiburg.[273] Nach den Staatsexamina (1868 Rechtspraktikant, 1871 Referendar) stand er, der als ausgesprochen preußenfreundlich galt, ab 1872 im Dienst des Auswärtigen Amtes, das ihn nach Bukarest, St. Petersburg und schließlich 1888 bis 1890 als Generalkonsul nach Kairo führte. Zuvor war Brauer von 1882 bis 1888 Vortragender Rat der politischen Abteilung des Auswärtigen Amtes unter Otto von Bismarck, danach dessen Referent in Friedrichsruh. Nach Bismarcks Entlassung trat von Brauer wieder in die Dienste des Großherzogtums als badischer Gesandter und bevollmächtigter Minister beim Bundesrat in der Reichshauptstadt. Mit großer Sorge verfolgte er den „Neuen Kurs" Kaiser Wilhelm II. Schon im Frühjahr 1893 verließ Brauer aber Berlin, um auf Wunsch des Großherzogs als leitender Minister in badische Dienste zurückzukehren. Unter seiner Ägide (1893-1905) erfolgte eine Annäherung an die Zentrumspartei hinsichtlich einer Auflockerung des Jesuitengesetzes, für dessen Aufhebung Baden im Bundesrat stimmte. Das bedeutsamste politische Ereignis aber war die Verfassungsreform mit Einführung der direkten statt der indirekten Wahl, verbunden mit einer volkstümlichen Umgestaltung der Ersten Kammer. Aus gesundheitlichen Gründen erhielt Brauer 1905 den erbetenen Abschied, um auf Wunsch des Großherzogs das Amt eines Großhofmeisters zu übernehmen. Schon vor dem Ende des verlorenen Ersten Weltkriegs hatte sich Brauer nach Baden-Baden zurückgezogen, wo er 1926 verstarb. Umfassend gewürdigt finden sich

---

[272] „ ... der, wie er, indem er juristische Quellentexte sammelte und herausgab, ein sehr nützliches Werk auf den Weg brachte, so nicht minder Kunstfertigkeit durchschaute und erklärte, was dem Scharfsinn anderer entgangen ist; er entwarf mit Eifer und Beharrlichkeit Vorschriften, um die Rechtsprechung zu regeln, und nutzte einen neuen, nützlichen Leitfaden, um alte, dauerhafte Lehren gegen den Angriff von Erneuerern, die dreist das Meiste anzweifeln, zu verteidigen und zu schützen" (UAH, H-II-111/124 fol. 287, 304; H-II-201/1 fol. 33v).

[273] Vgl. zu diesen Angaben Willy ANDREAS, Art. Arthur von Brauer, in: NDB, Bd. 2, Berlin 1955, S. 543–544.

seine Verdienste in der laudatio der am 8. August 1903 überreichten Ehrendoktorurkunde:

> ... qui cum per multos annos patriae imperioque germaniae sub auspiciis cancellarii primi atque unici provincias et urbanas et peregrinas non sine laude insigni administrasset iam badeniae suae nostraeque redditus ac principi augustissimo deditus cum de aliis rei publicae partibus tum de rationibus exteris ac de stratis ferratis aperiendis augendis emendandis omnique commercio sublevando egregie meritus est.[274]

3 Ehrendoktoren in den letzten Jahren des deutschen Kaiserreichs

Nicht mehr zu den Jubilaren der Centenarfeier der Universität Heidelberg zählt Friedrich Neubronn von Eisenburg, dem am 6.März 1908 die Juristische Fakultät ihre Ehrendoktorwürde verlieh. Geboren wurde er 1839 in Lahr als Sohn des badischen Kammerherrn und Geheimen Rats Carl Freiherr Neubronn von Eisenburg. Sein Studium führte ihn im Wintersemester 1857/58 an die Ruperto Carola, an der er sich in die Matrikel der Juristenfakultät einschrieb.[275] Als bester von 12 Kandidaten besteht er 1862 die Erste Staatsprüfung, 1864 das Zweite Staatsexamen, wiederum mit der Lokation „2. unter 20 Kandidaten".[276] Seine Karriere im Justizdienst des badischen Großherzogtums ist damit vorgezeichnet: Schon 1866 amtet er als Staatsanwalt in Mannheim, ein Jahr später gleichfalls als Staatsanwalt bei dem Oberhofgericht. 1874, nach seiner Teilnahme am siegreichen Feldzug gegen Frankreich, wird er nach Karlsruhe abgeordnet und 1875 zum planmäßigen Ministerialrat im Justizministerium ernannt. 1879 folgt seine Berufung als erster Oberstaatsanwalt beim Oberlandesgericht und im gleichen Jahr die Ernennung zum Oberlandesgerichtsrat.[277] Verliehen wird ihm vom Großherzog das Ritterkreuz I. Klasse des Ordens vom Zähringer Löwen. 1881 arbeitete Friedrich von Neubronn erneut als Oberstaatsanwalt und war gleichzeitig Kollegialmitglied im Justizministerium. Seit 1885 ist er ebenso Mitglied der Ständekammer. 1899 erreicht Friedrich von Neubronn den Höhepunkt seiner Justizlaufbahn: Großherzog Friedrich ernennt ihn zum Präsidenten des Oberlandesgerichts und zum Geheimrat I. Klasse. Anlässlich des Eintritts in den Ruhestand 1909 wird ihm

---

[274] UAH, H-II-111/124 fol. 282 („ ... der sich, nachdem er viele Jahre lang dem Vaterland und dem Deutschen Reich als Diplomat unter dem ersten und einzigartigen Kanzler im In- und Ausland nicht ohne bedeutenden Erfolg gedient hatte, jetzt seinem und unserem Baden zurück- und seinem erhabenen Fürsten ergeben, um andere Belange des Gemeinwesens und besonders um die auswärtigen Angelegenheiten und die Eröffnung, Erweiterung und Verbesserung der Eisenbahn und die Förderung der Wissenschaft herausragende Verdienste erworben hat").
[275] Unter dem 19.10.1857 (vgl. TOEPKE [wie Anm. 41], S. 315 Nr. 90).
[276] Vgl. Wilhelm GOHL, Friedrich Freiherr von Neubronn – Oberlandesgerichtspräsident 1899-1909, in: Werner Münchbach (Hrsg.), Festschrift 200 Jahre Badisches Oberhofgericht - Oberlandesgericht Karlsruhe, Heidelberg 2003, S. 148–150.
[277] S. GOHL (wie Anm. 276), S. 149.

die Goldene Kette zum Großkreuz des Ordens vom Zähringer Löwen verliehen, nachdem er schon 1885 vom König von Preußen den Preußischen Kronenorden II. Klasse erhalten hatte. Am 13. Juni 1915 verstirbt Friedrich von Neubronn in Freiburg „im 76. Lebensjahr nach langem Leiden." [278]

Wissenschaftlich ist er nur wenig hervorgetreten. Allein bemerkenswert sind seine Erläuterungen zum Forststrafrecht und Forststrafverfahren. Das in den Akten des Universitätsarchivs vorhandene Ehrendoktordiplom würdigte umfassend seine Verdienste um die badische Justiz:

> „ ... der, nachdem er die unter den Badenern schwersten Ämter der Rechtsprechung bestens ausgeübt hat und ebenso durch Gesetze in Bezug auf Recht und Rechtsprechung, indem er sie ebenso sorgfältig ausarbeitete, wie er sie klug und lichtvoll auslegte, unsere Angelegenheiten bedeutend förderte und bereist fast zehn Jahre unserem höchsten Gerichtshof mit äußerster Tüchtigkeit und Weisheit vorstand, nun vor zehn Jahren an dieser Universität seine Studien tatkräftig und fruchtbar begonnen hat."[279]

In der Person Adolf Fuchs zeichnete die Heidelberger Juristenfakultät mit der Verleihung der Ehrendoktorwürde erneut einen ranghohen Beamten der badischen Ministerialbürokratie am 6. Mai 1908 aus. Im Vordergrund stand jedoch nicht seine steile Karriere im badischen Staatsdienst. Hervorgehoben werden in der Laudatio vielmehr „seine grossen und mannigfachen Verdienste um die öffentliche Wohlfahrt, insbesondere um die Schutzfürsorge für entlassene Gefangene, die er in wertvollen wissenschaftlichen Arbeiten und rastloser praktischer Tätigkeit sowohl in Baden als auch in anderen deutschen und fremden Ländern in hervorragendem Masse gefördert hat und der er namentlich auch dadurch ausgezeichnet gedient hat, dass er seit nunmehr 25 Jahren als Vorsitzender der badischen Centralleitung der Schützfürsorge-Vereine eine ebenso umfang- wie segensreiche Tätigkeit ausgeübt hat."[280]

Geboren wurde Adolf Fuchs 1833 in der badischen Residenzhauptstadt Karlsruhe als Sohn eines Ministerialrats. Nach Beendigung seines Hochschulstudiums an den Juristischen Fakultäten der Universitäten Heidelberg, Berlin und Freiburg, legte er 1855 die Erste und 1859 die Zweite juristische Staatsprüfung ab. Seine Laufbahn im Dienst des Großherzogtums Baden führte ihn nach den üblichen praktischen Vorbereitungszeiten als Amtmann und Oberamtmann nach Rastatt, Meßkirch, Villingen, Mülheim und Tauberbischofsheim. 1877 erfolgte die Berufung als Verwaltungsgerichtsrat an den Badischen Verwaltungsgerichtshof, 1883 ernannte man ihn zum Geheimen Finanzrat und 1902 zum Geheimen Finanzrat 2.

---

[278] Nachruf in der Karlsruher Zeitung vom 19.6. 1915 (zit. nach GOHL [wie Anm. 276], S. 150).
[279] UAH, H-II111/127 fol. 264–267.
[280] UAH, H-II-111/127 fol. 260.

Klasse der Oberrechnungskammer in Karlsruhe, der er dann als Vorsitzender Rat leitete.[281]

Bleibende Wirkung hinterließ Fuchs aber in dem weiten Bereich der öffentlichen Wohlfahrtspflege.[282] Seit 1879 gehörte er dem Beirat des Badischen Frauenvereins an, dessen Abteilung für Armenpflege er über einen Zeitraum von acht Jahren hinweg leitete. Von 1883 bis 1908 stand Fuchs dem Ausschuss der Zentralleitung der badischen Bezirksvereine für Jugendschutz und Gefangenenfürsorge vor. Aber damit nicht genug: 25 Jahre lang war er Vorsitzender der „Zentralleitung der Badischen Schutzvereine", das wichtigste, 1883 vom Justizministerium geschaffene Glied in der Kette der Landeseinrichtungen für Verbrechensprophylaxe, deren Feld späterhin auf die Verbrechensprävention überhaupt ausgedehnt wurde. Seinem Engagement ist es zu verdanken, dass in Eisenach der Verband der deutschen Schutzvereine zusammengelegt werden konnte. Ein internationaler Schutzvereinskongress tagte unter seiner Beteiligung 1895 in Antwerpen.

Verschiedene Anstaltsgründungen gehen auf Fuchs zurück: So in Flehingen die Zwangserziehungsanstalt für verwahrloste Jugendliche. 1885 errichtete er auf nachdrücklichen Wunsch der Großherzogin Luise in Sickingen eine Anstalt für weibliche Fürsorgezöglinge. Ein weiteres Tätigkeitsfeld fand Fuchs in dem Aufbau einer Arbeitsstellenvermittlung, die bald das gesamte Land überzog und große Wirksamkeit entfaltete. Gewürdigt wurde sein philanthropisches Engagement, begleitet von wissenschaftlichen Studien, neben der Heidelberger Ehrendoktorwürde mit weiteren Auszeichnungen wie dem Stern zum Kommandeurkreuz 2. Klasse des Ordens vom Zähringer Löwen (1893), dem russischen Orden der Heiligen Anna 2. Klasse (1893) und dem preußischen Roter Adler Orden 2. Klasse (1905). Am 17. Oktober 1908 verstarb Adolf Fuchs in Karlsruhe.

Am 10. Dezember 1908 verlieh die Heidelberger Juristische Fakultät dem Berliner Verlagsbuchhändler Otto Liebmann den Titel eines Dr. iur. h.c.[283] Gewürdigt wurde mit diesem akademischen Akt einer der prominentesten Verleger juristischer Literatur im deutschsprachigen Raum. Liebmann selbst, geboren 1865 in Mainz als Sohn eines jüdischen Getreidehändlers, konnte auf keine akademische Vorbildung verweisen; erlernt hatte er die Berufe eines Druckers und Buchhändlers. In der Reichshauptstadt gründete Liebmann 1889 den gleichnamigen Verlag, der sich nach wenigen Jahren auf rechtswissenschaftliche Fachliteratur spezialisierte und zu dem führenden Verlag juristischer Literatur avancierte. Besonderes Gewicht kam hierbei der „Deutsche (n) Juristen-Zeitung (DJZ)" zu, die er in Zusammenarbeit mit drei bedeutenden Rechtswissenschaftlern (Paul Laband, Her-

---

[281] Vgl. im Einzelnen hierzu Wolfram ANGERBAUER (Hrsg.), Die Amtsvorsteher der Oberämter, Bezirksämter und Landratsämter in Baden-Württemberg 1810 bis 1972, Stuttgart 1996, S. 263.
[282] Vgl. Albert KRIEGER, Art. Adolf Fuchs, in: v. WEECH/KRIEGER (Hrsg.), Badische Biographien, Bd. 6, Heidelberg 1927, S. 122–124.
[283] UAH, H-II-111/124 fol. 180.

mann Staub, Melchior Stenglein) 1896 begründete und herausgab. Große verlegerische Erfolge erzielten die sogenannten „Taschenkommentare", in denen von renommierten Juristen die wichtigsten deutschen Gesetze in bündiger Kürze, aber umfassend vorgestellt wurden. So heißt es auch in dem Ehrendiplom: „Liebmann hat nicht nur eine große Anzahl wertvoller wissenschaftlicher Werke verlegt, sondern sich auch um die Förderung unserer Wissenschaft durch die von ihm ins Leben gerufene deutsche Juristenzeitung wirklich verdient gemacht."[284]

Mit der Machtergreifung durch die Nationalsozialisten war auch das Ende seines Verlags verbunden. Liebmann sah sich gezwungen, das Unternehmen an den Münchener C.H. Beck Verlag zu verkaufen.[285] Entfernt wurde gleichfalls sein Name aus den von ihm mitbegründeten Werken. Von seiner Umgebung gesellschaftlich isoliert, verstarb Liebmann 1942 in Berlin. Völlig in Vergessenheit geriet aber sein Schicksal und Leidensweg nicht. In der vor wenigen Jahren strittig geführten Diskussion um die Namensbenennung des erfolgreichsten, von Liebmann initiierten BGB-Kurzkommentars aus dem Hause Beck, des „Palandt", erinnerte man sich auch wieder jenes erfolgreichen Verlegers. Nicht länger sollte Otto Palandt, dessen nationalsozialistischer Vergangenheit nachgespürt wurde, der Namensgeber sein. Aber auch auf den Begründer jenes Standardwerks zum BGB, Otto Liebmann, konnte sich der Münchener Beck-Verlag aus nur wenig nachvollziehbaren Gründen nicht verständigen. So heißt es im Vorwort zur 81. Ausgabe aus dem Jahr 2022: „Im Juli 2021 hat sich der Verlag entschlossen, die Werke seines Verlagsprogramms umzubenennen, auf denen als Namensgeber ehemalige Herausgeber oder Autoren genannt sind, die während der nationalsozialistischen Diktatur eine aktive Rolle eingenommen haben. Hierzu gehört auch der ‚Palandt'. Er erhält deshalb ab der 81. Auflage nach dem Mitautor und Koordinator der Autoren den Titel ‚Grüneberg'". Mit der Namensgebung „Otto Liebmann" wäre neben der Würdigung dieses berühmten, heute vergessenen Verlegers zugleich ein Stück wohl verdienter Wiedergutmachung seitens des Beck-Verlags verbunden gewesen.

1910 ehrte die Heidelberger Juristische Fakultät den seit 1904 in Straßburg als Telegraphendirektor des deutschen Reichs-Postamtes wirkenden Friedrich Preisigke in Anerkennung seiner Verdienste um das Gebiet der Papyrologie mit dem Titel eines Dr. iur. honoris causa. Äußerer Anlass dieser Auszeichnung war das Erscheinen seiner Studie über das „Girowesen im griechischen Ägypten", die ihn als „tiefeindringenden Kenner der Verwaltung, des Bankwesens und der Rechtskunde des alten Ägypten erwiesen" hatte.[286] Sein großer Förderer an der

---

[284] UAH, H-II-111/128 fol. 148–151.
[285] S. Stefan REBENICH, C.H. Beck 1763–2013 – Der kulturwissenschaftliche Verlag und seine Geschichte, München 2013, S. 371.
[286] Vgl. UAH, PA 782. – Der zweite Band konnte erst 1920 publiziert werden.

Ruperto Carola war der über Heidelberg hinaus weit bekannte Romanist Otto Gradenwitz.[287] Auf dessen Initiative hin wurde Preisigke 1915 zum ordentlichen Honorarprofessor an der Juristischen Fakultät und zum Mitglied der Heidelberger Akademie der Wissenschaften ernannt.[288] Diese Ehrungen bildeten den Höhepunkt einer außergewöhnlichen akademischen Karriere, die keineswegs vorgezeichnet war.

Als Eleve war der 1856 in Dessau geborene Friedrich Preisigke nach dem Abitur am Magdeburger Domgymnasium zunächst in den Dienst der deutschen Post- und Telegraphenverwaltung eingetreten.[289] 1904 erreichte er das gewichtige Amt eines Telegraphendirektors in Straßburg. Noch während seiner Dienstzeit in der Reichshauptstadt hatte er sich als Student der Altertumswissenschaften an der Philosophischen Fakultät der Berliner Friedrich-Wilhelms-Universität in den Jahren 1899-1902 eingeschrieben. An der Universität Halle erwarb Preisigke mit einer von Paul M. Meyer und Ulrich Wilcken betreuten Dissertation über „Städtisches Beamtenwesen im römischen Ägypten" den Titel eines Dr. phil. Unmittelbar nach seiner Versetzung in die ehemalige Reichsstadt Straßburg begann er neben der Mühsal des Telegraphendienstes mit der Bearbeitung von Papyri, welche in der dortigen Universitäts- und Landesbibliothek verwahrt wurden. Diese Studien bereiteten ihm nach seiner eigenen Aussage „reine Freude und Erholung nach dem schweren Dienst seines Amtes".[290] 1906 erschien bereits der erste Faszikel der Straßburger Papyri, weitere folgten bis 1912. Breite Anerkennung fanden Preisigkes anspruchsvolle Untersuchungen in den maßgeblichen Kreisen der Wissenschaft. Großzügig ermöglicht wurde ihm durch verschiedene Stiftungen ein über drei Monate sich hinweg erstreckender Studienaufenthalt in Ägypten. Vorlegen konnte er als Ergebnis seiner ausgedehnten Forschungen die Preisigkes Namen tragende Edition von Kairener Papyri.[291] Erstaunlich ist die lange Liste seiner Publikationen in den Jahren als Pensionär, die er neben seiner Lehrtätigkeit an der Ruperto Carola verfasste.[292] Genannt seien nur die 1915 erschienenen „Fachwörter des öffentlichen Verwaltungsdienstes Ägyptens in den griechischen Papyrusurkunden der ptolemäisch-römischen Zeit" und das 1922 publizierte „Namenbuch, enthaltend alle griechischen, lateinischen, ägyptischen, hebräischen ... Menschennamen, soweit sie sich in den griechischen Urkunden Ägyptens vorfinden". Nicht mehr erlebte er die Ausgabe des im Selbstverlag veröffentlichten „Wörterbuch(s) der griechischen Papyrusurkunden" in seiner endgültigen Form. 1924 verstarb

---

[287] Zu ihm s. SCHROEDER (wie Anm. 28), S. 315 ff.
[288] Bereits 1913 war Preisigke zum Honorarprofessor in der Philosophischen Fakultät der Universität Straßburg ernannt worden (s. Andrea JOERDENS, Friedrich Preisigke [1856–1924], in: Mario CAPASSO [Hrsg.] Hermae – Scholars and Scholarship in Papyrology, Pisa 2007, S. 57- 66 [59 f.]; in diesem Beitrag ist auch die Urkunde über die Ernennung Preisigkes zum Honorarprofessor wiedergegeben [S.65]).
[289] S. im Einzelnen DRÜLL (wie Anm. 144), S. 621.
[290] S. JOERDENS (wie Anm. 288), S. 59.
[291] Griechische Urkunden des Ägyptischen Museums zu Kairo, Straßburg 1911.
[292] 1915 hatte Preisigke den Antrag auf Pensionierung beim Reichs-Postamt eingereicht.

Preisigke, hoch geachtet nicht allein in den Kreisen der Juristischen Fakultät, an einer Lungenentzündung. 1926 wurde seine Bibliothek von der Familie an die Berliner Papyrussammlung verkauft, wo sie sich noch heute befindet.

Ausführlich wird man durch die Fakultätsakten über die Modalitäten der Verleihung eines Ehrendoktorats an R u d o l f M o s s e unterrichtet.[293] Schon lange hatte Otto Gradenwitz, 1909 von Straßburg nach Heidelberg auf den römischrechtlichen Lehrstuhl berufen, daran gedacht, ein Papyrus-Institut zu begründen, das Preisigke als Direktor führen sollte. Bewusst war ihm, dass für ein solches „esoterisches Vorhaben" einzig und allein ein privater Mäzen in den schweren Zeiten des Ersten Weltkrieges gewonnen werden konnte. In seinen Lebens-Erinnerungen notierte er süffisant:

> „Es war durchaus kein Novum, wenn man einem Mann, der längst als Mäzen sich exhibiert hatte, den Ehrendoktor gab, falls er für die wissenschaftlichen Zwecke einer Fakultät ungewöhnlich viel spendete. Mein Auge fiel auf Herrn Rudolf Mosse ... Die Ehrenpromotionen für soziale Verdienste pekuniärer Natur hat ihr Bedenkliches; aber sie ist in Übung, und solange es sich nicht einbürgert, Prangersäulen für diejenigen Erzreichen zu setzen, die nichts oder so gut wie nichts spenden, wird es sich nicht als ungerecht rügen lassen, daß man die auszeichnet, die das ihrige tun. Die parteipolitische Rolle des Herrn Mosse war mir gleichgültig; ich befürwortete seine Promotion nicht wegen seiner Einnahmeposten, sondern wegen seiner Ausgabeposten."[294]

Und es gelang Gradenwitz tatsächlich, eine rasche Verwirklichung seines Vorhabens bei Mosse, einem der großen jüdischen Pioniere des deutschen Zeitungswesens, geboren 1843 als Sohn eines kinderreichen Arztes in Graetz (Provinz Posen), zu erreichen. Mit einem geschätzten Vermögen von fünfzig bis sechzig Millionen Reichsmark zählte er vor Ausbruch des Ersten Weltkriegs zu den größten Steuerzahlern der Reichshauptstadt Berlin. Der Universität Heidelberg überließ Rudolf Mosse im Jahr 1917, in Erinnerung an den 100. Geburtstag des von ihm verehrten Theodor Mommsen, Stipendien in Höhe von 100.000 Mark, „um Heidelberger Studenten den Winteraufenthalt in Berlin und Berliner Studenten den Sommeraufenthalt an südwestdeutschen Universitäten zu ermöglichen."[295] In Anerkennung nicht allein dieser Spende, sondern ebenso im Hinblick auf sein vielfältiges soziales Engagement, verlieh ihm die Heidelberger Juristische Fakultät die Ehrendoktorwürde. Hocherfreut über diese, gewiss nicht unerwartete akademische Auszeichnung übersandte Mosse Gradenwitz unter dem 19. Dezember 1917 eine „Erklärung wegen Errichtung einer Rudolf-Mosse-Stiftung mit dem Sitz in Heidelberg" und stellte ihm gleichzeitig einen „Scheck über das Stiftungscapital" in Aus-

---

[293] Ausführlich hierzu Klaus-Peter SCHROEDER, Rudolf Mosse und die Begründung des Instituts für geschichtliche Rechtswissenschaft („Stiftung von 1918"), in: BALDUS/HATTENHAUER/SCHROEDER (wie Anm. 112), S. 15–24.

[294] Zit. nach SCHROEDER (wie Anm. 293), S.16 f.

[295] Zit. nach Elisabeth KRAUS, Die Familie Mosse: Deutsch-jüdisches Bürgertum im 19. und 20. Jahrhundert, München 1999, S. 639 Anm. 113.

sicht. Wenige Monate später konnte Gradenwitz im März 1918 die Juristische Fakultät über den Eingang des Schecks „zu treuer Hand" in Höhe von 400.000 Mark unterrichten.

Diese Stiftung bildete auch den Hintergrund für die Verleihung der Ehrendoktorwürde der Heidelberger Juristischen Fakultät an Mosse. Gewürdigt findet sich sein weit gefächertes wissenschaftliches und soziales Engagement gleichfalls innerhalb der ihm am 1. Dezember 1917 überreichten Promotionsurkunde:

> *Qui, quas industria ingenio constantia sibi paraverat facultates, eas nec luxuriose effundendas nec anxie adcumulandas ratus donatorum inter principes ad quos tundos ius nostrum aliquid reliquum facere videbatur eis salutem adferre conatus id egit ut e periculo eriperet et infantes derelictos et adulescentes calamitatibus adflictos.*[296]

Zu einem politischen und publizistischen Eklat kam es aber, als gewisse Kreise aus antisemitischen Motiven der Heidelberger Juristischen Fakultät die Käuflichkeit der Ehrendoktorwürde unterstellten. Obgleich Gradenwitz süffisant bemerkte, dass „doch viel geringere Leute als Herr Mosse nach geringeren Spenden promoviert" wurden, entrüstete sich die Presse in einem solchen Ausmaß, dass sich der Historiker Hermann Oncken als Vertreter der Heidelberger Universität in der Ersten Kammer des badischen Landtags zu einer Intervention veranlasst sah. Mit scharfen Worten wies er die Unterstellung einer vermeintlichen Käuflichkeit des Doktortitels als „parteipolitisch und – um ganz offen zu reden – z.t. auch antisemitisch" zurück. Ungehalten wies er darauf hin, dass die Ehrenpromotion „nicht nach der Stiftung Zug um Zug, sondern ‚aus einem inneren Anlaß' zustande kam." Diffamiert wurde Oncken „als Schleppenträger der internationalen Presse und ihres Verlegers"; der Universität unterstellte man, aus finanziellen Gründen eine „offenkundig ‚semitische' Ehrung" vorgenommen zu haben.[297] Nur wenig später verstarb Rudolf Mosse im Alter von 77 Jahren am 8. Oktober 1920.

Mitten in den Umbrüchen des Ersten Weltkrieges, der so verhängnisvollen „Urkatastrophe" des alten Europas, veranlasste Karl Heinsheimer den preußischen Kommerzienrat und Ältesten der Berliner Kaufmannschaft Carl Leopold Netter, eine Stiftung für ein „Seminar für rechtswirtschaftliche und rechtsvergleichende Studien" zu errichten. In der Stiftungsurkunde wird ausgeführt: „Sie soll … zur Erinnerung daran, dass in Deutschland auch während der Kriegszeit die Ziele friedlicher Arbeit nicht vergessen wurden, die Jahreszahl 1916 in ihrem Namen führen."[298] Netter spendete als Stiftungskapital 100.000 Mark und 25.000

---

[296] „ … der, was er sich an Vermögen durch Fleiß, Einfallsreichtum und Beharrlichkeit erworben hat, nicht glaubte, verschwenderisch ausgeben noch ängstlich anhäufen zu müssen, versuchte, unter den führenden Spendern denjenigen, die zu schützen unser Recht etwas schuldig zu sein schien, etwas zu ihrem Wohlergehen beizusteuern, und handelte so, dass er vernachlässigte und verlassene Kinder dem Unglück entriss" (UAH, H-II-868/2).

[297] S. SCHROEDER (wie Anm. 293), S. 20.

[298] Zit. nach der Stiftungsurkunde, abgebildet in: Eduard WAHL/Rolf SERICK/Hubert NIEDERLÄNDER (Hrsg.), Rechtsvergleichung und Rechtsvereinheitlichung – Festschrift zum

Mark für Umbauten und Einrichtungen des heute noch bestehenden „Institut(s) für ausländisches und internationales Privatrecht".[299] Im Namen der Fakultät dankte ihr Dekan Richard Thoma dem Stifter für dieses „Werk von hohem kulturellem Werte", welches „in Gegenwart und Zukunft" Beweis dafür ablege, „daß in Deutschland auch inmitten des gewaltigsten Krieges opferwillige Liebe zu den idealen Bestrebungen der Wissenschaft am Werke ist."[300]

Ungewöhnlich rasch verlief trotz der Kriegswirren die Etablierung der Stiftung: Am 15. Dezember 1916 genehmigte Großherzog Friedrich II. auf Antrag der Juristischen Fakultät die Stiftung; bereits am 13. November war ein Statut für das Seminar beschlossen worden. Seiner Eröffnung stimmte am 1. April 1917 das Ministerium des Kultus und Unterrichts zu, nachdem das Stiftungskapital von Carl Leopold Netter überwiesen worden war. Mit der Leitung des Instituts, dem man die „Räume im Erdgeschoß des Hauses Augustinergasse Nr. 9 ... auf 1. April lf. Jahres zur Verfügung" stellte, wurde der Initiator der Einrichtung, Karl Heinsheimer, betraut.

Carl Leopold Netter stammte aus dem badischen Bühl, wo er 1864 als Sohn des über die Grenzen der Stadt hinaus geachteten jüdischen Kaufmanns Jacob Netter geboren wurde. Der Vater führte eines der ersten Großhandelsunternehmen für Eisen und Metalle in Süddeutschland, welches nach der Reichsgründung unter der Leitung seiner Söhne beständig expandierte und sich vielfältig umstrukturierte. 1905 war das Unternehmen mit über 3.000 Beschäftigten das größte und gewinnträchtigste auf dem europäischen Festland. In sämtlichen Werken bestanden Betriebskrankenkassen und weitere beispielhafte Unterstützungseinrichtungen; Bildungs- und Sozialwerke wurden durch großzügige finanzielle Zuwendungen dauerhaft gefördert. In Anerkennung der Verdienste Netters um seine Heimatstadt Bühl verlieh man ihm 1906 die Würde eines Ehrenbürgers; 1922 verstarb Netter in der Reichshauptstadt.[301]

Auch die Heidelberger Juristische Fakultät wollte die namhafte Stiftung Netters nicht schweigend übergehen, sondern ihn, einer alten akademischen Tradition folgend, mit der Verleihung der Würde eines „Doctor juris honoris causa" auszeichnen. Wieder war es Karl Heinsheimer, welcher die von Seiten der Fakultät einhellig begrüßte Initiative ergriff. Unter dem 1. Dezember 1917 konnte er in seiner Eigenschaft als Dekan mit unverhohlenem Stolz Kommerzienrat Carl Leopold Netter den Beschluss der Heidelberger Juristischen Fakultät vom 24. November 1917 über die Verleihung des Grades eines Dr. jur. h.c. an ihn mitteilen:

50jährigen Bestehen des Instituts für Ausländisches und Internationales Privat- und Wirtschaftsrecht der Universität Heidelberg, Heidelberg 1967, S. 9 ff. (10).

[299] S. Gert REINHART, Das Institut für ausländisches und internationales Privat- und Wirtschaftsrecht an der Universität Heidelberg 1917–1967: Ein Rechenschaftsbericht, in: WAHL/SERICK/NIEDERLÄNDER (wie Anm. 298), S. 21–41.

[300] Zit. nach REINHART, in: WAHL/SERICK/NIEDERLÄNDER (wie Anm. 298), S. 28 Anm. 30.

[301] Vgl. Horst A. WESSEL, Art. Netter, in: NDB 19 (1989), S. 86 f.

„Am 15. Dezember wird ein Jahr umlaufen sein, seit die von Ihnen errichtete ‚Stiftung 1916' durch Erteilung der Allerhöchsten Staatsgenehmigung ins Leben trat. Trotz der durch die Zeitverhältnisse bedingten Schwierigkeiten konnte das Seminar für volkswirtschaftliche und rechtsvergleichende Studien im Laufe dieses Jahres eingerichtet und in Betrieb genommen werden. Das große Interesse, welches das Seminar bei den Studierenden der Rechtswissenschaft und der Volkswirtschaftslehre an unserer Universität, wie auch bei den Gelehrten und Fachleuten hier und auswärts findet, der rege Besuch der Uebungen des Seminars und die vielseitige wissenschaftliche Arbeit, die alsbald darin in Angriff genommen wurde, sprechen nach dem Urteil der Fakultät für eine ersprießliche Fortentwicklung auch fernerhin. Die Juristische Fakultät nimmt daher die erste Wiederkehr des Gründungstages zum Anlass, um Ihnen erneut für die Stiftung selbst wie für die seither erfolgten weiteren Zuwendungen zu danken. Sie möchte diesem Dank nunmehr aber auch einen sichtbaren und dauernden Ausdruck verleihen und hat daher – kraft des ihr von Alters her zustehenden hohen Vorrechts und mit der hierzu erforderlichen Einstimmigkeit – beschlossen, Sie zum Doctor juris honoris causa zu promovieren. Die Fakultät gedachte dabei Ihres vorbildlichen Wirkens in der deutschen Industrie, ihrer aufopfernden und erfolgreichen Tätigkeit in zahlreichen öffentlichen und privaten Aemtern, von denen mehrere der Pflege und Förderung des Rechts dienen, vor allem aber auch der Tatsache, dass Sie sich, als Sie an der Universität Ihres Heimatlandes ein die akademischen Wirkungsmöglichkeiten so erfreulich erweiterndes Institut schufen, keineswegs auf die Zuwendung der erforderlichen Geldmittel beschränkten, sondern von Anfang an und immer von neuem ein tiefgehendes persönliches Interesse an den sachlichen Zielen des Seminars an den Tag gelegt und betätigt haben. Das Diplom wird vom 15. Dezember 1917 datieren. Indessen möchte die Fakultät Sie schon heute von dem Beschlusse in Kenntnis setzen. Ich gratuliere Ihnen, hochgeehrter Herr, mit besonderer Freude zur Doktorwürde und knüpfe hieran den herzlichen Wunsch, dass es Ihnen, dem selbstlos Arbeitenden, vergönnt sein möge, sich dieser Würde bis in hohe Jahre hinein noch in stets gleich erfolgreichem Wirken zu erfreuen."[302]

Ungesäumt bedankte sich der auf diese Weise Geehrte mit einem Dankesschreiben vom 4. Dezember 1917, in dem Netter versicherte, dass er „durch die engere Verbindung mit der herrlichen Ruperto-Carola nun erst recht veranlasst werde, dauernd meine Sympathie und mein Interesse der jüngsten Schöpfung, dem Seminar für rechtswirtschaftliche und rechtsvergleichende Studien zu widmen und die Errichtung mit allen Kräften zu fördern, soweit es in meiner Macht steht, den Bestrebungen der Allgemeinheit zu dienen. Ich behalte mir schon für die nächste Zeit in dieser Beziehung eine Entschließung vor und bitte Sie, einstweilen nur meinen allerherzlichsten Dank für die hohe Auszeichnung, die höchste, die mir verliehen werden konnte, entgegen nehmen zu wollen."[303]

Und nur ein Jahr später erfolgte die in Aussicht gestellte weitere Schenkung, mit der Carl Leopold Netter die Geldmittel zur Errichtung einer ordentlichen Professur, deren „Lehrfach dem im Stiftungsbrief der Stiftung von 1916 näher bezeichneten Gebiete der rechtswirtschaftlichen und rechtsvergleichenden Studien

---

[302] UAH, H-II-868/2.
[303] UAH, H-II-868/2.

angehören und deren Inhaber stets zugleich Leiter des Seminars für rechtswirtschaftliche Studien sein soll," zur Verfügung stellte.[304] In der Schenkungsurkunde gab er seiner Hoffnung Ausdruck, „daß die neue Lehrstelle immerdar frei von politischen und religiösen Vorurteilen, einzig nach der sachlichen Eignung besetzt werde."[305]

Gleichfalls in dem für Deutschland so schicksalshaften Jahr 1917 wurde die Würde eines Dr. jur. h.c. an Ludwig Janzer von der Heidelberger Juristischen Fakultät anlässlich der Gründungsfeier der Orthopädischen Anstalt verliehen: „ ... er trug sehr viel dazu bei, das orthopädische Institut an unsere Universität anzugliedern, woraus sich reicher Nutzen sowohl zum Wohl unserer im Krieg verletzter Mitbürger als auch für die Methode und den Gebrauch des Fachs ergab."[306] Er war vor der 1929 beschlossenen Fusion mit der Deutschen Bank, der Disconto-Gesellschaft und des Schaffhausen'schen Bankverein zur Deutschen und Disconto-Bank der letzte Direktor der 1870 begründeten Rheinischen Creditbank. Wissenschaftlich hervorgetreten war Janzer einzig mit der Herausgabe des Badischen Enteignungsgesetzes und der Eisenbahnverkehrsordnung.[307] Auch über seine Verdienste um die Heidelberger Universität und ihrer Juristische Fakultät, welche zur Auszeichnung mit der Ehrendoktorwürde führten, finden sich in den einschlägigen Archivalien keinerlei Anhaltspunkte.

Hingegen nimmt Viktor Schwoerer in den Annalen der badischen und deutschen Wissenschaftsgeschichte eine herausgehobene Position ein. In seinen 1956 publizierten Lebenserinnerungen notierte Ludwig Curtius über ihn: „Der unbürokratischste Bürokrat, den ich je kennengelernt habe."[308] Und Ludolf von Krehl, Direktor der Medizinischen Klinik in Heidelberg, würdigte Schwoerer als „den Geist ... der alles und alle geleitet, der verborgen hinter allem stand und doch alles führte."[309]

Geboren wurde Viktor Schwoerer als Sohn eines Medizinalrats in Kenzingen. Nach glänzend bestandenem Abitur trug er sich zum Wintersemester 1884/85 in die Matrikel der Juristischen Fakultät der Freiburger Albert-Ludwigs-Universität ein. Eng verbunden wusste er sich während seiner Studienzeit mit dem Strafrechtslehrer und Rechtsphilosoph Karl Richard Sontag.[310] Ebenso bravourös wie seine Schulexamina absolvierte Schwoerer 1888 die Erste und drei Jahre später die Zweite Juristische Staatsprüfung.[311] Es folgte eine beispiellose Karriere im Dienste des

---

[304] Urkunde vom 23. 4. 1918 (vgl. REINHART, in: WAHL/SERICK/NIEDERLÄNDER [wie Anm. 298], S. 30 Anm. 39).
[305] Zit. nach REINHART, in: WAHL/SERICK/NIEDERLÄNDER (wie Anm. 298), S. 30.
[306] Unter dem 3.2.1917 (UAH, H-II-867/2).
[307] Leipzig 1908; 1909.
[308] Deutsche und Antike Welt, S. 351 f.
[309] Zit. nach Julius SCHWOERER, Zum 100. Geburtstag des Badischen Hochschulreferenten Viktor Schwoerer, in: Ruperto Carola 37 (1965), S. 225–229 (226).
[310] Zu ihm s. SCHROEDER (wie Anm. 28), S. 209 f.
[311] S. hierzu Alexander KIPNIS, Art. Viktor Schwoerer, in: OTTNAD (Hrsg.), Badische Biographien NF 6 (2011), S. 369–373.

badischen Großherzogtums: Sekretär im Sekretariat des Ministeriums der Justiz, des Kultus und des Unterrichts 1892, Amtsrichter in Oberkirch, Landgerichtsrat in Freiburg, Staatsanwalt in Konstanz und beim OLG Karlsruhe und schließlich als Ministerialrat Vortragender Rat im Ministerium der Justiz, des Kultus und Unterrichts seit 1910. Zehn Jahr zuvor fand Schwoerer noch die Muße, einen umfangreichen Kommentar zum BGB herauszugeben, der als wichtiges Nachlagewerk im Großherzogtum breite Anerkennung fand. 1911 erfolgte dann seine Ernennung zum Hochschulreferenten im Ministerium. In dieser Position erwarb er sich während der beschwerlichen Jahre der Kriegs- und Nachkriegszeit die eingangs erwähnten Meriten. Die Heidelberger Juristische Fakultät dankte ihm für seinen unermüdlichen Einsatz für die Belange der Universität mit der Verleihung der Ehrendoktorwürde unter dem 3. Februar 1917. Hervorgehoben wird in der Urkunde, *ut iam diu academiarum badeniae administrationi intenta constanti prospera cura consuluit ita etiam his gravissimis belli temporibus nostrae universitati feliciter excolendae atque nunc instituto orthopaedico amplificandae operam suam inpense sapienterque paebuit.*[312]

In kurzer Zeit hatte sich Schwoerer in die ebenso komplexen wie vielschichtigen Aufgaben eingearbeitet, welche sich der Hochschulverwaltung stellten. Sein besonderes Augenmerk galt der Berufung neuer Ordinarien, der Neugründung und Erweiterung von Hochschulinstituten. Im Rahmen der angespannten finanziellen Lage Badens unternahm Schwoerer sein Möglichstes, um die ihm anvertrauten Universitäten und Institute zu fördern. Großen Wert legte er auf den weiteren Ausbau der Kliniken. Wesentlich seinem Einsatz ist der Neubau der Orthopädischen Klinik in Heidelberg nach dem Ersten Weltkrieg zu verdanken. Gleichzeitig beteiligte er sich im Vorfeld an der Gründung des Kaiser-Wilhelm-Instituts für Medizinische Forschung in der Neckarstadt. Mit großem Engagement befasste sich Viktor Schwoerer im Rahmen unzähliger Konferenzen mit der weiteren Entwicklung des Hochschulwesens und der Wissenschaftspolitik innerhalb des Deutschen Reiches. Hervorzuheben ist sein kraftvoller Einsatz für die Heidelberger Akademie der Wissenschaften, welche nach dem Ersten Weltkrieg ein ansehnliches Unterkommen im früheren Großherzoglichen Palais am Karlsplatz fand. Schwoerer war es auch, welcher die brennende Finanznot der Akademie während der Jahre der Inflation mit Aktien der Zellstoff-Fabrik Walldorf überbrückte, die ihm als

---

[312] „... der schon lange die badische Verwaltung der Hochschulen mit eifriger, steter und fördernder Sorge begleitet, auch in diesen sehr schweren Zeiten des Krieges seine Mühe nachdrücklich und weise darauf verwendete, unsere Universität gut zu unterstützen sowie nun durch das orthopädische Institut zu vergrößern" (UAH, H-II-867/2; H-II-868/2). – Es folgten noch die Ehrendoktorate der Heidelberger und Freiburger Medizinischen Fakultät (1918) wie auch der Dr. Ing. h.c. der TH Karlsruhe (1918) und schließlich der Dr. phil. h.c. der Freiburger Philosophischen Fakultät (1928).

Mittel für wissenschaftliche Vorhaben zur Verfügung standen.[313] Noch in späten Jahren entschloss sich Schwoerer, seinen Wohnsitz als stellvertretender Präsident der Notgemeinschaft der Deutschen Wissenschaft in die Reichshauptstadt zu verlegen.[314] Nicht abfinden wollte er sich jedoch mit der Machtübernahme durch die Nationalsozialisten und reichte daher im Juli 1934 seinen Rücktritt ein. Knapp zehn Jahre später verstarb Viktor Schwoerer in Freiburg.

Gleichfalls am 3. Februar 1917 verlieh die Heidelberger Juristische Fakultät die Ehrendoktorwürde an Alexander Wacker, Geheimer Kommerzienrat und Generaldirektor der Alexander Wacker Gesellschaft für elektrochemische Industrie mit Sitz in Burghausen: „ ... der, nachdem er seine Heimatstadt Heidelberg mannigfach und bisher sehr großzügig beschenkt hatte, nun als einer der Gründer des orthopädischen Institutes, das dem öffentlichen Wohl dient, auch die Ruperto-Carola fördert und voranbringt."[315] Als die politische und militärische Lage im Laufe des Ersten Weltkriegs für Deutschland zunehmend ausweglos wurde, setzten sich nach schweren innenpolitischen Kämpfen die Befürworter des uneingeschränkten, also warnungslosen U-Boot-Krieges zum 1. Februar 1917 durch. Bedeutsam war für den Bau von U-Booten das kriegswichtige Aceton, notwendig für die Produktion synthetischen Gummis (Kunstkautschuk) in großen Mengen, denn Deutschland hatte den Zugang zu seinen eigenen Kautschuk-Quellen in den Kolonien bereits mit Beginn des Waffengangs verloren. Hergestellt wurde es in der 1914 begründeten „Alexander Wacker Gesellschaft für elektrochemische Industrie".[316] Für diese Weiterentwicklung des kriegswichtigen Produkts in der „Heimatfront" sollte Alexander Wacker mit der Ehrendoktorwürde der Ruperto Carola ausgezeichnet werden.[317]

In Heidelberg wurde Alexander Wacker 1846 geboren und wuchs als Halbwaise unter der Vormundschaft des in der Stadt ansässigen Buchhändlers Ernst Mohr auf. Nach einer kaufmännischen Lehre als Handelsgehilfe übernahm er zunächst einen kleinen Betrieb in Leipzig von landwirtschaftlichen Maschinen,

---

[313] In Anerkennung seiner Verdienste ernannte ihn die Akademie 1924 zum Ehrenmitglied (vgl. Udo WENNEMUTH, Wissenschaftsorganisation und Wissenschaftsförderung in Baden – Die Heidelberger Akademie der Wissenschaften 1909–1949, Heidelberg 1994, S. 215).

[314] 1930 wurde Viktor Schwoerer die Ehrenmitgliedschaft der Kaiser-Wilhelm-Gesellschaft verliehen.

[315] S. UAH, H-II-867/2;868/2.

[316] S. Markus PLATE, Wacker Chemie AG, in: DERS./Torsten GROTH/Volker ACKERMANN/ Arist VON SCHLIPPE (Hrsg.), Große deutsche Familienunternehmen, Göttingen 2011, S. 444–450 (446 f.).

[317] Vgl. in diesem Zusammenhang Eike WOLGAST, Die Universität Heidelberg zur Zeit des Ersten Weltkriegs, in: Ingo RUNDE (Hrsg.), Die Universität Heidelberg und ihre Professoren während des Ersten Weltkriegs (Heidelberger Schriften zur Universitätsgeschichte 6), Heidelberg 2017, S. 17–58 (25 ff.); Gerhard HIRSCHFELD, Deutsche Professoren im Ersten Weltkrieg, in: Ebda., S. 59-76 (71 f.); Uta HINZ, Ein Krieg am Schreibtisch – Der Weltkrieg in Max Webers Briefen, in: Ebda., S. 123–145 (138 f.).

Werkzeugen und Motoren. In dieser Zeit lernte Wacker Sigmund Schuckert kennen, der mit dem Verkauf von Dynamos, Bogenlampen und Elektromotoren die Elektrifizierung Deutschlands vorantrieb. 1886 wurde Wacker zum Teilhaber berufen und leitete den kaufmännischen Bereich. Zusammen mit Schuckert begründete Adolf Wacker das „Consortium für elektronische Industrie", um mit Hilfe von elektronischen Verfahren aus Carbid und seinem Folgeprodukt Acetylen nutzbringende chemische Verbindungen herzustellen. Im ausgehenden 19. Jahrhundert zählte es zu den größten deutschen Elektrizitätsgesellschaften.

Für seine Verdienste um den Aufbau der elektrochemischen Industrie verlieh ihm König Ludwig III. im April 1918 das Ritterkreuz und erhob Wacker, nunmehr Ritter von Wacker, damit in den persönlichen Adelsstand. 1921 veräußerte die Familie Wacker 50% ihrer GmbH-Anteile an den Wettstreiter in der Acetylenchemie, die „Farbwerke vormals Meister, Lucius und Brüning in Hoechst am Main". 1922 verstarb Alexander von Wacker an den Folgen eines Schlaganfalls auf seinem Altersruhesitz in Bad Schachen.

VI Von der Weimarer Republik bis zum Ende des Dritten Reichs

Die erste Ehrendoktorwürde nach Kriegsende wurde am 24. Januar 1920 von der Juristischen Fakultät an den Philologen Adalbert Bezzenberger vergeben. Auszeichnen wollte man mit ihm einen der bedeutendsten deutschen Sprachwissenschaftler und Vorgeschichtsforscher wie auch als den ersten Rektor der Königsberger Albertus-Universität nach den verheerenden Jahren des verlorenen Ersten Weltkriegs. Nicht allein mit Unterstützung der preußischen Regierung, sondern ebenso auf dem Weg der Selbsthilfe gelang es ihm, die vom Reich aufgrund des Versailler Vertrags vom Mutterland geographisch getrennte Albertina erfolgreich durch die schwere Nachkriegszeit, geprägt von den regionalen Autonomiebestrebungen der Balten, zu führen: „Nur wenn die Königsberger Universität erstrangig wird, kann sie ein Bollwerk Deutschlands bleiben und der Gefahr entgegentreten, daß ihr durch Riga oder Wilnas Gründung die Suprematie der deutschen Wissenschaft aus der Hand geschlagen wird."[318]

Geboren wurde Adalbert Bezzenberger als Sohn des Germanisten Heinrich Bezzenberger 1851 in Kassel. 1869 immatrikulierte er sich an der Philosophischen Fakultät der Universität Göttingen zum Studium der Geschichte und Germanistik. Der weit über die Grenzen der Georg-August-Universität hinaus bekannte Orientalist und geniale Sprachforscher Theodor Benfey war es, welcher ihn für das neue Gebiet der Vergleichenden Sprachwissenschaft gewinnen konnte. Nach der 1872 erfolgten Promotion zum Dr. phil. habilitierte sich Bezzenberger in Göttingen – nach einem Zwischenaufenthalt 1873 an der Universität München – über ein linguistisches Thema. 1879 erhielt er den Ruf auf den Lehrstuhl für Sanskrit an der Albertus-Universität Königsberg, wo er bis zu seinem Tode 1922 wirkte.

Bezzenberger begründete die wissenschaftliche Philologie der baltischen Sprachen. Sein Interesse galt insbesondere der litauischen Sprache, die er in zahlreichen Fachstudien erforschte. Ein weiteres Betätigungsfeld eröffnete sich für ihn mit der Übernahme des Amtes als Landesarchäologe in Ostpreußen, gleichzeitig leitete er bis 1916 das Prussia Museum, die bedeutendste Sammlung zur Vor- und Frühgeschichte Ostpreußens. Ihm ist nicht nur der Einsatz moderner Feldforschung zu verdanken, sondern ebenso die nachhaltige Vernetzung der Altertumsgesellschaft Prussia mit ausländischen Wissenschaftlern und Politikern. Zugleich war Bezzenberger Herausgeber ihrer Sitzungsberichte. Zu seinen Hauptwerken zählen die 1877 erschienenen „Beiträge zur Geschichte der litauischen Sprache"

---

[318] S. Götz von Selle, Geschichte der Albertus-Universität zu Königsberg i.Pr., 2. Aufl., Würzburg 1956, S. 346 f.

wie auch die „Analysen vorgeschichtlicher Bronzen Ostpreußens" (1904). Hervorgehoben werden diese Aktivitäten Bezzenbergers in dem Diplom der Ehrenurkunde vom 24. Januar 1920: *qui ... dum ingenii qualitate et fiducia virtutis non in his quae tradita erant perseverare sed innovare plurima instituit, societati reliquia Prussiae effodiendis conservandis publico usui proponendis clarae ita et adfuit et praefuit ut provinciae illius vestustas ab eo resuscitata ess videatur.*[319] Einstimmig hatte die Fakultät diese Ehrenpromotion in ihrer Sitzung vom 7. Januar 1920 beschlossen: „Antrag von Endemann, Gradenwitz, Neubecker gestellt; Fehr hat zugestimmt; Anschütz, Heinsheimer und Thoma stimmen zu mit Rücksicht darauf, daß Graf zu Dohna es warm befürwortet hat. Dekan soll zugleich nach Königsberg telegrafieren. Künßberg bittet darum, seine Zustimmung zur Ehrenpromotion Bezzenberger nachtragen zu wollen."[320]

In seinem schriftlichen Dank an die Juristische Fakultät führte Bezzenberger aus, dass es ihm „völlig klar" sei, „die hohe Auszeichnung nicht durch wissenschaftliche Leistungen verdient zu haben, darf ich in ihr zwar nur die wohlwollende Anerkennung meiner Bemühungen sehen, die hiesige academische Jugend körperlich und sittlich zu fördern und die mir zur Zeit anvertraute Universität über die Gärung unserer Tage hinweg unter der Fahne eines besonnenen Idealismus zusammen zu halten, allein auch als solche ist sie für mich von höchstem Werte. Empfinde ich sie doch als denkbar schönsten Lohn für schwere Stunden und zugleich als erhebende Ermutigung, unbeirrt durch alles, was kommen mag, mein Bestes einzusetzen für die gemeinsamen Ziele aller deutschen Universitäten: den Aufschwung unseres Vaterlandes und die Suprematie seiner Wissenschaft."[321]

Marianne Weber war nicht allein die erste weibliche Abgeordnete, die in Karlsruhe am 15. Januar 1919 vor einem deutschen Parlament, dem Landtag von Baden, sprach, sondern auch die erste Frau, welche die Heidelberger Juristische Fakultät am 18. Januar 1922 mit der Würde eines Ehrendoktors auszeichnete. Weiten Kreisen ist sie bis heute lediglich bekannt als Ehefrau des 1920 verstorbenen Soziologen Max Weber, aus dessen Schatten sie sich aber frühzeitig löste und eigenständig als Frauenrechtlerin, Rechtshistorikerin und Politikerin für die Gleichstellung der Frauen agierte. Unbestritten zählt sie zu den führenden Theoretikerinnen der deutschen Frauenbewegung des 20. Jahrhunderts.

---

[319] UAH, H-II-868/2; B-1523/1; H-II-201/1 fol. 147v („, der, ... indem er durch seine Geistesgabe und im Vertrauen auf seine Kräfte beschloss, nicht im Überkommenen zu verharren, sondern sehr Vieles zu erneuern, hat er die berühmte Gesellschaft zur Bewahrung und öffentlichen Ausstellung der Ausgabungen Preussens sowohl unterstützt als auch angeführt, sodass das Altertum in dieser Provinz von ihm wieder zum Leben erweckt zu sein scheint").
[320] UAH, H-II-868/3.
[321] Unter dem 14.1. 1920 (UAH, H-II-868/2).

Geboren wurde Marianne Schnitger im Jahr 1870 in Oerlinghausen bei Bielefeld, wuchs aber bei ihrer Großmutter und Tante in Lemgo auf.[322] Nach dem Besuch der Höheren Töchterschule übersiedelte sie 1882 in die Reichshauptstadt, um sich als Zeichnerin auszubilden. Hier begegnete sie Max Weber, nur wenig später erfolgte die Heirat mit ihm. 1894 übersiedelte das Ehepaar nach Freiburg, drei Jahre später nach Heidelberg, wohin Max Weber auf den Lehrstuhl für Nationalökonomie und Finanzwissenschaft berufen wurde. Obgleich ein ordentliches Universitätsstudium für Frauen Ende des 19. Jahrhunderts noch nicht möglich war, erreichte sie bei den Philosophieprofessoren in Freiburg und Heidelberg die Zulassung als Gasthörerin zu Vorlesungen und Seminaren; gleichzeitig verfasste sie, unterstützt von ihrem Mann, erste schriftliche Abhandlungen und Texte.[323] Ihr besonderer Einsatz aber galt der schulischen und beruflichen Gleichberechtigung von Frauen im Rahmen des Heidelberger Vereins für Frauenbildung und der Rechtsschutzstelle für Frauen.[324]

Trotz der schweren Depression ihres Mannes und der damit verbundenen Arbeitsbelastung gelingt Marianne Weber mit der 1907 veröffentlichten Studie „Ehefrau und Mutter in der Rechtsentwicklung" ein vielbeachtetes, rechtshistorisch hoch interessantes Buch[325]. Aufgrund dieser Untersuchung avancierte Marianne Weber zur anerkannten Expertin für Rechts- und Sittlichkeitsfragen der Frauenbewegung. 1919 wählte man sie zur Leiterin des Bundes Deutscher Frauenvereine und zur Abgeordneten der Deutschen Demokratischen Partei (DDP) in die Badische Verfassungsgebende Nationalversammlung.[326] In den Jahren 1922 bis 1926 war Marianne Weber Stadträtin der Heidelberger DDP.

Nach dem weithin unerwarteten Tod ihres Mannes, welcher im Juni 1919 eine Professur in München übernommen hatte, kehrte Marianne Weber in die Neckarstadt zurück und widmete sich in den nachfolgenden Jahren gänzlich dem Erhalt des Werkes Max Webers im Rahmen einer siebenbändigen Gesamtausgabe seiner Schriften.[327] Auch hierfür wurde ihr das Ehrendoktorat verliehen. So heißt es in dem Diplom: „„…ausgezeichnet durch … umfassende Studien, vor allem durch das breit angelegte Werk ‚Ehefrau und Mutter in der Rechtsentwicklung', ausgezeichnet ferner durch eine Reihe kleinerer, wertvoller Einzelarbeiten auf historischem wie dogmatischem Gebiete; nicht zum wenigsten auch durch eine fruchtbare und verständnisvolle Hingabe an die nachgelassenen Werke ihres Mannes."[328] Später

---

[322] S. hierzu (und zum Folgenden) insb. Bärbel MEURER, Marianne Weber – Leben und Werk, Tübingen 2010, S. 25 ff.; Ilona SCHEIBLE, Heidelbergerinnen, die Geschichte schrieben, Kreuzlingen 2006, S. 101–112 (102 ff.).
[323] MEURER (wie Anm. 322), S. 93 ff.
[324] Ebd., S. 101 ff., 211 ff.
[325] Ebd., S. 243 ff., 255 f.
[326] Ebd., S. 399 ff., 413, 420 ff.
[327] Ebd., S. 484 ff.
[328] UAH, H-II-868/3; MEURER (wie Anm. 322), S. 466.

notierte sie: „Meine Freude über diese Ehrung war groß: Ich fühlte mich nun wieder der Universität eng verbunden."[329] Und der Heidelberger Juristischen Fakultät dankte sie mit den Zeilen: „Es bedeutet mir vor allem eine Genugtuung und Ermutigung, daß die Fakultät als nächst eingehenden Grund ihres Beschlusses meine gegenwärtige Arbeit an der Herausgabe und Zusammenstellung der Werke meines Mannes heran gezogen hat. Was die Würdigung meiner eigenen früheren wissenschaftlichen Arbeiten betrifft, so wird meine Freude darüber dadurch erhöht, daß ich sie nicht nur als eine persönliche empfinde, sondern als eine solche, die für mein Geschlecht Bedeutung hat. So bringe ich der hohen Fakultät mit meinem eigenen auch den Dank der geistig arbeitenden Frauen dar, und danke nicht nur für die mir persönlich erwiesene Ehrung, sondern auch für die hochherzige Bereitwilligkeit sachlichen Leistungen des weiblichen Geschlechts so gut wie denen des männlichen Würdigung zu gewähren."[330]

1926 erschien nach langjährigen Vorarbeiten ihre Biographie über Max Weber, die zahlreiche Neuauflagen erlebte. Neben kleineren wissenschaftlichen Studien publizierte sie ihre eigenen „Lebenserinnerungen" und blieb ebenso als Stadtverordnete in Heidelberg weiterhin politisch aktiv. Noch vor der Machtergreifung verfasste Marianne Weber ihr populärstes Buch „Die Frauen und die Liebe", welches aber erst 1935 erschien.[331] Auch über die dunklen Jahre der Hitlerei hinweg gelang es Marianne Weber zusammen mit Alfred Weber, dem Bruder von Max Weber, den von ihr mitbegründeten „Sonntagskreis" als Rückzugsort liberaler Freigeister weiterzuführen.[332] Hier versammelten sich unter anderem Martin Dibelius, Karl Jaspers, Walter Jellinek und Gustav Radbruch, die sich nach der „deutschen Katastrophe" dem Wiederaufbau der Universität und ihrer moralischen Erneuerung zur Verfügung stellten. Bis zu ihrem Tod 1954 führte Marianne Weber jenen „Sonntagskreis", späterhin bekannt auch als „Geistertee" der Witwe, weiter. Ihre letzte Ruhestätte fand sie auf dem Heidelberger Bergfriedhof neben ihrem Mann.

Einzig einem bescheidenen Kreis biographisch interessierter Juristen ist Heinrich Koenige noch bekannt, welcher im Juli 1919 zum Senatspräsidenten des IV. Zivilsenats am Leipziger Reichsgericht ernannt wurde; nur vier Jahre später trat er in den Ruhestand. Geboren wurde Koenige 1852 in Heidelberg. Seine Schullaufbahn an einem Rastatter Gymnasium unterbrach er kurzfristig, um am Deutsch-Französischen Krieg 1870/71 als Einjährig-Freiwilliger teilzunehmen. Nach dem Abitur trug Koenige sich 1871 zunächst in die Matrikel der Heidelberger Juristischen Fakultät ein, um anschließend sein Studium an der Freiburger Universität fortzusetzen. Höchst erfolgreich bestand er die beiden Staatsexamina, wurde 1879 zunächst Amtsrichter, dann Oberamtsrichter in Villingen. Kurzfristig

---

[329] Zit. nach MEURER (wie Anm. 322), S. 497.
[330] Unter dem 19.1.1922 (UAH, H-II-868/3).
[331] MEURER (wie Anm. 322), S. 547 f.
[332] Ebd., S. 513 ff.

verließ er wieder den Richterdienst, um eine Stelle als Regierungsrat und Vorstand der Landesgefängnisverwaltung in Mannheim anzutreten. Seine daran anschließende berufliche Karriere stand wieder im Dienst der Justiz. 1896 erhielt Koenige den ehrenvollen Ruf an das Reichsgericht, dem er über ein Vierteljahrhundert lang verbunden blieb. Eine Zäsur in seiner richterlichen Karriere war der Ausbruch des Ersten Weltkriegs, den er im Alter von über sechzig Jahren als Führer zweier Geschützbatterien bis zum letzten Tag durchlebte. Lediglich eine kurzzeitige Sinekure bildete seine Tätigkeit als Präsident des Kaiserlichen Obergerichts für Flandern in Brüssel ab August 1918.

Als Mitarbeiter in Staubs Kommentar zum Handelsgesetzbuch hatte sich Koenige gleichfalls wissenschaftliche Meriten erworben. Erwähnt sei noch das von ihm bearbeitete Gesetz betreffend die gemeinsamen Rechte der Besitzer von Schuldverschreibungen vom 4.12.1899, das bis 1931 drei Auflagen erlebte wie auch die Handausgabe des Handelsgesetzbuchs (zusammen mit Robert Teichmann und Walter Köhler). Eine kleine Reihe von Einzelveröffentlichungen in Zeitschriften vervollständigen Koeniges Oevre. Gewürdigt werden seine Verdienste innerhalb der Laudatio der am 18. Januar 1922 übergebenen Ehrendoktorurkunde: „Koenige, der ... in ausgezeichneter Weise des Rechts waltet, aus umfassendster praktischer Erfahrung die Rechtswissenschaft, vor allem das Handelsrecht, durch hervorragende Werke gefördert hat (sc. und) sich in Krieg und Frieden um das Vaterland hochverdient gemacht hat."[333] Zwei Jahre nach der Machtergreifung verstarb Heinrich Koenige im Alter von 83 Jahren in Hinterzarten.

Nahezu unüberschaubar ist die Fülle der Ehrungen, mit denen Eduard Schwartz während seines langen Lebens ausgezeichnet wurde: Neben den deutschen Akademien in Berlin, Heidelberg, München, Wien und der Straßburger Wissenschaftlichen Gesellschaft war er Mitglied der Petersburger, der ungarischen, dänischen und schwedischen Akademie; Ehrendoktor der Jurisprudenz, Theologie und Medizin; Träger des Ordens pour le mérite, des bayerischen Maximiliansordens und (u.a.) des Adlerschilds des Deutschen Reiches, verliehen von Reichspräsident Paul von Hindenburg anlässlich seines 75. Geburtstages im Jahr 1934.

Eduard Schwartz, geboren 1858 in Kiel, entstammte einer weit verzweigten Pastoren- und Gelehrtendynastie: Sein Vater berühmter Professor der Gynäkologie an der Göttinger Universität, seine Mutter Tochter des Kieler Gynäkologieprofessors Gustav Michaelis.[334] An der Göttinger Georg-August-Universität immatrikulierte sich Eduard Schwartz nach dem Abitur im Sommersemester 1875, um

---

[333] UAH, H-II-868/3.
[334] Wilhelm BLUM, Art. Schwartz, Eduard, in: Biographisch-Bibliographisches Kirchenlexikon, Bd. 9, Herzberg 1995, Sp. 1155–1156.

Altertumswissenschaften bei Hermann Sauppe und Curt Wachsmuth zu studieren.[335] Es folgten weitere Studiensemester an den Universitäten Bonn, Berlin und Greifswald. Hier begegnete er Theodor Mommsen, Hermann Usener und Ulrich von Wilamowitz-Moellendorff, mit dem ihn späterhin eine lebenslange Freundschaft verband. Promoviert wurde Eduard Schwartz 1888 an der Rheinischen Friedrich-Wilhelms-Universität bei dem bereits benannten Usener, der ihn gleichfalls habilitierte. Rostock, Gießen, Straßburg, Göttingen, Freiburg und nochmals Straßburg im Schicksalsjahr 1914 bildeten die weiteren Stationen seiner ausgedehnten peregrinatio academica, die nach dem Ende des Ersten Weltkriegs mit der Berufung auf den Lehrstuhl an der Münchener Ludwig-Maximilians-Universität ihr Ende fand. In der bayerischen Hauptstadt lehrte er bis zu seinem Tod 1940.[336]

Mit seinen, der Dissertation „De Diouysio Scytobrachione" nachfolgenden Studien erwarb er sich den Ruf als einem der besten Kenner antiker Mythographie. Es folgten textkritische Forschungen wie die Ausgabe der „Historia ecclesiastica" des Eusebius, zugleich Höhepunkt der historiographischen Studien von Eduard Schwartz. Forschungen zur Kirchengeschichte, zum Neuen Testament und zur klassischen griechischen Literatur ergänzen die breite Palette wissenschaftlicher Abhandlungen. In vierter Auflage erschien noch 1956 die „Charakterköpfe aus der Antike", eine Sammlung von Biographien bedeutender antiker Schriftsteller. Allein 387 Ziffern beinhaltet sein Schriftenverzeichnis, das noch ergänzt werden muss um zahlreiche Texteditionen.[337] Gewürdigt findet sich sein ausgedehntes wissenschaftliches Schaffen innerhalb der Laudatio der Heidelberger Ehrendoktorurkunde, die ihm unter dem 14. Januar 1922 überreicht wurde: ... *qui constantini magni in imperio administrando in iure creando in ecclesia moderanda operam cum imagine ipsius et totam aetatem nova eaque ingeniosa indagatione et enarratione repraesentavit nec minus conciliorum Graecorum actis editione merito principe nuncupanda veram dignitatem utilitatemque restituit.*[338] In seinem Dankschreiben an den Dekan wies Schwartz darauf hin, „daß Sie die Promotion an einem Tage vollzogen haben, den mit Bewußtsein erlebt zu haben für mein bürgerliches Dasein immer bedeutend gewesen ist, in Schmerzen noch mehr als in Freuden und leider im Wollen mehr als im Vollbringen."[339]

---

[335] S. Roland BAUMGARTEN, Art. Schwartz, Eduard, in: Peter KUHLMANN/Helmuth SCHNEIDER (Hrsg.), Geschichte der Altertumswissenschaften. Biographisches Lexikon, Stuttgart 2012, Sp. 1154-1156.

[336] S. Hans LIETZMANN, Die Antike 16 (1940), S. 77-80.

[337] Vgl. hierzu Albert REHM, Eduard Schwartz' wissenschaftliches Lebenswerk, München 1942.

[338] „ ... der das Werk Konstantins des Großen in der Reichsverwaltung, der Rechtschöpfung, der Kirchenleitung mit einem Bild seiner selbst und das gesamte Zeitalter durch eine neue und ebenso geistvolle Erforschung und Erläuterung dargestellt und nicht weniger durch Akten der Griechischen Konzilien und ... die wahre Würde und den wahren Nutzen wieder hergestellt hat" (UAH, H-II-868/3).

[339] UAH, H-II-868/3; H-II-201/2 fol. 27.

Nur wenig ist über Friedrich Kruse (1872–1933) bekannt, dem durch die Heidelberger Juristische Fakultät unter dem 8. Mai 1922 die Ehrendoktorwürde verliehen wurde.[340] Aus den Protokollen ihrer Sitzungen ist nicht zu erfahren, von welchem Mitglied der Fakultät die Anregung zu dieser Ehrung ausging und was ihr Hintergrund bildete. Aber aus der Urkunde selbst wird die Motivation der Fakultät für diese Auszeichnung ersichtlich: „… dass Sie zum Wohle des Vaterlandes aus eigener Initaitive durch Schaffung bedeutsamer Einrichtungen die wirtschaftlichen Kräfte der Heimat gesammelt und vor feindlichem Zugriff geschützt haben. Dass Sie die Rheinschiffahrt auf neue Grundlagen gestellt und sie für den Wiederaufbau des gelähmten Handelsverkehrs gestärkt haben. Dass Sie an der Erhaltung der deutschen Wissenschaft, insbesondere aber der Lehre des Rechts an der Heidelberger Hochschule, ein verständnisvolles Interesse bezeugt haben."[341] Wahrscheinlich ist, dass Friedrich Kruse als Generaldirektor des Braunkohlesyndikats Köln mit einer Geldspende die nach dem Krieg überaus angespannte finanzielle Lage von Universität und Fakultät unterstützte, waren doch die zahlreichen Stiftungen aus der Vorkriegszeit und ihr Kapital größtenteils verloren gegangen. So schrieb Dekan Graf zu Dohna unter dem 1. Juni 1922 an Friedrich Kruse: „Herr Kollege Endemann hat die Fakultät in Kenntnis gesetzt von den hochherzigen Zuwendungen, die Sie ihr zur Förderung der körperlichen und geistigen Ausbildung haben zu teil werden lassen."[342]

Zusammen mit Dr. Paul Silverberg, Generaldirektor und Vorstandsvorsitzender der „Rheinischen AG für Braunkohlenbergbau und Brikettfabrikation", der weltweit größten Braunkohlengesellschaft, trieb Kruse nach dem Krieg den Aufbau eines rheinisch - westfälischen braun- und steinkohlenbasierten Energieverbundes voran. Gleich Friedrich Kruse gehörte auch Silverberg zu den Gründungsmitgliedern des Rotary- Club Köln, den er nach der Machtergreifung als getaufter Jude verlassen musste.

Bis 1933 veranstaltete die „Gesellschaft der Münchener Bücherfreunde", der in den letzten Jahren ihres Bestehens der Bankier und Mäzen Otto Deutsch-Zeltmann (1876–1937) vorstand, zahlreiche Vorträge und Feiern, zu denen immer wieder bibliophile Veröffentlichungen erschienen. Dann schliefen die Aktivitäten, vorwiegend aus Geldmangel, langsam ein. In Deutschland waren die „Golden Twenties" nach Krieg und Inflation eben alles andere als golden. Die Mitglieder blieben ihre Beiträge schuldig, und als dann auch noch durch die Wirtschaftskrise 1931 die Darmstädter Bank des Vorstands und Mäzens Otto Deutsch-Zeltmann zusammenbrach, war das Schicksal der Gesellschaft der Münchner Bücherfreunde

---

[340] UAH, H-II-868/3.
[341] Auf Antrag Hans Fehrs hin wird unter dem 26.6.1922 der Betrag in Höhe von 1000 Mark zur Bücheranschaffung aus der Friedrich-Kruse-Stiftung zur Verfügung gestellt (UAH, H-II-201/2 fol. 33).
[342] UAH, H-II-868/3.

besiegelt. Wie auch bei Friedrich Kruse ist ebenso über die Motivation der Juristischen Fakultät, Otto Deutsch-Zeltmann mit der Würde eines Ehrendoktors auszuzeichnen, nur wenig bekannt. Magere Auskunft gibt einzig die laudatio im Rahmen des Doktordiploms, das ihm von der Fakultät gleichzeitig mit Friedrich Kruse am 8. Mai 1922 übereicht wurde: „ ... der Sie, durch weitverzweigte und ausgezeichnete wirtschaftliche Tätigkeit wohlvertraut mit der in der schweren Lage des Vaterlandes noch gesteigerten Bedeutung der Kenntnis des internationalen Rechts und der ausländischen Gesetze, dem Studium und der Erforschung derselben an der Ihrer Heimat verbundenen Universität Heidelberg die so dringend notwendige Förderung und hervorragende Fürsorge gewidmet haben."[343] Auch Deutsch-Zeltmann gehörte dem Kreis der Gönner und Stifter an, auf welche die Universität weitaus stärker als in früheren Zeiten angewiesen war: „... daß Herr Deutsch-Zeltmann, Direktor der Bank für Handel und Industrie, Filiale Wiesbaden, der Juristischen Fakultät den Betrag von 50.000 Mark zur Verfügung gestellt hat, um daraus für unbemittelte Jurastudenten, insbesondere gebürtige Rheinpfälzer, für die Dauer von zwei Semestern Freitische zu schaffen. Der Spender bittet, daß sein Name öffentlich nicht genannt werde."[344] Er „betrachte es als seine „vornehmste Aufgabe, in jeder mir möglichen Weise diese Fürsorge auch fernerhin zu betätigen ... wie dies in den für die Wissenschaft heute so schweren Zeiten ja unser Aller Pflicht sein muss."[345] Als „Äquivalent" und Anerkennung der beträchtlichen finanziellen Zuwendungen kam für die Fakultät einzig die Verleihung der Ehrendoktorwürde an Deutsch-Zeltmann in Betracht.

Gleichfalls weitgehend im Dunkeln gehüllt ist der Lebenslauf Karl Halms, eines in die Vereinigten Staaten ausgewanderten, späterhin höchst erfolgreichen Fabrikbesitzers in Los Angeles, geboren 1879 in Göppingen, verstorben 1923 in Los Angeles. Hervorgehoben finden sich Halms Verdienste um sein früheres, nunmehr im Krieg stehendes deutsches Vaterland innerhalb des Protokolls der Juristischen Fakultät:

„1. Sekretär des amerikanischen Hilfswerkes des Roten Kreuzes in Kalifornien – zuerst für das Militär in Deutschland, dann für Kinderhilfe, Kinderheime in Deutschland.
2. Tätigkeit, die amerikanischen Munitionssendungen zu verhindern.
3. Vorträge mit Lichtbildern (über Zeppelin und „Werden die Deutschen gewinnen?) im Westen und Süden Amerikas.
4. Gegenpropaganda gegen die Lügenpropaganda der Engländer. Sechsmal verhaftet – als Spion verdächtigt – Einsatz des Vermögens und des eigenen Lebens – fast in das Zuchthaus gekommen wie viele andere".[346]

---

[343] UAH, H-II-868/3.
[344] Unter dem 21.4.1922 (UAH, H-II-868/3).
[345] Unter dem 26.5.1922 (UAH, H-II-868/3).
[346] UAH, H-II-868/3.

Die Ehrenurkunde selbst, die ihm für den Einsatz um sein ehemaliges Vaterland am 15. Juli 1922 verliehen wurde, ist in den Beständen des Universitätsarchivs nicht mehr vorhanden. Überliefert ist aber eine undatierte Notiz des Dekans: „Ehe Herr Halm am gestrigen Sonntag Heidelberg verließ, wurde ihm vom Dekan der Juristischen Fakultät die Botschaft überbracht, daß die Fakultät endgültig beschlossen habe, ihm die Würde eines Dr. jur. h.c. zu verleihen: als Zeichen dankbarer Anerkennung dafür, daß er in schwerer Zeit und schwieriger Lage aus tiefster Überzeugung, mit größter Umsicht und starkem Mut dafür eingetreten ist für das Recht, die Ehre und das Interesse des Deutschtums in seiner Heimat; daß er den hohen humanitären Zielen des Roten Kreuzes und den friedlichen Wechselbeziehungen der großen Kulturnationen nachhaltige Förderung hat zuteil werden lassen; dass er endlich gewillt ist, bei seiner Heimkehr die Aufmerksamkeit seiner Mitbürger hinzulenken auf die Not der deutschen Wissenschaft und auf die Notwendigkeit, diesen Schatz deutscher Kultur über den grossen Niederbruch hinüberzuretten."[347]

Am 8. Oktober 1960 verstarb Hermann Schmitz in Heidelberg. Sein Ende gefunden hatte damit ein Leben, welches wesentlich geprägt war von den ereignisreichen Jahren der Weimarer Republik und der verhängnisvollen Zeit des Nationalsozialismus. Geboren wurde Schmitz 1881 in Essen als Sohn eines Fabrikarbeiters. Nach dem Abitur an der Oberrealschule folgten eine kaufmännische Ausbildung, anschließend daran der Besuch der Handelsschule in Frankfurt am Main.[348] Wilhelm Merton, Aufsichtsratsvorsitzender der Berg- und Metallbank AG, wurde rasch auf Schmitz aufmerksam; bald zählte er zu seinen engsten Mitarbeitern. An der Front als Leutnant mehrmals verwundet, wurde Schmitz 1915 nach seiner Genesung zum Reichskommissar für die chemische Produktion in der Kriegsrohstoffabteilung ernannt. 1919 nahm Schmitz als Sachverständiger der Reichsregierung an den Verhandlungen von Versailles teil, bei dieser Gelegenheit lernte er Carl Bosch, Vorstandsvorsitzender der BASF, kennen. Auch Bosch erkannte sofort die Talente von Hermann Schmitz: Bereits am 1. Juli 1919 trat Schmitz als dessen Finanzberater bei der BASF ein und wurde noch im selben Jahr in den Vorstand berufen als verantwortlicher Leiter der Auslands- und der Finanzabteilung. Diese Position übernahm Schmitz nach Gründung der I.G. Farben im Jahr 1925 für den Gesamtkonzern und zählte damit zu einem der mächtigsten Manager der deutschen und internationalen Finanzwelt.[349] Während der Weltwirtschaftskrise arbeitete er zunächst mit Reichskanzler Heinrich Brüning eng zusammen, entfremdete sich ihm jedoch aufgrund dessen Deflationspolitik.

---

[347] UAH, H-II-868/3.
[348] Vgl. Werner ABELSHAUSER, Schmitz, Hermann, in: NDB 23 (2007), S. 252–253.
[349] ABELSHAUSER (wie Anm. 348), S. 252.

Von 1933 bis 1945 war Schmitz Mitglied des Reichstags, aber nicht der NSDAP.[350] 1935 folgte er nach dem Tod von Carl Duisberg diesem als Generaldirektor der I.G. nach; 1938 ernannte man ihn zum „Wehrwirtschaftsführer". In dieser herausgehobenen Position trug Schmitz die Verantwortung für den Einsatz von Zwangsarbeitern in Fabriken und der Finanzierung des KZ Auschwitz. Nach Kriegsende verurteilte man ihn 1948 im I.G. Farben-Prozess zu vier Jahren Haft wegen „Plünderung und Raub". Nur zwei Jahre später erfolgte aber seine vorzeitige Entlassung, bereits 1952 berief man Hermann Schmitz in den Aufsichtsrat der Deutschen Bank Berlin-West. Als Ehrenvorsitzender des Aufsichtsrats der Rheinischen Stahlwerke beendet er seine außergewöhnliche Karriere, die ihn vom Kaiserreich, über die Weimarer Republik und das Dritte Reich bis hin zur Bundesrepublik Deutschland geführt hatte.

Die Hermann Schmitz 30 Jahre zuvor, am 25. September 1922 überreichte Ehrendoktorurkunde würdigte seine „großen Verdienste, die Sie sich um das deutsche Wirtschaftsleben dadurch erworben haben, dass Sie ihre reichen Befähigungen, Kenntnisse und Erfahrungen in den Dienst seiner Erhaltung und Entfaltung gestellt haben, zugleich auch als Ausdruck des Dankes dafür, dass Sie der Förderung der deutschen Wissenschaft Ihre besondere Aufmerksamkeit und Fürsorge gewidmet haben."[351] Vorangegangen war dem Ehrenakt ein Schreiben Hans Fehrs an den Dekan Richard Thoma: „Herr Direktor Julius von der badischen Anilin-Fabrik, mit dem ich kürzlich verhandelt habe, teilte mir heute mit, dass die Firma bereit ist, der ‚Gesellschaft der Freunde der Universität Heidelberg' drei Millionen Mark zu überweisen, mit der Bestimmung, dass die Juristische Fakultät über die Verwendung dieses Beitrages zu verfügen hat. Unter diesen Umständen erscheint es mir richtig, dem Direktor Schmitz, der überdies persönlich der ‚Gesellschaft der Freunde' mit einem Jahresbeitrag beitreten wird, zum Dr. h.c. zu promovieren. Es tritt hinzu, worauf Herr Geh. Rat Schwoerer besonders hingewiesen hat, dass Direktor Schmitz als der Quasi Finanzminister der Anilin-Fabrik auch in künftigen Jahren massgebend mitzuwirken haben wird, wenn Regierung oder Universität an die Munifizenz der Anilin-Fabrik appellieren. Die jetzt angebotenen drei Millionen sind nicht die erste und vor allem nicht die letzte Zuweisung der Anilin-Fabrik an die Universität Heidelberg … Ich möchte Sie nun freundlichst bitten, mir mitzuteilen, 1.) ob Sie der Verleihung des Ehrendoktors an Herrn Schmitz zustimmen; 2.) bejahendenfalls, ob Sie damit einverstanden wären, dass die entscheidende Fakultätssitzung nötigenfalls in ihrer Abwesenheit stattfindet."[352] Nüchtern beurteilte Thoma die Anregung seines Kollegen Hans Fehr: „In Schweizer Franken umgerechnet ist's freilich nicht viel. Aber es soll ja zugleich auch eine Ehrung der

---

[350] S. Ernst KLEE, Das Personenlexikon zum Dritten Reich. Wer war was vor und nach 1945, 2. Aufl. Frankfurt a.M. 2005, S. 550.
[351] UAH, H-II-868/3; H-II-201/2 fol 37.
[352] Unter dem 13.9.1922 (UAH, H-II-868/3).

Persönlichkeit und des großen Unternehmens sein, von dem manches noch zu erhalten ist." Voller Ironie antwortete darauf hin Fehr wenige Tage später: „Bin einverstanden. Es gibt im Leben vermeidliches und unvermeidliches. Und zum Unvermeidlichen gehört leider der Ehrendoktor."[353] Unter dem 19. September 1922 konnte Thoma Hermann Schmitz mitteilen: „Meinem Antrag, Herrn Direktor Schmitz zum Dr. iur. h.c. zu promovieren, haben sämtliche Mitglieder der Fakultät zugestimmt."[354]

Über Karl Philipp Jolly, Geheimer Regierungsrat und Leiter des Heidelberger Bezirksamts, ist nur wenig bekannt. Erwähnt wird sein Name lediglich innerhalb der Liste von Ehrendoktoren der Juristischen Fakultät unter dem 1. März 1923 mit der Notiz: „er hat sich viele Jahre lang nach Meinung aller um das Land Baden und die Stadt Heidelberg bedeutenden Verdienst erworben, da er in der Dienstausübung immer den öffentlichen Nutzen mit der klaren Beachtung der Gesetze aufs Weiseste verbunden hat."[355] Der 1857 geborene Jolly war ein Vetter Max Webers und starb noch im Jahr der Ehrung.

Nur geringfügig günstiger stellt sich die Aktenlage bei Carl Albert Kern dar, ein in die Vereinigten Staaten ausgewanderter, in San Francisco beheimateter Chemiker. Mit zahlreichen Patenten zur Ölverarbeitung, zur Herstellung von Fruchtsäften und einer Zuckerraffinerie in New York hatte er ein Vermögen erworben. Nach dem verlorenen Weltkrieg unterstützte Kern uneigennützig die Heidelberger Universität und ihre Juristische Fakultät. So wird auch in der Ehrenurkunde, ausgestellt unter dem 21. Juli 1923, ausgeführt: „In Anerkennung der treuen Gesinnung, die Sie alle die Jahre hindurch Ihrer alten Heimat und dem Recht und der Ehre der deutschen Nation bewahrt haben, sowie in dankbarer Würdigung der stets erneuten Zuwendungen, welche die Mensa academica und die Juristische Fakultät Ihrer Güte verdanken und künftig verdanken werden."[356]

Gleichfalls nur wenig ist in Erfahrung zu bringen über den Lebens- und Berufsweg Carl Albert Baums, Direktor der Fabrik für Feuerlöscher in Berlin. Verliehen wurde ihm die Ehrendoktorwürde unter dem 19. November 1923 für seine Unterstützung der notleidenden Universität und ihrer Juristischen Fakultät: *Qui ordinator rerum peritissimus prosperitatem laboris nostri prudenter auxit, qui ipse iuris scientiae studiae nutritus quanto in honore eam disciplinam haberet et subsidiis et opera testificatus est.*[357]

---

[353] Unter dem 17.9.1922 (UAH, H-II-868/3).
[354] UAH, H-II-868/3; H-II-201/2 fol. 37.
[355] UAH, H-II-867/2 und 868/2.
[356] UAH, H-II-868/8.
[357] UAH, H-II-868/8-9. („ ... der als erfahrener Leiter das Fortkommen unserer Arbeit klug vermehrte; der, selbst in der Jurisprudenz erfahren, bewies, in welch hoher Ehre er dieses Fach hielt, sowohl durch Unterstützung als auch in seiner Tätigkeit").

Baums Firma stellte noch vor 1914 den ersten „Schnell-Trocken-Feuerlöscher" her. Dieser kann als Vorläufer aller modernen, mobilen Feuerlöscher angesehen werden und revolutionierte damit die Brandbekämpfung. Auch für die Unternehmen der Feuerlöschbranche entstanden durch die Krisen der Nachkriegszeit erhebliche wirtschaftliche Probleme. Trotz schwierigster Umstände wurde die Herstellung des Total-Feuerlöschers in Berlin erfolgreich fortgesetzt.

Nachhaltig gewürdigt finden sich die Verdienste Ernst Vollerts innerhalb der Laudatio der ihm unter dem 22. November 1923 überreichten Doktorurkunde:

> *Qui cum in tantis rerum nostrarum angustiis de operibus quae cum gloria coepta erant perficiendis dubitaremus de aliis quorum angebamur desiderio incohandis desperaremus. Weidmannorum esse duxit, lucrum litterarum iactura mercatoria redimere, in hunc virum honestissimae vitae, qui suum cuique tribuendo ne auctorem quidem laeserit unquam, ut qui iuris praeceptis summa pietate verecundia humanitate obtemperaverit etiam in praeceptoribus numeretur.*[358]

Geboren wurde Ernst Vollert 1855 in Jakobshagen (Pommern). In Stargard absolvierte er nach dem Besuch der höheren Bürgerschule eine Buchhandelslehre, betätigte sich anschließend im Sortimentsbuchhandel in Bromberg und Berlin, um dann in den Verlagsbuchhandel überzuwechseln. 1882 wurde er in Berlin Kollektivprokurist im Verlag von Paul Parey, wenige Jahre später, 1888, Geschäftsführer und seit 1891 Mitinhaber (neben Parey) der alteingesessenen, 1680 begründeten Weidmannschen Verlagsbuchhandlung. 1888 hatten Paul Parey und Ernst Vollert die Leitung der Weidmannschen Verlagsbuchhandlung übernommen. Sie setzten die bewährte wissenschaftliche Richtung fort, so etwa mit den „Monumenta Germaniae Historica", mit der Übernahme der „Regesta Pontificum Romanorum" wie auch den „Handbüchern für die klassische Altertumswissenschaft". Die „Preußische Akademie der Wissenschaften" übertrug Weidmann die verlegerische Betreuung des „Codex Theodosianus", der „Deutsche(n) Texte des Mittelalters" und die „Gesammelte(n) Schriften" Christoph Martin Wielands. Für seine Verdienste um die Geschichtswissenschaft wurde Vollert 1922 durch die Preußische Akademie der Wissenschaften mit der silbernen Leibniz-Medaille geehrt. Be-

---

[358] „ … der, als wir in so beschränkten Verhältnissen die Vollendung der Werke, die ruhmvoll begonnen worden waren, verzögerten, an anderen verzweifelten, die uns im Wunsch, sie zu beginnen, in Angst versetzten, glaubte, es sei an den Weidmännern, den Gewinn der Literatur durch kaufmännischen Verlust auszugleichen, glaubte an diesen Mann von redlichstem Lebenslauf, der, indem er jedem das Seine zubilligte, niemals einen Autor verletzte, sodass er, der den Rechtsvorschriften mit höchstem Respekt, größter Wahrhaftigkeit und Menschlichkeit gehorchte, sogar unter die Rechtsgelehrten gezählt werden sollte" (UAH, H-II-868/8). – Unter dem 9.11.1923 hatte die Fakultät einstimmig beschlossen, Dr. phil. h.c. Ernst Vollert ehrenhalber zu promovieren (UAH, H-II-2012/2 fol. 37).

reits 1902 hatte ihm die Universität Halle die Würde eines Ehrendoktors der Philosophischen Fakultät verliehen. Er selbst war Mitglied zahlreicher buchhändlerischer Vereinigungen wie auch der „Preußischen Literarischen Sachverständigenkammer". In der Reichshauptstadt verstarb Ernst Vollert im Jahr 1931. Nicht mehr in Berlin anzutreffen ist die Weidmannsche Verlagsbuchhandlung, welche nach vielfältigen Umwegen seit 1983 einen neuen Standort in Hildesheim unter der Leitung von Georg Olms fand.

Das wissenschaftliche Werk des schwedischen Juristen Lars Birger Ekeberg ist verhältnismäßig schmal und über die Grenzen Skandinaviens hinaus nur wenig bekannt. Ekebergs unbestreitbaren Verdienste wie auch das Schwergewicht seiner Arbeiten beruhte auf der gegenseitigen Anpassung des Zivilrechts der nordischen Länder, dem er sich seit 1909 widmete. Unermüdlich wirkte er darauf hin, dass auf wichtigen Rechtsgebieten gleichlautende Bestimmungen der nationalen Gesetzgebung in der skandinavischen Ländergruppe eingeführt wurden. Führend war er mit seiner gründlichen Kenntnis sämtlicher Rechtstraditionen und Gesetzesmaterialien Skandinaviens an den rechtsvergleichenden Studien zu modernen Gesetzesentwürfen beteiligt.

Geboren wurde Ekeberg 1880 in Uppsala, nach der schulischen Ausbildung entschied er sich für das Studium der Rechtswissenschaften, das er 1902 erfolgreich beendete. Daran anschließende Studienaufenthalte führten ihn in die die Bibliotheken und Gerichte der deutschen Reichshauptstadt und nach Leipzig. Als Gastprofessor übernahm Ekeberg 1909 Vorlesungen über skandinavisches Recht an der Berliner und Freiburger Juristenfakultät.[359] Die Nordischen Juristentage leitete er seit 1919. Zwischen Oktober 1920 und Oktober 1921 sowie von April 1923 bis Oktober 1924 amtete Ekeberg als Justizminister. Ihm gelang es während seiner Amtszeit, die Todesstrafe in Schweden abzuschaffen. Seine herausragenden Leistungen und Verdienste um die deutsch-skandinavische Zusammenarbeit in der für die deutsche Wissenschaft allgemein schwierigen Epoche nach dem Ersten Weltkrieg würdigte die Heidelberger Juristenfakultät mit der Verleihung ihres Ehrendoktorats am 3. Dezember 1923:

> ...qui operam suam iuris disciplinae Sueciae et Germanicae eruditissime largissimeque impertivit idemque liberalissima erga nostrates voluntate nos obligavit simulque spe laeta affecit vincula, ut iuris consultorum utriusque populi ita populorum ipsorum cognatione humanitate rerum memoria conexorum perpetuo mansura.[360]

Zum Mitglied des Höchsten Gerichtshofs Schwedens ernannte man Ekeberg 1925, danach amtete er als Gerichtspräsident des Svea hovrätt in Stockholm, dem „schwedischen Kammergericht". Von 1937 bis 1955 vertrat Ekeberg Schweden am Ständigen Schiedshof in Den Haag. Neue Aufgaben erwarteten ihn nach der

---

[359] Vgl. Rolf GREVE, Zum 70. Geburtstag des schwedischen Juristen Birger Ekeberg, in: Deutsche Richterzeitung 1950, S. 358.
[360] UAH, H-II-868/8.

Ernennung zum Reichsmarschall 1946 mit dem Vorsitz in der Nobel-Stiftung und im Verwaltungsausschuss zweier Stockholmer Hochschulen. Vier Akademien seines Landes zählten Ekeberg zu ihrem Mitglied; darüber hinaus leitete er über einen langen Zeitraum hinweg die schwedische Richtervereinigung. Zahlreich sind die Ehrungen des In- und Auslands, mit denen er ausgezeichnet wurde, darunter das Großkreuz des Verdienstordens der Bundesrepublik Deutschland, welches ihm 1954 in Anerkennung der von ihm initiierten Hilfsaktionen für die notleidende Bevölkerung im schwer zerstörten Nachkriegsdeutschland verliehen wurde. 1968 verstarb Lars Birger Ekeberg in Stockholm.

Gleichzeitig mit Ekeberg zeichnete die Heidelberger Juristische Fakultät auch den schwedischen Legationsrat Harry Axelsson Johnson am 3. Dezember 1921 mit der Würde eines Ehrendoktors aus. Er gehörte einer bekannten schwedischen Kaufmannsfamilie an, deren Geschäftsaktivitäten sich weit über den nordischen Raum hinaus erstreckten. Die 1873 begründete Axel Johnson Group ist heute weltweit vertreten. Harry Axelsson Johnson, geboren 1881, entschied sich aber nicht für das familiäre Unternehmen, sondern für den diplomatischen Dienst. Bis zu seinem Ausscheiden 1921 arbeitete er als Gesandtschaftsrat in verschiedenen schwedischen Auslandsvertretungen. Zwei Jahre zuvor hatte er mit einer großzügigen Spende den „Harry Axelsson Johnson Fund of Legal Research" eingerichtet, der ebenso deutschen Juristen offenstand. In der Ehrenurkunde heißt es: ... *qui iuris disciplinae Sueciae et Gemanicae conectendae prudentissime ac prosperrime operam navavit eaque cura de coniunctione ut iuris consultorum utriusque populi ita populorum ipsorum servanda eximie meritus est.*[361]

Nur wenige Jahre später (1927) gründete er mit einer neuen Spende das Schwedische Institut für Völkerrecht an der Universität Uppsala, dessen Aufgabe darin bestand, eine Bibliothek für Völkerrecht aufzubauen, wissenschaftliche Arbeiten zu veröffentlichen und Vorlesungen wie auch Übungen durchzuführen. 1939 verstarb Harry Axelsson Johnson in Stockholm.

Seit dem Ende des Ersten Weltkriegs war die Rheinpfalz französisch okkupiert. 1923/24 versuchte die Besatzungsmacht gar, dieses Gebiet vom Freistaat Bayern und dem Deutschen Reich abzutrennen. Letztlich gescheitert waren ihre Bestrebungen, die linksrheinische Pfalz als autonomen, von Bayern unabhängigen Staat zu etablieren. Während dieser Episode wurde Jakob Mathéus zunächst mit dem Titel und Rang eines Regierungsdirektors begabt, dann zum Stellvertreter des Regierungspräsidenten und schließlich zum Regierungspräsidenten der Pfalz ernannt.

---

[361] UAH, H-II-868/8 (Er hat „das Werk der schwedischen und deutschen Rechtswissenschaft äußerst kenntnisreich und breitgefächert unter Beweis stellte und ebenso durch größte Bereitwilligkeit unseren Landsleuten gegenüber uns verpflichtet und zugleich in froher Hoffnung Bande knüpft, die durch die Verwandtschaft der Rechtsgelehrten beider Völker selbst, durch Bildung und das historische Gedächtnis verbunden sind, ewig bleiben werden").

Geboren wurde Jakob Mathéus 1862 in Klingenmünster. Rechtswissenschaften studierte er von 1882 bis 1886 in Heidelberg, München und Erlangen. Nach dem erfolgreich abgelegten Assessorexamen (sog. „Staatskonkurs") führte ihn seine weitere Laufbahn in bayerischen Diensten zunächst nach Pirmasens, dann als Bezirksamtmann nach Ludwigshafen und nach dem Ende des Ersten Weltkriegs als Regierungsdirektor in die französisch besetzte Pfalz. Noch vor seiner Ernennung zum Regierungspräsidenten der Pfalz 1924 erfolgte seine Ausweisung durch die französische Besatzungsmacht; eingerichtet wurde ein provisorischer Dienstsitz in Heidelberg, lag doch diese Stadt außerhalb der bayerischen Pfalz. Und die Heidelberger Juristische Fakultät nahm dies zum willkommenen Anlass, ihm, dem *iuris oppressi defensorem propugnatoremque constantissimum*, die Würde eines Ehrendoktors unter dem 7. Februar 1924 zu verleihen.[362] Karl Heinsheimer, Dekan der Fakultät, führte in seinem Brief an den „hochgeehrten Herrn Regierungspräsidenten" unter dem 14. Februar 1924 aus: „Die Universität Heidelberg, die alte pfälzische Ruperta, hat auch als Ruperto-Carola nicht aufgehört, die Pfälzer Hochschule zu sein. Wenn unser ganzes deutsches Vaterland seit Jahr und Tag in schwerer Sorge der Pfalz gedenkt, so fühlt sich unsere Universität, wie seit einem halben Jahrtausend, so auch heute mit dem Schicksal der Pfalz in besonderem Masse und unaufhörlich verbunden – in täglichem und sehnsüchtigem Anblick dieser gesegneten Pfälzer Berge, die nicht zum zweiten Mal ‚Frankreichs Berge' werden dürfen. Schwere Kämpfe, unsagbares Leiden sind seit dem unglücklichen Ausgang des Weltkriegs das Los der treuen Pfälzer, die die Lasten der feindlichen Besatzung für ganz Deutschland tragen müssen … Wie in alten Zeiten, so ist Heidelberg heute wieder die Hauptstadt der Pfalz. Unter ihrer Leitung, Herr Präsident, verficht die deutsche Staatsgewalt von hier aus ihre unverbrüchlichen Rechte an der Pfalz. Wenn heute sich die bange Sorge mehr und mehr in zuversichtlicher Hoffnung wendet, so ist das zu einem guten Teil das Verdienst der unermüdlichen Arbeit, die Sie, gewaltsam aus Ihrer Heimat vertrieben, von hier aus mit Ihren Mitarbeitern für Ihre Heimat leisten. Dieser Kampf um die Pfalz ist nicht nur ein Kampf Deutschlands gegen seine Feinde, sondern auch ein Kampf des Rechts gegen das Unrecht. In dieser Erkenntnis hat die Juristische Fakultät der Universität Heidelberg beschlossen, dem tapferen Führer der Pfalz in diesem Kampfe ums Recht die *summos in jure honoris causa* zu erteilen. Als Jurist, als einstiger Heidelberger Student, als Sohn und Präsident der deutschen Pfalz werden Sie diese akademische Ehrung gewiss gerne annehmen."[363]

---

[362] „ … des unterdrückten Rechts Verteidiger und äußerst standhaften Vorkämpfer" – „Einstimmig beschlossen zum Dr. iur. h.c. zu promovieren: Herrn Jacob Mathéus, Regierungspräsident Pfalz in Speyer, z. Zt. in Heidelberg" (UAH, H-II-201/2; H-II-868/7).
[363] Unter dem 14.2.1924 (UAH, H-II-868/7).

Den Hintergrund jener Zeilen Heinsheimers bildete der Kampf Mathéus gegen die Bestrebungen separatistischer, von Frankreich unterstützter Gruppen, eine sogenannte „Autonome Pfalz" zu etablieren.[364] Vorangegangen waren unmittelbar nach Kriegsende Versuche, eine „Pfälzische Republik" auszurufen. Eingerichtet wurde als Antwort darauf von der bayerischen Regierung die „Zentralstelle für pfälzische Angelegenheiten" mit Sitz zunächst in Mannheim, dann in Heidelberg. Ihre vornehmlichste Aufgabe bestand in der Abwehr des pfälzischen Separatismus durch Presse- und Propagandaveröffentlichungen. Wahrscheinlich mit Billigung der bayerischen Regierung wurden auch jene Separatisten in Speyer von Angehörigen des Bundes „Wiking" ermordet, welche 1923 die „Autonome Pfalz im Verband der Rheinischen Republik" ausriefen. Letztlich vergeblich blieb die danach erfolgte Einsetzung einer kurzlebigen „Regierung", die am Widerstand der Beamtenschaft, die sich der bayerischen Regierung verpflichtet fühlte, scheiterte. Zuvor hatten sich bereits der Speyerer Bischof und der Kirchenpräsident der Protestantischen Landeskirche der Pfalz gegen die „Autonome Pfalz" ausgesprochen. Auch die Mehrheit der Bevölkerung lehnte die separatistische Regierung ab, die mit dem „Speyerer Abkommen" ihr Ende fand. Zusammengebrochen war aber die vom Rest des Reiches abgeschnittene Pfälzer Wirtschaft, Arbeitslosigkeit und Inflation stiegen während der Ägide von Mathéus rasch an. Im August 1923 betrug der Wert einer Goldmark in Berlin 752.000 Papiermark, in Ludwigshafen 1,17 Mio. Papiermark. Die zur Durchsetzung der Reparationsforderungen eingesetzte Internationale Rheinlandkommission verfügte Anfang 1923 u.a. die Beschlagnahme der Einnahmen aus den Staats- und Gemeindeforsten, was die Pfalz mit ihrem Waldreichtum besonders hart traf. Als Regierungspräsident Friedrich von Chlingensperg dem französischen Kreisdelegierten der Rheinlandkommission am 20. Januar 1923 die Abführung der Forsteinnahmen verweigerte, erfolgte dessen sofortige Ausweisung. Da ebenso sein Stellvertreter Jakob Mathéus die Abgabe ablehnte, musste auch er am 24. Januar 1924 die Pfalz verlassen.[365] Eine Vielzahl weiterer bayerischer Beamter folgte nach, so dass eine geordnete Verwaltung nicht mehr möglich war. Unter der Leitung von Mathéus wurde deshalb in Heidelberg eine Geschäftsstelle der Kreisregierung eingerichtet. Sie war im selben Haus untergebracht wie die Haupthilfsstelle für die Pfalz (Pfalzzentrale) und bediente sich mit deren Hilfe konspirativer Mittel (Bespitzelung, Flugblätter), um in die Pfalz hineinzuwirken. Vornehmlich diente sie aber dem Ausgleich wirtschaftlicher und kultureller Schäden, welche die Pfalz durch die französische Besatzung erlitten hatte.[366] Die Verwaltung der „Pfalzhilfe" lag in den Händen von Mathéus, der auch über die Darlehensgesuche entschied. Nachfolger von Mathéus wurde Theodor

---

[364] Vgl. Helmut GEMBRIES, Verwaltung und Politik in der besetzten Pfalz zur Zeit der Weimarer Republik, Kaiserslautern 1992, S. 412 f.
[365] Vgl. GEMBRIES (wie Anm. 364), S. 314 f. – Klaus-Peter SCHROEDER, Jacob Mathéus (1862–1946), Regierungspräsident der Pfalz und Ehrendoktor der Heidelberger Juristischen Fakultät, in: Pfälzer Heimat 74 (2023), S. 57-63.
[366] S. GEMBRIES (wie Anm. 364), S. 282 ff., 297 f., 451 ff.

Pfülf, der nach dessen Pensionierung zum 1. Juli 1928 das Amt des Regierungspräsidenten übernahm. Die vollständige Rückgliederung der Pfalz an Bayern und den 1930 erfolgten Abzug der Franzosen durfte er noch miterleben. 1946 verstarb Mathéus in Heidelberg.

Nicht einmal die Lebensdaten sind von Curt Beck, Großkaufmann in Chemnitz, in Erfahrung zu bringen. Ausgezeichnet mit der Würde eines Ehrendoktors der Juristischen Fakultät wurde er, wie auch Mathéus, am 7. Februar 1924. Seine Verdienste um die deutsche Wirtschaft und sein Einsatz für die Fakultät werden in der Doktorurkunde hervorgehoben: *... qui domi militiaeque de rebus oeconomicis patriae nostrae optime meritus post plurima humanitatis suae documenta insignia nunc quae nostro in ordine coluntur atque litterae adiuvit splendidissime.*[367] Bereits vor der offiziellen Ehrung hatte Beck Professor Friedrich Endemann in dessen Eigenschaft als Dekan mitgeteilt, dass er sich danach „dränge, auch meinesteils einiges dazu beizutragen, um die großen Schwierigkeiten der Wissenschaft in dieser Zeit zu überwinden zu helfen. Es ist mir ein immenses Bedürfnis, Ihnen einen Betrag von 30.000 G.M. alsbald, und fernerhin der Universität auf die Dauer von zehn Jahren alljährlich in 2 Raten je am 1. Januar und 1. Juli fällig einen Betrag von 5.000 R.M. zur Verfügung zu stellen." Diese Geldmittel sollten neben dem Rektorat, der Universitätsbibliothek, der Wissenschaftsförderung auch explicite der Juristischen Fakultät „zur Unterstützung ihrer sonstigen wissenschaftlichen Vorhaben auf dem Gebiet der Rechtswissenschaft" dienen.[368]

Gustav Aschaffenburgs 1903 erschienenes Hauptwerk „Das Verbrechen und seine Bekämpfung" war bis in die dreißiger Jahre des 20. Jahrhunderts hinein das richtungsweisende deutschsprachige kriminologische Lehrbuch.[369] Er gilt als Pionier der forensischen Psychiatrie und Kriminologie und findet sich als solcher in der ihm verliehenen Ehrendoktorurkunde der Heidelberger Juristischen Fakultät vom 23. Mai 1926 gewürdigt: *Latebrarum quae sunt in animis hominum sagacissimum exploratorem scelerum acerrimum insectatorem qui novas vias novasque rationes iura criminalia recolendi ostendere felicissimo successu studuit.*[370]

In Zweibrücken wurde Gustav Aschaffenburg 1866 geboren. An den Universitäten Heidelberg, Würzburg, Freiburg, Berlin und Straßburg studierte er Medizin, in der elsässischen Metropole wurde er 1890 zum Dr. med. promoviert. Nach verschiedenen Praktika in Wien und Paris arbeitete er seit 1891 als Assistent von Emil

---

[367] UAH, H-II-868/7 („... der in Friedens- und Kriegszeiten sich um die Wissenschaft unseres Vaterlandes sehr verdient gemacht hat und nach sehr vielen bedeutenden Zeugnissen seiner Gelehrsamkeit, die in unserer Gemeinschaft geehrt werden, die Studien und die Wissenschaft aufs Glänzendste unterstützt").

[368] Unter dem 3.2.1924 (UAH, H-II-868/7).

[369] S. Dorothea SEIFERT, Gustav Aschaffenburg als Kriminologe, Freiburg 1981.

[370] UAH, H-II-868/4 („Der äußerst fleißige Erforscher der Abgründe der menschlichen Seele, der sehr scharfsinnige Verbrechensaufklärer, der neue Wege und Methoden der Indiziensammlung mit reichem Erfolg zu zeigen sich bemüht").

Kraepelin an der neu gegründeten Psychiatrischen Universitätsklinik in Heidelberg.[371] Nach seiner Habilitation in Psychiatrie (1895) wurde er 1901 Dozent und Gefängnisarzt in Halle. 1904 folgte Aschaffenburg dann dem Ruf an die neu gegründete Akademie für praktische Medizin an der Kölner Universität, deren kriminalwissenschaftlichem Institut Aschaffenburg ab dem Jahr 1926 vorstand. Daneben war er seit 1906 leitender Arzt der Irrenanstalt Lindenburg, firmierte als Herausgeber der „Monatsschrift für Kriminalpsychologie und Strafrechtsreform" der „Bibliothek der Kriminalistik" und des „Handbuchs der Psychiatrie".

Aschaffenburgs Studien berücksichtigen oftmals die soziologische Seite der Psychiatrie; so untersuchte er systematisch den Zusammenhang zwischen Verbrechen und Familienstand, Alter, Rasse, Religion sowie wirtschaftlicher Situation. Aschaffenburg war ein Vertreter der „positiven Strafrechtsschule", welche den freien Willen als eine Illusion betrachtete. Zusammen mit den Vertretern der modernen Strafrechtsschule lehnte Aschaffenburg Strafe als Mittel der Vergeltung ab und forderte - wie auch Franz von Liszt – eine Zweckstrafe: Nicht mehr im Urteil, sondern im Lauf der Freiheitsstrafe soll je nach Ansprechen des Täters deren Dauer festgelegt werde.

Bis 1934 arbeitete Aschaffenburg als Ordinarius an der Kölner Universität, aufgrund des zynischen „Gesetzes zur Wiederherstellung des Berufsbeamtentums" vom 7. April 1933 wurde Aschaffenburg seiner jüdischen Abstammung wegen entlassen und emigrierte 1939 in die USA. Sofort fand er als ein über die Grenzen Deutschlands hinaus bekannter Arzt und Professor für Psychiatrie eine Arbeitsmöglichkeit an der renommierten Johns-Hopkins-Univcrsität in Baltimore. 1944 verstarb Gustav Aschaffenburg im amerikanischen Exil.

Mit Friedrich Wielandt ehrte die Fakultät die Verdienste des zweimal zum Ersten Bürgermeister Heidelbergs gewählten Stadtoberhaupts. Am 25. November 1871 in Karlsruhe geboren, studierte er Jurisprudenz an der Ruperto Carola und wurde nach den juristischen Staatsexamina 1901 zum zweiten Bürgermeister gewählt. In diesem Amt begründet er 1911 den „Verein zur Förderung des Fremdenverkehrs für Heidelberg und Umgebung". Unmittelbar vor Kriegsausbruch wählte man ihn im März 1914 zum ersten Bürgermeister. Die Schwerpunkte seiner Arbeit beruhten auf den Gebieten der sozialen Wohlfahrt, der Jugendfürsorge, der Förderung von Theater, Orchester und Museum. Seine Wiederwahl erfolgte 1923, drei Jahre später ehrte ihn die Heidelberger Fakultät mit der Verleihung der juristischen Ehrendoktorwürde in Anerkennung seiner „unparteiischen überaus pflichtvollen und dem öffentlichen Wohle dienende Amtsführung ... und insbesondere auch mit den juristischen Aufgaben der Stadtverwaltung betraut, die er in schwieriger Zeit ausgezeichnet erfüllt hat."[372] Wielandt gehörte keiner Partei an, dennoch erfolgte noch vor Ablauf seiner Dienstzeit im Mai 1933 nach der Machtergreifung durch

---

[371] S. Magnus SCHMID, Art. Aschaffenburg, Gustav, in: NDB, Bd. 1, Berlin 1953, S. 410.
[372] UAH, H-II-868/19.

die NSDAP die zwangsweise Pensionierung. 1946 verstarb Friedrich Wielandt in Heidelberg.

Große Aufmerksamkeit, nicht allein innerhalb des deutschsprachigen Raums, sondern weit über dessen Grenzen hinaus, erregte die Verleihung der Doktorwürde der Staatswissenschaften ehrenhalber an den Reichsaußenminister Gustav Stresemann am 5. Mai 1928: „Es war einer der letzten wahrhaft glücklichen Tage seines Lebens."[373] Gleichzeitig ausgezeichnet mit dem Titel eines Dr. phil. h.c. wurde auch der amerikanische Botschafter in Berlin, Jacob Gould Schurman, ehemals Student an der Ruperto Carola und früherer Präsident der Cornell Universität. Große Verdienste hatte er sich erworben um den Neubau des Universitätshauptgebäudes, der ohne die von ihm in Amerika initiierte Geldsammlung nicht möglich gewesen wäre. Er ist, so Stresemann, „neben dem Gesandten Deutsch-Österreichs wohl der einzige, der in der Lage ist, mit uns zu fühlen und zu empfinden, und der einen Wiederaufstieg Deutschlands von Herzen wünscht und jedenfalls alles tun würde, daran mitzuwirken.[374]

Gustav Stresemann wurde aber geehrt für seine Verdienste um eine äußerst erfolgreiche Außenpolitik gegenüber den Siegermächten des Ersten Weltkriegs. Es war eine ungewöhnliche Geste der Heidelberger Universität für einen Repräsentanten der in weiten Kreisen der Heidelberger Studentenschaft verachteten Weimarer Republik, angeregt von einer Gruppe liberaler Professoren, zu deren Kreis Radbruch, Anschütz und von Dohna zählten. Willi Andreas, Ordinarius für Neuere Geschichte und Dekan der Philosophischen Fakultät, würdigte den Reichsaußenminister in dem von ihm entworfenen Doktordiplom als „hochverdient um die Festigung von Staat und Wirtschaft, durchdrungen von Deutschlands Recht auf Leben und Freiheit, ... (der) als Bahnbrecher einer Politik der geistigen Annäherung und friedlichen Verständigung der Völker sich eingesetzt" hat.[375] Ein auf dem Universitätsplatz aufgenommenes Bild zeigt Gustav Stresemann neben dem Rektor Martin Dibelius und Schurman noch einmal auf der Höhe seiner politischen Erfolge, nur ein Jahr später verstarb er an den Folgen eines Herzinfarkts in der Reichshauptstadt.

Nahezu unüberschaubar sind die Auszeichnungen, mit denen Georg Schreiber während seines langen Lebens geehrt wurde: Zu nennen sind u.a. Goethe-Medaille für Kunst und Wissenschaft, Senator der Kaiser-Wilhelm-Gesellschaft, Harnack-Medaille der Max-Planck-Gesellschaft, Bundesverdienstkreuz mit Stern,

---

[373] Zit. nach Felix HIRSCH, Stresemann, Ballin und die Vereinigten Staaten, in: Vierteljahreshefte für Zeitgeschichte 3 (1955), S. 20–35 (31).
[374] Zit. nach HIRSCH (wie Anm. 373), S. 32.
[375] Zit. nach WOLGAST (wie Anm. 21), S. 129. – Der Staatswissenschaftlichen Kommission gehörten Mitglieder zweier Fakultäten (der Juristischen und Philosophischen) an; sie setzte sich zusammen aus Vertretern der Nationalökonomie, der Rechts- und Gesellschaftswissenschaften, des Staats- und Völkerrechts und der Geschichte.

Ehrenmitglied der Universität Innsbruck und des Deutschen Archäologischen Instituts, siebenfacher Ehrendoktor deutscher und österreichischer Hochschulen.[376]

Geboren wurde Georg Schreiber 1882 in Rüdershausen bei Duderstadt. Nach dem Abitur 1901 studierte er Katholische Theologie, Geschichte und Rechtswissenschaften an den Universitäten Münster und Berlin. In Hildesheim wurde Georg Schreiber 1905 zum Priester geweiht, 1909 promovierte er an der Philosophischen Fakultät der Berliner Friedrich-Wilhelms-Universität, wenige Jahre später, 1913, erwarb er den Grad eines *doctor theologiae* an der Universität Freiburg im Breisgau. Noch im selben Jahr habilitierte er sich an der Theologischen Fakultät der Universität Münster für Kirchengeschichte. An der Philosophisch-theologischen Hochschule Regensburg unterrichtete Schreiber als außerordentlicher Professor Kirchenrecht, Staatsrecht und Verwaltungsrecht von 1915 bis 1917. Danach folgte die Berufung auf den Münsteraner Lehrstuhl für Kirchengeschichte und historische Caritaswissenschaft, den er bis zu seiner 1935 erfolgten, zwangsweisen Emeritierung innehatte. Für die katholische Zentrumspartei saß Schreiber von 1920 bis 1933 als einflussreicher Wissenschafts- und Kulturpolitiker im Reichstag, von wo aus er am sogenannten Preußenkonkordat des Jahres 1929 mitwirkte. Damit sind seine Aktivitäten aber noch lange nicht erschöpft. 1927 gründete Schreiber die Forschungsstelle für Auslandsdeutschtum und Auslandskunde in Münster. Als führendes Mitglied in zahlreichen Wissenschaftsorganisationen setzte Schreiber sich dafür ein, das nach der Niederlage gedemütigte Deutschland als „Großmacht des Geistes und Wissens" zu erhalten, die Notlage der „geistigen Arbeiter" zu verbessern und die erzwungene Isolation zu überwinden. Dieses knapp skizzierte Engagement war für die Heidelberger Juristische Fakultät Anlass genug, Georg Schreiber mit der Ehrendoktorwürde am 5. November 1928 aus zu zeichnen: ... *qui in extremo patriae discrimine defensor litterarum artiumque liberalium pius fidelisque exstitit, qui ut de omnibus academiis Germaniae ita de hac antiquissima universitate Ruperto-Carola indefessa virtute optime meritus est.*[377]

Ein weiterer Schwerpunkt seiner Aktivitäten bildete die internationale Wissenschaftspflege. Darüber hinaus engagierte sich Schreiber kraftvoll für eine Auslandskulturpolitik zugunsten der deutschen Minderheiten. Versöhnen wollte er gleichfalls als „Nothelfer der Wissenschaft" nicht allein Geist und Republik, sondern ebenso Katholizismus und Weimarer Republik. Es ging ihm, dem „Reichsprälaten", um die Zusammenarbeit von Staat und Kirche. Nach der Machtergreifung drängte die NSDAP auf die Entlassung Schreibers, Autor der Bücher „Hitler,

---

[376] S. Rudolf MORSEY, Art. Schreiber, Georg, in: NDB 23 (2007), S. 529-530; Ders., Georg Schreiber (1882-1963), in: DERS. (Hrsg.), Zeitgeschichte in Lebensbildern, Bd. 2, Münster 2000, S.177-185; DERS., Georg Schreiber, in: Friedrich Gerhard HOHMANN (Hrsg.), Westfälische Lebensbilder, Bd. 18, 2009, S. 110-125.

[377] „ ... der in äußerster Gefahr für das Vaterland sich als frommer und treuer Verteidiger der Wissenschaft und freien Künste erwies, der sich um alle Hochschulen Deutschlands sowie um diese sehr alte Ruprecht-Karls-Universität mit unermüdlichem Eifer verdient gemacht hat" (UAH, H-II-868/16).

Brüning, Schleicher" und „Regierung ohne Volk". Abwenden konnte er aber seine Zwangsversetzung an die Staatliche Akademie Braunsberg in Ostpreußen. Beschlagnahmt wurden jedoch die von ihm mitbegründeten Institute für Auslandskunde und für Volkskunde in Münster im Jahr 1938.[378] Gleichzeitig stand er unter der ständigen Beobachtung durch die Gestapo. Einer befürchteten Verhaftung nach dem Attentat vom 20. Juli 1944 entzog Schreiber sich durch Flucht nach Bayern und Tirol. 1945 kehrte er wieder auf seinen alten Lehrstuhl zurück und leitete als Rektor der Universität Münster deren Wiederaufbau nach den zerstörerischen Jahren der Hitlerei.[379] Gleichfalls trug Schreiber erfolgreich dazu bei, die Max Planck-Gesellschaft, welche aus der Kaiser Wilhelm- Gesellschaft hervorging, neu zu begründen.

Breit gefächert ist die Palette seiner Publikationen, die sich von der kirchlichen Rechtsgeschichte des Mittelalters über „Kurie und Kloster im 12. Jahrhundert" bis hin zu dem großen Werk „Bergbau in Geschichte, Ethos und Sakralkultur" erstreckt. Das Schriftenverzeichnis aus dem Jahr 1957 enthält 1184 Einzeltitel, darunter verschiedene, breit angelegte Monographien. Er selbst gilt als Vorreiter der interdisziplinären Forschung im deutschsprachigen Raum. Bis zu seinem Tod 1963 nahm Georg Schreiber auch noch nach seiner im Jahr 1951 erfolgten Emeritierung lebhaften Anteil an der Entwicklung der Wissenschaftspolitik in der Bundesrepublik Deutschland.[380]

Bemerkenswert ist eine Sitzung der Fakultät, zu der sie am 30. Juli 1928 zusammentraf. Einziger Tagungsordnungspunkt bildete ein dem Dekan vertraulich unterbreitetes Angebot eines Berliner Bankiers, 50.000 RM für die „dringend benötigte Neugestaltung" der Mensa und für die Juristische Fakultät in Aussicht zu stellen. Als Gegenleistung erwartete der Spender, nach internen Fakultätsinformationen ein im Protokollbuch anonym bleibender 38jähriger Inhaber einer „Berliner Privatbank mit größeren Zielen", die Verleihung der Ehrendoktorwürde. Darauf aber wollte sich die Fakultät, obgleich finanziell schlecht gestellt, nicht einlassen und verwarf das vermeintlich großzügige Angebot ohne längere Diskussionen.[381]

Nur wenige Wochen vor seinem Ableben wurde Ernst Fuchs am 4. Februar 1929 die Ehrendoktorwürde der Heidelberger Juristischen Fakultät verliehen. Die Initiative für diese Auszeichnung ging von Gustav Radbruch aus, der seit 1926 den Lehrstuhl für Strafrecht und Rechtsphilosophie innehatte. Er war es auch, welcher das *elogium* innerhalb der Doktorurkunde verfasste:

---

[378] S. Rudolf MORSEY, Machtkampf um eine Bibliothek in Münster 1939–1942, Himmlers und Rosenbergs Interesse an den beschlagnahmten Instituten von Georg Schreiber, in: Kirchliche Zeitgeschichte 18 (2005), S. 68-120.

[379] S. Bernd HAUNFELDER, Die Rektoren, Kuratoren und Kanzler der Universität Münster, Münster 2020, S. 224-228.

[380] S. nur seine 1954 erschienene Publikation: „Deutsche Wissenschaftspolitik von Bismarck bis zum Atomwissenschaftler Otto Hahn".

[381] S. UAH, H-II-201/1 fol 154; BAUR (wie Anm. 9), S. 240 i.V. mit Anm. 1055.

… qui fervido amore iustitiae commotus amplissima rerum umanarum notitia instructus vehementi eloquentia exornatus quaecumque in iudiciis aegrota et debilia existimabat in lucem protraxit, propulsavit, delevit, qui ut doctorum pandectologiam quam vocabit lacessivit, ita ipse immortalia exempla iurisconsultorum romanorum secutus creator iuris extitit non e verbis legum sed e vi postestate cuius ingenium iura iudiciaque patriae iam spirant et magis magisque id quod optamus spirabunt.[382]

Radbruch betonte also, dass Fuchs die von ihm sogenannte „Pandektologie" zwar bekämpft habe, dabei aber selbst – nach dem Vorbild der römischen Juristen – als Rechtsschöpfer aufgetreten sei: zwar nicht nach den Buchstaben der Gesetze, sondern aus ihrem Zweck und Sinn.

Gewürdigt findet sich Ernst Fuchs in der Literatur als radikalster Vorkämpfer der „Freirechtsbewegung", dessen unverhüllt polemischen Aufsätze und Bücher am stärksten auf die Praktiker gewirkt haben.[383] Richard Mansfeld, Richter am Reichsgericht, betonte, es gebe keine Urteilsberatung seines Senats, bei der nicht Ernst Fuchs mit am Leipziger Beratungstisch sitze.[384] Seine Grundansichten, erstmals niedergelegt in „Schreibjustiz und Richterkönigtum" aus dem Jahr 1907, beruhen auf der Erkenntnis der Lückenhaftigkeit der staatlichen Rechtsordnung.[385] Die Lückenausfüllung könne weder durch Analogie oder Umkehrschluss, sondern allein im Rahmen einer „soziologischen Methode" erzielt werden, wobei der Richter auch die jeweilige Verkehrssitte seiner Entscheidung zugrunde zu legen habe. Gebe es keine, so soll er entscheiden, wie ein mit den jeweiligen Verhältnissen vertrauter „gerechter und gescheiter" Mann urteilen würde. Notwendig sei dafür aber die Kenntnis der Lebensbereiche, denen die zu entscheidenden Fälle entstammen; erforderlich sei also „Soziologie".[386] Folgt man Fuchs, so hat sich die neue „Gerechtigkeitswissenschaft" als eine empirische, durch Soziologie und Psychologie fundierte theoretisch-praktische Einheit darzustellen, die insbesondere eine

---

[382] „ … der aus glühender Liebe zur Justiz, in reicher Kenntnis des Wesens der Menschen, mit starker Beredsamkeit, was auch immer er für krank und schwach in der Rechtsprechung hielt, ans Licht zog, vertrieb, vernichtete, er, der, wie er die Gesetzessammlung der Gelehrten, die er nannte, angriff, so war er selbst Rechtsschöpfer, da er den unsterblichen Beispielen römischer Rechtsgelehrter folgte, nicht nur kraft der Gesetzestexte, sonder aus der Kraft und Macht, deren Geist die Gesetze und Urteile des Vaterlandes längst atmeten und mehr und mehr atmen werden, was wir uns wünschen" (UAH, H-II-868/4).

[383] Zur Freirechtsbewegung vgl. Joachim RÜCKERT, Freirechtsbewegung, in: Albrecht CORDES/Heiner LÜCK/Dieter WERKMÜLLER/Ruth SCHMIDT-WIEGAND, Handwörterbuch zur deutschen Rechtsgeschichte, Bd. 1, 2.Aufl. (2004), Sp.1772–1776.

[384] Vgl. Ernst SONTAG, Ernst Fuchs' Einfluß auf die deutsche Rechtsprechung, in: Leipziger Zeitschrift für Deutsches Recht 23 (1929), Sp. 689.

[385] Vgl. Gerd KLEINHEYER/Jan SCHRÖDER (Hrsg.), Deutsche und europäische Juristen aus neun Jahrhunderten, 5. Aufl. (2008), S. 144 ff.

[386] Ausführlich hierzu Arthur KAUFMANN, Freirechtsbewegung – lebendig oder tot?, in: Juristische Schulung 5 (1965), S. 1–9 (6 ff.).

grundlegende Änderung der Juristenausbildung notwendig mache. Vor diesem Hintergrund forderte er 1912 an Stelle der juristischen Fakultät eine „Rechtsklinik" an den Universitäten, in der induktiv-reales Beobachten anstelle begrifflich archivierten Ableitens gelehrt werden sollte. Für das Studium schlug er vor, sich mit den „viel reizvolleren, fesselnden Tat- und Beweisfragen zu beschäftigen, die zugleich viel schwieriger und wichtiger sind." Und die Dissertationen sollten nicht länger gelehrte theoretische Abhandlungen sein, sondern „wirkliche juristische Krankheitsfälle oder Gruppen von solchen" zum Gegenstand haben.[387]

Geboren wurde Ernst Fuchs in Weingarten bei Karlsruhe 1859 als Sohn eines jüdischen Viehhändlers. Überdurchschnittlich begabt, konnte er während seiner Gymnasialzeit mehrere Klassen überspringen. Von 1876 bis 1880 studierte er Rechtswissenschaften an den Universitäten Heidelberg und Straßburg. Nach dem Ersten Staatsexamen absolvierte Fuchs als Rechtspraktikant den Vorbereitungsdienst bei verschiedenen badischen Gerichts- und Verwaltungseinrichtungen. 1884 erfolgte seine Zulassung als Rechtsanwalt am Landgericht Karlsruhe, 1894 beim Oberlandesgericht Karlsruhe. Einen Namen hatte Fuchs sich in der badischen Residenzstadt bereits durch die mehrfache Verteidigung von Sozialdemokraten erworben, die nach den Sozialistengesetzen verfolgt wurden. Wiederholt wurde er in den Kammervorstand des badischen Anwaltvereins gewählt. Am 10. April 1929 verstarb Ernst Fuchs in Karlsruhe.[388]

Erneut war es Gustav Radbruch, welcher im Kreis der Fakultät anregte, Camilla Jellinek anlässlich ihres 70. Geburtstages im September 1930 mit der Würde eines Dr. iur. h.c. auszuzeichnen. In seiner Festrede führte er aus: „Sie sind wie wir Jurist, nicht Jurist im Sinne der üblichen Berufslaufbahn, sondern, was mehr ist, Jurist durch Anlage, durch Selbstbildung, durch praktische Ausübung. Das alte Wort vom Doktor beider Rechte aber gewinnt in diesem Augenblick einen neuen Sinn: neben das überkommene, von Männern für Männer gemachte Recht tritt ein zweites: Die Rechtsauffassung der Frau, um das Männerrecht mehr und mehr zu durchdringen und erst zu einem wahren Menschenrecht zu machen. So verstanden will diese Ehrung in Ihnen zugleich die große und erfolgreiche Bewegung ehren, der ihre Arbeit gilt."[389]

Und im Mittelpunkt dieser „Arbeit" standen spezifische Frauenfragen wie das Selbstbestimmungsrecht der Frau, Abschaffung des § 218 StGB, Mutterschutz und Sexualreform, Rechte unehelich geborener Kinder und Staatsbürgerschaft für

---

[387] Zit. nach KAUFMANN (wie Anm. 386), S. 2.
[388] Wenige Wochen nach dem Tode von Ernst Fuchs wurde von der Fakultät unter dem 3.6.1929 beschlossen, „das Bild des verstorbenen Dr. h.c. Ernst Fuchs im Seminar aufzuhängen." (UAH, H-II-201/2 fol. 144).
[389] Zit. nach Marion RÖWEKAMP, Juristinnen – Lexikon zu Leben und Werk, Baden-Baden 2005, S. 162.

Frauen.[390] Ihr unermüdlicher, langjähriger Einsatz für die Rechte der Frauen bildete den Hintergrund der Verleihung der Würde eines *Doctor iuris utriusque honoris* durch die Juristische Fakultät der Universität Heidelberg. Betont wird dieses kurz gestreifte Engagement gleichfalls innerhalb der Doktorurkunde: *... quae praeclari iurisconsulti facultati nostrae praematura morte erepti uxor mente vere iuridica imbuta, iuribus feminarum condendis et amplificandis sagacitate tenacitate eloquentia operam dedit nec non innumerabilibus mulieribus curae et auxilii inopibus ut ipsa sollerter ac diligenter consuluit ita alias ad consulendum instituit.*[391] Camilla Jellinek betrachtete die „Ehrung" durch die Fakultät, über die Zeitungen in ganz Deutschland berichteten, als Krönung ihres Lebenswerks, d.h. ihres frauen- und sozialpolitischen Engagements.

Geboren wurde Camilla Jellinek 1860 als Tochter des an der Universität Wien lehrenden Dermatologen Gustav Wertheim, der einer begüterten jüdischen Familie entstammte.[392] Selbst hochbegabt, erhielt Camilla zunächst Privatunterricht, daneben besuchte sie die vierjährige höhere Bildungsschule des „Frauen-Erwerbs-Vereins". 1883 heiratete Camilla Wertheim Georg Jellinek, außerordentlicher Professor des Staatsrechts an der Universität Wien.[393] Im Dezember 1890 folgte er einem Ruf auf den Lehrstuhl für Staatsrecht, Völkerrecht, Politik, Rechtsphilosophie und Enzyklopädie der Rechtswissenschaften an der Heidelberger Ruperto Carola. Zunächst widmete sie sich gänzlich ihrer Familie, lernte aber auch im Kreis der damals gepflegten „Geheimratsgesellligkeit" die Frauen der Kollegen ihres Mannes kennen. Insbesondere Marianne Weber, Ehefrau des Soziologen und Nationalökonom Max Weber, bemühte sich lebhaft, Camilla Jellinek für die Ziele der Frauenbewegung zu gewinnen. Mit Einverständnis ihres Mannes übernahm sie es, zusammen mit Marianne Weber 1889 eine Rechtsschutzstelle für Frauen und Mädchen in Heidelberg zu begründen und hauptverantwortlich über Jahre hinweg zu leiten.[394] 1906 wurde sie in die Rechtskommission des „Bundes Deutscher

---

[390] S. Susanne OMRAN, Frauenbewegung und ‚Judenfrage': Diskurse um Rasse und Geschlecht nach 1900, Dortmund 1999, S. 163.

[391] „Sie mühte sich als Ehefrau des durch allzu frühen Tod unserer Juristischen Fakultät entrissenen Mannes mit Eifer, Beharrlichkeit und Beredsamkeit in wahrhaft rechtlichem Geist die Rechte der Frauen zu begründen und zu vermehren und machte sich nicht nur die Sorgen unzähliger Frauen zu eigen und leistete den Mittellosen geschickt und sorgfältig Hilfe, sondern unterrichtete auch andere darin, Rat zu geben" (UAH, H-II-867/2, 864/4; B-1523/2).

[392] Vgl. RÖWEKAMP (wie Anm. 389), S.159 f.; Klaus KEMPTER, Die Jellineks 1820–1955 – Eine familienbiographische Studie zum deutschjüdischen Bildungsbürgertum, Düsseldorf 1998, S. 198 ff.

[393] Zu ihm s. SCHROEDER (wie Anm. 28), S. 286 ff.

[394] Vgl. Klaus KEMPTER, Die Frauenfrage als Rechtsfrage: Camilla Jellinek (1860–1940), in: Frauengestalten-Soziales Engagement in Heidelberg, Heidelberg 1995, S. 37–52 (41 ff.).

Frauenvereine" gewählt, die Vorschläge einer Gesetzesreform für eine Verbesserung der rechtlichen Stellung der Frau erarbeiten sollte. Gefordert wurde u.a. eine Reform der Sexualdelikte, Zulassung von Anwältinnen, Abschaffung des § 218 und Stärkung der Position der Frauen im Strafprozessrecht. Aber damit nicht genug: Seit 1912 amtete Camilla Jellinek gleichfalls als stellvertretende Vorsitzende des Rechtsschutzverbandes für Frauen.[395] Ihr Einsatz galt vornehmlich den Rechten und dem Schutz von Kellnerinnen.[396] Mit ebenso großem Engagement gründete sie und Marianne Weber nach Ausbruch des Ersten Weltkriegs die Heidelberger Ortsgruppe des „Nationalen Frauendiensts", der zur Koordination des weiblichen Kriegseinsatzes in der Heimat dienen sollte. Als nach dem verlorenen Krieg mit der Weimarer Reichsverfassung die formale Gleichberechtigung erreicht war, trat sie in zahlreichen Publikationen dafür ein, nunmehr auch die rechtliche Gleichheit in der Praxis des Alltags zu verwirklichen. Mit der nationalsozialistischen Machtergreifung endeten abrupt sämtliche ihrer Aktivitäten. Die letzten Lebensjahre waren verdunkelt durch die Sorge um ihre Familie. Im Oktober 1940 verstarb Camilla Jellinek nach langer, schwerer Krankheit.

---

[395] S. Ilona SCHEIDLE, Heidelbergerinnen, die Geschichte schrieben, Kreuzlingen 2006, S. 91–100 (95 ff.).
[396] Zu dem sog. „Kellnerinnenelend" vgl. KEMPTER (wie Anm. 394), S. 45 f.

1 Die 550-Jahrfeier der Universität Heidelberg

Unter dem 7. Juli 1936 erhielt das Reichswissenschaftsministerium in Berlin ein Schreiben des Auswärtigen Amtes mit dem Inhalt, dass bei der geplanten 550-Jahrfeier der Heidelberger Universität „alles vermieden werden" müsse, „was den Eindruck einer politisch propagandistisch bestimmten Aktion erwecken könne."[397] Konkret ging es – in Anknüpfung an die 52 Ehrendoktoren der 500-Jahrfeier 1886 – um die Vorbereitung von Ehrenpromotionen, die bei der mehrtägigen Feier keinesfalls für nationalsozialistische Zwecke, sondern in Anerkennung der Leistungen internationaler Wissenschaftler verliehen werden sollten.[398] Daher glaubte man, die Auswahl nicht dem Auswärtigen Amt zu überlassen, vielmehr der Universität anzuvertrauen, die dann auch für die Vorschläge verantwortlich zeichnete. Einigkeit bestand innerhalb der das Jubiläum vorbereitenden Gremien darüber, den Festakt nicht allein zur Selbstdarstellung der Universität zu nutzen. Vielmehr war beabsichtigt, für die gesamte Wissenschaft im nationalsozialistischen Deutschland zu werben. Den internationalen Gästen sollte ein „starker Eindruck vom Stande deutscher Wissenschaft und Hochschulen" vermittelt werden. Folgt man Wilhelm Groh, seit 1934 Rektor der Universität, dann ging es um nichts weniger, als die Feier für „eine Manifestation nationalsozialistischer Wissenschaft vor der Weltöffentlichkeit" zu nutzen.[399] Sorgfältig erfolgte die Auswahl der jeweiligen Ehrendoktoren, die sich nicht nur durch hervorragende wissenschaftliche Leistungen, sondern ebenso durch Deutschenfreundlichkeit, Verbundenheit mit der deutschen Kultur und nationalsozialistischer Ideologie auszeichnen sollten. Dies war aber oftmals nicht der Fall: So lehnte Frank H. Knight, ein über die Grenzen der Universität Chicago hinaus bekannter Nationalökonom, die ihm angebotene Ehrenpromotion mit der Bemerkung ab, dass es für ihn als einem liberal denkenden Amerikaner unter den gegebenen deutschen Verhältnisse nicht möglich sei, diese Auszeichnung anzunehmen.[400].

Zwar konnte seit 1934 der Dekan mit Einwilligung des Rektors nach „eingehender Anhörung" der Fakultät den Doktorgrad „honoris causa" verleihen.[401] Im bezeichnenden Gegensatz zu dem Universitätsjubiläum 1886 wurden ohne Ab-

---

[397] UAH, B-1523/7a.
[398] S. Ella PLETT, Die 550-Jahrfeier 1936: Jubiläum unter nationalsozialistischer Diktatur, in: ENGEHAUSEN/MORITZ (wie Anm. 17), S. 65–77 (69).
[399] S. Paul Christopher LEO, Wilhelm Groh – Erster Rektor der Ruperto-Carola in der NS-Zeit, Hamburg 2012, S. 159.
[400] UAH, B -1824/2 (unter dem 25.5. 1936); s. LEO (wie Anm. 399), S. 165 f.
[401] Vgl. § 10 der Promotionsordnung vom 23.5.1934: „Für hervorragende wissenschaftliche Leistungen oder sonstige ausgezeichnete Verdienste kann die Fakultät den Doktorgrad ehrenhalber verleihen. Die Verleihung erfolgt durch Erklärung des Dekans. Die Verfügung, die die Erklärung enthält, darf nur mit Einwilligung des Rektors und nach eingehender Anhörung der Fakultät ergehen." (S. BAUR [wie Anm. 9], S. 259, 382 ff. [385]).

sprache mit der Fakultät vom Auswärtigen Amt und dem Reichswissenschaftsministerium acht Persönlichkeiten für die Ehrendoktorwürde vorgeschlagen: drei Italiener, zwei Amerikaner, jeweils ein Argentinier, ein Japaner und ein Chinese. Kriterien für die Auswahl waren aber nicht die anfänglich noch hervorgehobenen herausragenden Verdienste um die Wissenschaft, sondern ihre politische Haltung gegenüber dem Dritten Reich. Vergeblich sucht man nach französischen oder englischen Gelehrten; ebenso findet sich kein Deutscher in der Vorschlagsliste.[402] Gepflegt werden sollten vielmehr die Auslandsbeziehungen des von einzelnen Staaten boykottierten Dritten Reiches. Mit nur geringem Erfolg: So hatten im Vorfeld der Feierlichkeiten neben dem bereits benannten US-Staatsangehörigen Frank H. Knight auch die britischen Universitäten aus Protest gegen die nationalsozialistische Ideologie Einladungen zur 550-Jahrfeier brüsk abgelehnt: „The racial fanaticism which has swept over Germany has not left the universities, and in Heidelberg ist influence has been specially great."[403] Bewusst in Kauf nahmen die Nationalsozialisten die damit verbundene wissenschaftliche Isolierung Deutschlands. Ohnehin war das Verhältnis des NS-Regimes von tiefem Misstrauen gegenüber den Universitäten und allfälligen Ehrenpromotionen geprägt, für die – neben der Bestätigung durch den jeweiligen Rektor – seit 1935 eine vorherige staatliche Genehmigungspflicht bestand. Nicht vergessen hatten die Nationalsozialisten den Professoren, dass sie sich – im bezeichnenden Gegensatz zu der Heidelberger Studentenschaft – nicht schon vor 1933 für die nationalsozialistische Bewegung begeistert hatten.[404] Von daher verwundert keineswegs die Aversion Hitlers und seiner Gefolgsleute gegenüber den Hohen Schulen Deutschlands. In „Mein Kampf" führte Hitler aus: „Der völkische Staat muss dabei von der Voraussetzung ausgehen, daß ein zwar wissenschaftlich gebildeter, aber körperlich gesunder Mensch mit gutem, festem Charakter, erfüllt von Entschlussfreudigkeit und Willenskraft für die Volksgemeinschaft wertvoller ist als ein geistreicher Schwächling."[405]

Insgesamt wurden im Rahmen der Jubiläumsfeierlichkeiten von den vier Fakultäten 42 „Männer der Wissenschaft und des Geisteslebens anderer Völker" präsentiert, denen in einer feierlichen Zeremonie am vierten und letzten Tag des Jubiläums (30. Juni 1936) der Grad eines Ehrendoktors verliehen wurde. So auch an M a r i a n o D ' A m e l i o, von 1924 bis 1934 Vizepräsident des italienischen Senats, seit 1938 Staatsminister. 1871 in Neapel geboren, konnte er schon bei der Ernennung zum ersten Präsidenten (1923) des von Mussolini vereinheitlichten

---

[402] Zu den sog. „Ausländerpromotionen" vgl. Ingo BACH, „Der Führer gab neuerdings Weisung, die Verleihung von Ehrenpromotionen solle so sparsam wie möglich erfolgen", in: Werner BUCHHOLZ (Hrsg.), Die Universität Greifswald und die deutsche Hochschullandschaft im 19. und 20. Jahrhundert, Stuttgart 2004, S. 309–336 (332).
[403] Boykottaufruf des Bischofs von Durham, Herbert Dunelm (zit. nach LEO [wie Anm. 399], S. 161).
[404] S. zu dieser „instinktiven" Abneigung BACH (wie Anm. 402), S. 318 ff.
[405] 94. Aufl. (1934), S. 451.

Obersten Kassationsgerichtshofs auf eine beachtliche Karriere im Justiz- und diplomatischen Dienst Italiens verweisen. In Rom leitete D'Amelio das Kabinett des Ministeriums für Gnade und Gerechtigkeit, 1918 gehörte er der italienischen Delegation bei der Pariser Friedenskonferenz an, die den Ersten Weltkrieg beendete. Zwischen 1920 und 1922 war D'Amelio Generalstaatsanwalt der Berufungsgerichte verschiedener italienischer Städte und zuletzt Präsident des Berufungsgerichts von Casale Monferrato. Die Fakultät „ehrt in ihm den höchsten Richter eines in Geschichte und Gegenwart durch seine Rechtskultur ausgezeichneten Volkes, den Einsichtigen, den Zielen der deutschen Rechtserneuerung aufgeschlossenen Kenner vergleichender Rechtswissenschaft."[406]

Neben ihm wurden gleichzeitig Pietro de Francisci, von 1935 bis 1943 Rektor der Universität La Sapienza in Rom, und Giovanni Novelli, Sektionspräsident am Kassationsgerichtshof, die Ehrendoktorwürde verliehen: „Sie ehrt in ihm den berufenen Vertreter der Wissenschaft und des Rechtslebens seines Landes, den weitblickenden Förderer der Zusammenarbeit gleichberechtigter, ihrer eigenständigen Rechtskultur bewusster Völker."[407] Der 1883 geborene Pietro de Francisci studierte Rechtswissenschaften an der Universität Pavia, das er 1905 abschloss. Seine Gelehrtenlaufbahn nahm ihren Anfang mit Forschungen zum römischen Verfahrensrecht und dessen Beziehung zum materiellen Recht. Es folgten zahlreiche Studien über die Entwicklung des römischen Rechts, über die orientalischen Schulen und über den Einfluss von Hellenismus, Orientalismus und Christentum. Maßgebend beteiligt war er an der Gründung der Papyrologischen Schule von Mailand. Als Privatdozent für römische Rechtsgeschichte an der Universität Perugia (1912) stand Pietro de Francisci am Anfang einer glänzenden Gelehrtenlaufbahn, welche ihn bis an die Spitze der Universität La Sapienza in Rom führte. Gleichzeitig war er Mitglied des Obersten Rates für öffentlichen Unterricht wie auch des Obersten Rates für nationale Bildung. Weitausgreifend waren seine Studien zur Rechtsdogmatik, zur juristischen Methodik und zur Entwicklung der Dogmatik im Faschismus. Für ihn hat „jedes Recht ein eigenes System, das für die anderen nicht geeignet ist." 1923 trat de Francisci der Nationalistisch-Faschistischen Partei bei, die er als Abgeordneter in verschiedenen Legislaturperioden im Parlament vertrat. 1929 befasste er sich mit der Prüfung des Entwurfs eines Zivilgesetzbuchs, einer neuen Zivilprozessordnung und eines Handelsgesetzes. 1932 berief ihn Ministerpräsident Benito Mussolini zum Minister für Recht und Justiz. 1939 wurde Pietro de Francisci Vizepräsident der Abgeordnetenkammer wie auch Präsident des Faschistischen Instituts für Kultur. Auf Vorschlag der Kommission zur Säuberung in Universitäten und Schulen entließ man ihn 1944 aus seinen Ämtern; nach einem Urteil des Staatsrates aus dem Jahr 1949 konnte er aber seine Lehrtätigkeit als Professor des römischen Rechts an der Universität La Sapienza wiederaufnehmen. 1971 verstarb Pietro de Francisci in Formia.

---

[406] UAH, B-1523/6,7a, H-II-097.
[407] UAH, B-1523/6,7a; H-II-097.

Nur wenig ist über Giovanni Novelli (1881–1943) in Erfahrung zu bringen, erwähnt findet er sich lediglich als Sektionspräsident des Kassationsgerichtshofs und als Präsident des Internationalen Gefängniskongresses in den Jahren 1934 bis 1943.[408] Gewürdigt werden in dem Ehrendoktordiplom seine „Verdienste als Gelehrter auf den Gebieten des Strafrechts, Strafprozessrechts und der Gefängnislehre. Novelli ist Herausgeber der Rivista Diritto, er ist eine repräsentative Persönlichkeit Italiens. – Sie ehrt in ihm den hervorragenden Richter und Gelehrten, den Gestalter der Gerechtigkeit, Strenge und Menschlichkeit vorbildlich verbindenden italienischen Strafvollzug."[409] Zwischen 1930 und 1940 war er Direktor für Präventions- und Strafanstalten im Ministerium für Gnade und Justiz. 1938 erschien ein Büchlein mit „Vorträge des Giovanni Novelli über Theorie und Praxis der sichernden Massregeln in Italien und Freisler über Fragen der Sicherungsverwahrung in der deutschen Praxis".

Mit Chou Lou, auch unter Zou Lu bekannt (1885–1954), erhielt erstmals ein chinesischer Staatsbürger die Ehrendoktorwürde der Heidelberger Juristenfakultät verliehen: „ … dem hervorragenden Staatsmann, dem ausgezeichneten Kenner der klassischen Literatur seines Volkes, dem feinsinnigen Dichter und vielseitigen Schriftsteller, dem verständnisvollen Freund Deutschlands."[410] Zwei Semester führte er als Rektor die Nationale Sun Yat-sen-Universität, begründet 1924 von dem gleichnamigen chinesischen Revolutionsführer und ersten Präsidenten der Volksrepublik China. Späterhin verfasste Chou Lou eine „Geschichte der chinesischen Kuomintang" (1938). Nach dessen Tod diente er als eines der drei ständigen Mitglieder des Zentralkomitees der chinesischen Kuomintang. Persönlich betreute Chou Lu die Kuomintang-Gruppe als Präsident der Guandong-Universität. 1949 verließ er Festlandchina über Hongkong und ließ sich in Taipeh nieder; nur wenige Jahre später ernannte man ihn zum Direktor des Tamkang English College. 1954, im Alter von 70 Jahren, verstarb Chou Lou in Taipeh.

Besser unterrichtet ist man über Carlos Saavedra Lamas, argentinischer Außenminister und Friedensnobelpreisträger des Jahres 1936. Verliehen wurde ihm diese hohe Auszeichnung für seine erfolgreiche Vermittlung zur Beendigung des sog. Chacokriegs zwischen Bolivien und Paraguay, in dessen Mittelpunkt die Zugangsrechte zu Erdölfunden standen; auf seine Initiative hin vereinbarten verschiedene südamerikanische Staaten Nichtangriffspakte. Bereits 1933 gelang es ihm anlässlich der 7. Internationalen Konferenz der amerikanischen Staaten in Montevideo, den nach ihm benannten Saavedra-Lamas-Vertrag zur Ächtung des Krieges durchzusetzen. Gewürdigt findet er sich in dem Ehrendoktordiplom als „Gelehrter von Ruf auf den Gebieten des öffentlichen Rechts und der Sozialwissenschaft. Seine Einstellung zum Nationalsozialismus ist zwar nicht positiv, aber

---

[408] Vgl. Alessandro SOMMA, I giuristi e L'Asse culturale Roma-Berlino, Frankfurt a. M., S. 774 f.
[409] UAH, B-1523/5, 6; H-II-097.
[410] UAH, H-II-097.

auch nicht ablehnend. – Sie ehrt in ihm den angesehenen Rechtsgelehrten und erfolgreichen Staatsmann, dessen Wirken getragen ist von Liebe zur Heimat und Achtung vor fremdem Volkstum."[411]

Geboren wurde Carlos Saavedra Lamas 1878 in Buenos Aires. Er studierte Rechtswissenschaften an der Hochschule seiner Heimatstadt; nach der Promotion übernahm er eine Professur an der Universität von La Plata. Maßgeblich war Lamas im Jahr 1919 an der Gründung der Internationalen Arbeitsorganisation (IAO) beteiligt, welche er seit 1928 als Präsident leitete. Sein bevorzugtes akademisches Fachgebiet war denn auch das Arbeitsrecht, zu dem Saavedra Lamas eine Vielzahl an Abhandlungen publizierte. Wegweisende Reformen im Schulwesen setzte er als Justiz- und Bildungsminister Argentiniens durch. Von 1932 bis 1938 führte Saavedra Lamas das Außenministerium innerhalb der Regierung von General Augustin Pedro Justo, gleichzeitig war er von 1936 bis 1937 Präsident der Völkerbundversammlung, zog sich aber 1938 weitgehend aus der Politik zurück. Danach leitete Saavedra Lamas als Präsident die Universität von Buenos Aires bis 1946. 1959 verstarb er im Alter von 80 Jahren in Buenos Aires.

Wohl einzig vor dem Hintergrund der parallel zu dem Universitätsjubiläum stattfindenden Olympiade in Berlin ist die Verleihung des Dr. jur. h.c. an den amerikanischen Unternehmer William May Garland zu verstehen: „… einer der reichsten und einflussreichsten Männer im Westen der Vereinigten Staaten, dem es zum größten Teil zu verdanken ist, daß die Olympiade in diesem Jahr in Berlin abgehalten wird. Darüber hinaus kann er als warmer Freund Deutschlands bezeichnet werden, wie auch seine kürzlich erfolgte Stellungnahme gegenüber der jüdischen Hetze gegen Amerikas Teilnahme an der Olympiade zeigt."[412] Geehrt werden sollte damit eine Persönlichkeit, die wesentlich zum Gelingen der Olympischen Spiele in der Nachkriegszeit beigetragen hatte. Seit 1922 gehörte er dem Internationalen Olympischen Komitees (IOC) an. Garland war es auch gewesen, der das IOC frühzeitig davon überzeugte, die Olympischen Spiele für das Jahr 1932 nach Los Angeles, damals noch keine Millionenmetropole, zu vergeben. William Garland sorgte mit eigenen Mitteln für den Bau des Olympiastadions und eines olympischen Dorfs zur Unterbringung der Athleten. Diese Spiele, mitten in der Weltwirtschaftskrise, waren die ersten, welche aufgrund seiner Aktivitäten mit einem finanziellen Gewinn abschließen konnten. Beeindruckend ist gleichfalls die Karriere des 1866 in Westport Island geborenen William Garland als Unternehmer. Von dem Buchhalter einer Straßenbahngesellschaft gelang ihm der Aufstieg bis hin zum Präsidenten der Industrie- und Handelskammer Kaliforniens. Sein Reichtum beruhte auf der Entwicklung und dem Verkauf von Grundstücken im Umkreis von Los Angeles. 1948 verstarb William M. Garland in Kalifornien.

Mit der Verleihung des Ehrendoktorgrads an Ferdinand Thun wollte man einen Deutschamerikaner auszeichnen, der sich um die Erhaltung und Pflege des

---

[411] UAH, B-1523/5, 6; H-II-097.
[412] UAH, B-1523/, 7a; H-II-097.

Deutschtums in den Vereinigten Staaten große Verdienste erworben hatte: „Sie ehrt in ihm den treuen Sohn der Heimat, den Zeugen deutschen Unternehmergeistes, den Mittler deutsch-amerikanischer Kulturbeziehungen, den hochherzigen Freund der Universität Heidelberg."[413] Als Fabrikant, 1866 in Barmen geboren, vermochte er es nach seiner Auswanderung in die Vereinigten Staaten in der Textilmaschinenbranche ein Vermögen zu erwerben, das Thun für vielfältige gemeinnützige Zweck einsetzte. Nach dem Ende des Ersten Weltkriegs leistete er soziale und wirtschaftliche Hilfe für die alte Heimat, pflegte ohne Scheu und ohne politische Absichten, aber unter Betonung der kulturellen Beziehungen der beiden Nationen, das Deutschtum in den USA. Hierzu diente ebenso die von ihm 1930 mitbegründete Carl Schurz Memorial Foundation zu Pflege der deutsch-amerikanischen Kulturbeziehungen, die auch das Ende des Zweiten Weltkrigs überdauerte. 1949 verstarb Ferdinand Thun.

Ausgezeichnet mit dem Ehrendoktorat der Heidelberger Juristenfakultät wurde 1936 gleichfalls Matsukichi Koyama, ehemaliger Justizminister des Japanischen Kaiserreichs, späterhin Professor an der Hosei-Universität in Tokio und deren Präsident.[414] Auch in diesem Fall ein offensichtlich politischer Akt, welcher die freundschaftlichen Beziehungen zwischen dem nationalsozialistischen Deutschen Reich und Japan festigen sollte: „Er war früher Generalstaatsanwalt und Justizminister, hat aber auch als Gelehrter beachtliches geleistet. Er hat in Deutschland studiert. Er zeigt auch zum national-sozialistischen Deutschland eine positive Einstellung."[415] In Koyamas Ministerzeit fiel die nominelle Unabhängigkeit des Marionettenstaates Mandschukuo in der seit 1931 besetzten Mandschurei und der Austritt Japans aus dem Völkerbund im März 1933. Im Alter von 78 Jahren verstarb Matsukichi Koyama 1948 in Tokio.

---

[413] UAH, B-1523/6, 7a; B-II-159c, H-II-097.
[414] S. Deutsche Gesellschaft für Natur- und Völkerkunde Ostasiens vom 20.2.1937 (S. 6): Überreichung der Doktorurkunde durch den deutschen Botschaftsrat Dr. Noebel.
[415] UAH, B-1523/5; H-II-097.

2 Änderungen der Promotionsordnungen 1937–1945

Stimmberechtigt im Rahmen der Verleihung des Dr. iur. h.c. waren nach längeren Auseinandersetzungen auch die Nichtordinarien, seitdem die Fakultät in ihrer Sitzung vom 14. November 1921 beschlossen hatte:

„An den Abstimmungen über die Erteilung der Würde eines Dr. iur. h.c. nehmen die Vertreter der Nichtordinarien in Gemäßheit des § 3 des Ministerialerlasses vom 21. März 1919 teil. Das Erfordernis der Einstimmigkeit wird hiervon nicht berührt."[416]

Aber bereits in der Promotionsordnung vom 28. August 1930 brach man wieder mit diesem Prinzip:

„Für hervorragende wissenschaftliche Leistungen oder sonstige ausgezeichnete Verdienste kann die engere Fakultät den Doktorgrad ehrenhalber verleihen. Zu einem solchen Beschluss ist die Zustimmung von mindestens vier Fünfteln der der engeren Fakultät angehörenden Fakultätsmitglieder erforderlich. Ueber den Antrag darf erst abgestimmt werden, nachdem er in einer vorgängigen Satzung beraten worden ist." [417]

„Entmachtet" wurde die Fakultät aber erst durch die Promotionsordnung vom 1. April 1938, denn nunmehr entschieden nicht länger ihre Mitglieder, sondern das Berliner Reichserziehungsministerium über die Verleihung des Ehrendoktorats:

„Die Fakultät kann gemäß den allgemeinen Richtlinien des Reichserziehungsministers Grad und Würde eines Doktors der Rechte ehrenhalber verleihen. Die Ehrenpromotion erfolgt durch Ueberreichung des hierüber angefertigten Diploms, in welchem die Verdienste des Promovierten hervorzuheben sind."[418]

Konnte noch nach der Promotionsordnung vom 15. April 1937 für „hervorragende wissenschaftliche Leistungen oder sonstige ausgezeichnete Verdienste der Doktorgrad ehrenhalber durch Erklärung des Dekans in Absprache mit der Fakultät

---

[416] UAH, H-II-201/2 fol. 26. – Vorangegangen war der unter dem 3.8.1921 auf Antrag von Künßbergs einstimmig gefasste Beschluss, keine Ehrenpromotion mehr vorzunehmen, „bevor nicht die Frage erledigt ist, ob die Fakultätsvertreter bei der Verleihung des Dr. iur. h.c. mitzuwirken haben und ob das Erfordernis der Einstimmigkeit des Beschlusses abzuändern ist."– Abgelehnt wurden wenige Wochen später (12.12.1923) Heinsheimers Vorschlag, „an den Beschlussfassungen über die Verleihung des Ehrendoktors ausschließlich die ordentlichen Professoren teilnehmen zu lassen" wie auch die Anträge von Gradenwitz und Thoma, wonach das „Prinzip der Einstimmigkeit aufgehoben werden soll" sowie Neubeckers Ansicht, „wonach bis zur endgültigen Neuregelung der Rechtsverhältnisse der Fakultäten von der Verleihung des Ehrendoktors Abstand genommen werden soll." (UAH, H-II-201/2 fol. 20, 27).

[417] § 10 (vgl. BAUR [wie Anm. 9], S. 381).

[418] § 12 (vgl. BAUR [wie Anm. 9], S. 396).

und dem Rektor" verliehen werden[419], so änderte sich dies mit der erwähnten Promotionsordnung vom 1. April 1938, „genehmigt durch Erlaß des Reichserziehungsministers vom 15. März 1938".[420]

Noch 1931 hatte die Juristische Fakultät bekundet, daß sie sich aus prinzipiellen Gründen außerstande sehe, „vor der Verleihung des Ehrendoktors dem Engeren Senat eine Möglichkeit einzuräumen, etwaige Bedenken geltend zu machen."[421] Man fand sich lediglich dazu bereit, „entsprechend der Bitte des Engeren Senats von der Absicht der Ehrenpromotion jeweils den Herrn Rektor Mitteilung zu machen."[422] Davon war wenige Jahre später keine Rede mehr. Rigoros wurde seitens des Ministeriums in das vornehmste Recht der Fakultät, das Promotionsrecht, eingegriffen. Schon drei Jahre zuvor hatte der Reichswissenschaftsminister unter dem 29. Juni 1935 angeordnet, daß „beabsichtigte Ehrenpromotionen nach eingehender Darlegung der Gründe ihm anzuzeigen seien und um das Einverständnis nachzusuchen sei. Etwaige Anträge sind mir (sc. Bernhard Rust) in dreifacher Fertigung vorzulegen."[423] Man glaubte, gegen „leichtfertige" oder auch „missbräuchliche" Verleihungen des Ehrendoktors an den deutschen Universitäten vor allem in der Zeit der Weimarer Republik vorgehen zu müssen. In den gegenwärtigen Promotionsordnungen sah man „keine ausreichende Rechtsgrundlage" und erließ daher Richtlinien, die mit Wirkung vom 1. April 1938 sämtliche entgegenstehenden Graduierungsbestimmungen der Fakultäten aufheben sollten.[424]

Eine Ehrenpromotion konnte danach allein bei „herausragenden wissenschaftlichen Leistungen" erfolgen, als nicht ausreichend angesehen wurden mittelbare Verdienste wie Stiftungen und die Förderung durch Wirtschaft, Politik oder Partei; dies galt auch für berufliche Erfolge in einer öffentlichen Stellung bzw. Amt „um das Gemeinwohl".[425] Nur vereinzelt wurden Gutachten anderer deutscher Fakultäten oder Fachgelehrter zur Beurteilung der „hervorragenden wissenschaftlichen Leistungen" des in Aussicht genommenen Ehrenpromovenden herangezogen.[426] Allein mit Einverständnis des Stellvertreters des „Führers" durften Mitglieder der NSDAP ehrenhalber promoviert werden, aber nur bei Vorliegen eigener wissen-

---

[419] Vgl. BAUR (wie Anm. 9), S. 391 § 11.
[420] Vgl. BAUR (wie Anm. 9), S. 392–396.
[421] UAH, H-II-867/1.
[422] Unter dem 5.2.1932 (UAH, H-II-867/1).
[423] UAH, H-II-867/1.
[424] S. „Erlaß des Reichs- und Preußischen Kultusministers v. 22.3. 1938 betr. Verleihung des Grades und der Würde eines Ehrendoktors sowie der akademischen Würde eines Ehrensenators, Ehrenbürgers oder Ehrenmitgliedes mit vier Seiten Richtlinien" (UAH, B-II-159c; H-II-111/132 [Satzung v. 10.6.1936]).
[425] S. BAUR (wie Anm. 9), S. 260. - Eine Liste der von deutschen Hochschulen vergebenen Ehrendoktortitel in der Zeit von 1938 bis 1944 findet sich bei Helmut HEIBER, Universität unterm Hakenkreuz, Teil II/1, München 1992, S. 55 f.
[426] Vgl. BACH (wie Anm. 402), S. 326 f.

schaftlicher Verdienste. Hitler selbst verkündete öffentlich, dass er Ehrendoktortitel „grundsätzlich" nicht annehme; reichsweit wurde diese Aussage im „Völkischen Beobachter" bekannt gemacht.[427] Brüsk hatte Hitler bereits am 1. Mai 1933 die Ernennung zum Ehrendoktor der TU Stuttgart abgelehnt.[428] Rudolf Heß, Stellvertreter des Führers, verkündete im Rahmen einer Parteidirektive vom 5. Mai 1933, „dass Nationalsozialisten die Annahmen des Doktors ehrenhalber ablehnen, so wie ihn Adolf Hitler selbst bereits abgelehnt hat. Die nationalsozialistischen Führer haben sich ihre Namen aus eigener Kraft geschaffen. Sie haben keine Veranlassung, vor ihn einen Titel zusetzen, der ohnehin durch Verleihung an die für die Periode der Ehrlosigkeit verantwortlichen Politiker an Wert verloren hat."[429] Trotz vereinzelt gebliebener Proteste konnte eine Aufhebung des Verbots nicht durchgesetzt werden. Auch der Erlass über die „Verleihung des Grades und der Würde eines Ehrendoktors sowie der akademischen Würde eines Ehrensenators, Ehrenbürgers oder Ehrenmitgliedes" vom 22. März 1938, welcher Ehrungen von Parteigenossen „entgegen der bisherigen Übung" ausdrücklich wieder zuließ, hatte nur kurze Zeit Bestand. Zwei Jahre später kehrte man zu der alten Handhabung bei der Verleihung der Ehrendoktorwürde wieder zurück. Bestätigt wurde diese „Kehrtwendung" durch ein Schreiben Martin Bormanns an das Reichserziehungsministerium unter dem 3. Mai 1940, wonach Hitler die Verleihung „irgendwie gearteter akademischer Grade ehrenhalber", Doktor, Senator und so weiter, an Politische Leiter und Gliederungsführer, an Minister, Staatssekretäre und Oberpräsidenten nicht wünsche; sämtliche Hochschulen seien entsprechend zu informieren.[430] Unterbunden war damit auch die von manchen Universitäten gern benutzte „Finte", Ehrensenatoren, Ehrenbürger und Ehrenmitglieder für unbestimmt bleibende, vielfach politische Verdienste auszuzeichnen.[431]

Prinzipiell sollten Ehrungen noch im Amt befindlicher deutscher Hochschullehrer unterbleiben. Überzeugt zeigte man sich im Karlsruher Ministerium davon, „dass mit der Verleihung von Ehrenpromotionen und sonstigen akademischen Würden nach der Machtübernahme kein Missbrauch mehr getrieben werden wird."[432] Gleichzeitig ordnete Reichswissenschaftsminister Bernhard Rust weiter an, „daß für eine Übergangszeit von 2 Jahren grundsätzlich für jede einzelne Hochschule nur eine Ehrenpromotion zugelassen werden kann." Davon absehen sollte man einzig bei den verhältnismäßig seltenen Einzelfällen, „in denen aus staatspolitischen Notwendigkeiten die Verleihung des Grades und der Würde eines Ehrendoktors – meist an Ausländer – geboten erscheint"; eine „Abweichung von der

---

[427] Unter dem 5.5.1933, Ausgabe A, 46. Jg, 2. – „Kein Titel", so soll Hitler gesagt haben, „sei größer als sein Name" (zit. nach HEIBER [wie Anm. 425], S.51 ff.).
[428] Vgl. HEIBER (wie Anm. 425), S. 51
[429] Zit. nach BACH (wie Anm. 402), S. 316; HEIBER (wie Anm. 425), S. 52.
[430] S. HEIBER (wie Anm. 425), S. 54.
[431] Vgl. HEIBER (wie Anm. 425), S. 51 f.
[432] Zit. nach Werner MORITZ, Kleine Schriften, Heidelberg 2007, S. 108 f.

Richtlinie vom 22.3.1938 werde ich von Fall zu Fall genehmigen."[433] Nur wenige Wochen später folgte eine Hausmitteilung Rusts an die Mitarbeiter seines Ministeriums: „Aufgrund einer internen Vereinbarung mit dem Stellvertreter des Führers sind die von den Hochschulen einzureichenden Vorschläge über die Verleihung der Ehrendoktorwürde zunächst dem Stellvertreter des Führers zuzuleiten. Erst nach Eingang der Stellungnahme des Stellvertreters des Führers kann der Fakultät mitgeteilt werden, daß gegebenenfalls von dem Einspruchsrecht (sc. des Reichserziehungsministeriums) kein Gebrauch gemacht oder von der beabsichtigten Ehrung abzusehen ist. Diese Beteiligung des Stellvertreters des Führers ist für eine Bekanntgabe an die Hochschulen nicht bestimmt."[434]

Zuständig für die Entscheidung über die Verleihung der Ehrendoktorwürde war der Dekan nach Anhörung der Fakultät und mit Genehmigung des Rektors, wie es bereits in der eingangs erwähnten Promotionsordnung aus dem Jahr 1937 festgehalten war; Einspruch einlegen konnte noch das Reichserziehungsministerium: „Es ist, daß die Hochschulen im nationalsozialistischen Staate die höchste von ihr zu vergebende Würde nur nach sorgfältigster Prüfung aller Voraussetzungen für die Verleihung einer solchen Auszeichnung vorzunehmen hat, um ihr dadurch ihr besonderes Ansehen zu sichern und zu verhüten, dass dieses, wie in der Zeit nach dem Weltkriege, durch Fehlentscheidungen empfindlich beeinträchtigt wird."[435] Rechnung getragen wurde damit einer Forderung, erhoben von hypernationalistischen Kreisen der Studentenschaft aus dem Jahr der Machtergreifung: „Der Dr. h.c. ist an so viele Unwürdige gefallen, daß er erst dann wieder in Deutschland ein Titel der Ehre ist, wenn die sonderbaren Ehrendoktoren ausgestorben sind oder die zuständigen akademischen Stellen in richtiger Erkenntnis ihrer Gleichschaltung die Größen der November-Republik ihres Dr. h.c's entkleiden und damit einen bedauerlichen Irrtum wieder richtig stellen."[436]

Vor Verleihung des Ehrengrades an deutsche Staatsangehörige war nunmehr zu prüfen, ob „die für die Ehrung in Aussicht genommene Persönlichkeit oder deren Ehegatte deutschen oder artverwandten Blutes ist, und ob sie unter Berücksichtigung ihrer früheren politischen Einstellung die unbedingte Gewähr dafür bietet, dass sie jederzeit rückhaltlos für den Nationalsozialismus eintritt." Unter Einbeziehung der Parteidienststellen könne eine solche Prüfung erforderlichenfalls erfolgen.[437] Nicht länger auf Lateinisch, sondern in deutscher Sprache musste das Doktordiplom fortan ausgestellt werden. Dazu kam es jedoch nicht mehr; bis auf eine einzige Ausnahme erfolgte während des gesamten Zeitraums von 1936 bis zum Ende des Zweiten Weltkriegs keine einzige juristische Ehrenpromotion in Heidelberg. Wohl unbeabsichtigt hatte man damit den „Wunsch" des „Führers"

---

[433] Reichswissenschaftsminister Bernhard Rust unter dem 26.11. 1943 (UAH, H-II-867/1).
[434] Zit. nach BACH (wie Anm. 402), S. 326.
[435] So Reichswissenschaftsminister Bernhard Rust unter dem 22.3.1938 (UAH, H-II-867/1).
[436] Zit. nach BACH (wie Anm. 402), S. 312.
[437] Richtlinien; Abschnitt II (wie Anm. 402).

erfüllt, „daß mit der Verleihung des Grades und der Würde eines Ehrendoktors so sparsam wie nur möglich umgegangen werde, und daß diese akademische Ehrung nur beim Vorliegen ganz besonderer Verdienste erfolgen möge."[438] Im Gegensatz zu Heidelberg betrachteten verschiedene Hochschulen diesen „Wunsch" Hitlers nur als eine unverbindliche Empfehlung. Der ehemalige Rektor der Ruperto Carola, Wilhelm Groh, nunmehr Ministerialreferent im Berliner Büro des Reichserziehungsministers Rust, appellierte daher eindringlich an seine ehemaligen Kollegen auf einer Konferenz Mitte Dezember 1940: „Wir hatten gebeten, bevor die Hochschulen von sich aus solche Auszeichnungen vornehmen, sich mit uns ins Benehmen zu setzen. Es ist aber nicht geschehen. Ich muß Ihnen nochmals amtlich mitteilen, ‚Der Führer wünscht nicht, daß politischen Leitern Ehrenbezeichnungen verliehen werden, ohne promoviert zu haben. Er wünscht auch nicht, daß sonst irgendeine Verleihung des akademischen Grades ehrenhalber erfolgt, auch nicht bei Ministern, Staatspräsidenten usw'. Nun ist ein klares Wort gesprochen. Ich bitte Sie dringend, das nicht mehr zu tun. Sie setzen sich größten Schwierigkeiten aus."[439] Anfang 1943 informierte ein vertraulicher Runderlass des Reichserziehungsministeriums die Rektoren darüber, „daß die Verleihung einer akademischen Würde jener Art (sc. Ehrendoktor) an verdiente Soldaten auf ganz besondere Ausnahmefälle beschränkt bleiben muß und nicht ohne persönliche Genehmigung des Führers erfolgen darf."[440] Und im Februar 1944 weist Hitler Reichserziehungsminister Rust noch einmal ausdrücklich darauf hin, mit dem Ehrendoktortitel „so sparsam wie nur möglich" umzugehen.[441]

Im Zusammenhang mit der Aberkennung des Doktortitels an der Universität Heidelberg nach der Machtergreifung wurde auch der Entzug von Ehrenpromotionen im Umfeld des badischen Ministeriums des Kultus, des Unterrichts und der Justiz diskutiert.[442] Den Hintergrund bildete der Erlass des Reichserziehungsministers Bernhard Rust vom 12. Februar 1934 an die Hochschulen, „Unwürdigen den Doktortitel, Ehrendoktortitel und sonstige akademische Ehrungsgrade zu entziehen, wenn diese eine Ehrung lediglich erfuhren, weil sie im politischen Leben maßgeblich als Gegner der völkischen und nationalen Erstarkung hervorgetreten waren." Innerhalb des Ministeriums verständigte man sich darauf, dass bei einer Aberkennung der Ehrenpromotion „grundsätzlich geprüft werden" sollte, ob (1) „die Ehrung mit Rücksicht auf die politische oder amtliche Betätigung des Geehrten in einer früheren Regierung ohne wissenschaftliche oder vaterländische Verdienste erfolgt war," oder ob (2) „der Geehrte lediglich aus persönlicher Eitelkeit durch Geldspenden die Ehrung erreichte, ohne damit in Wirklichkeit den Zweck der Förderung der Wissenschaft zu verfolgen," und wenn (3) „der Geehrte sich

---

[438] Unter dem 6.4.1944 (UAH, H-II-867/1).
[439] Zit. nach BACH (wie Anm. 402), S. 322.
[440] Zit. nach BACH (wie Anm. 402), S. 323.
[441] Zit. nach HEIBER (wie Anm. 425), S. 54.
[442] S. MORITZ (wie Anm. 432), S. 104 ff., 108 f.

trotz wissenschaftlichen Verdienstes in hartnäckiger Weise gegen den Nationalsozialismus und gegen das Deutsche Reich betätigt hat."[443] Systematisch diskreditiert werden sollten damit die älteren Ehrenpromotionen, vorwiegend verliehen während der Zeit der Weimarer Republik. Aufgetragen wurde daher den einzelnen Fakultäten, dies zu überprüfen und binnen eines Monats dem Minister zu berichten. Dennoch kam es im Hinblick auf die Juristische Fakultät in keinem einzigen Fall zu einem Entzug der Ehrenpromotion durch die Heidelberger Universität.[444] Zwar war die Fakultät bereits 1933 angewiesen worden, die Promotionen der letzten 14 Jahre im Hinblick darauf zu überprüfen, ob man sie vor dem Hintergrund politischer Betätigung des Promovierten noch als gerechtfertigt ansehen könne. Prodekan Eugen Ulmer nahm die mühselige und undankbare Arbeit einer Überprüfung der Ehrenpromotionen auf sich mit dem Ergebnis, dass bei keiner einzigen Promotion politische Erwägungen festgestellt werden konnten, eine Entziehung daher nicht angezeigt sei. Wohl nicht weiter beachtet wurden von der Fakultät die wiederholten Aufforderungen Karlsruher und Berliner Behörden zu überprüfen, ob unter den Promovierten sich „jüdische oder marxistische Politiker", „offensichtliche Konjunkturpersönlichkeiten und Schieber" oder auch Personen befinden, die sich „in besonders hartnäckiger und gemeiner Weise gegen den Nationalsozialismus und gegen Deutschland ausgesprochen hätten."[445] Scharf kritisiert Rust in einem weiteren Erlass an die Universitäten vom 17. Juli 1934 , dass noch keine einzige Entziehung eines Doktortitels erfolgt sei, weil „die Promotionsordnungen bisher entweder Bestimmungen über eine Entziehung des Doktorgrades überhaupt nicht enthalten oder aber die Entziehung von so engen Voraussetzungen abhängig machen, dass auch in solchen Fällen, in denen der Inhaber eines Doktortitels sich durch sein Verhalten als der Doktorwürde unwürdig erweist und eine Entziehung des Doktortitels dringend wünschenswert erscheint, eine solche Entziehung nicht möglich ist."[446] Mit dem Gesetz über die Führung akademischer Grade vom 4. Juni 1939 und dem Gesetz über die Entziehung akademischer Grade vom 7. Juni 1939 wurden die Gründe für einen Entzug bereits verliehener Doktor- und Ehrendoktorwürden gemäß den vorhergehenden Ausführungen festgelegt.

Nur eine einzige Ehrenpromotion erfolgte an der Juristischen Fakultät während des gesamten Zweiten Weltkrieges, wobei zweifelhaft bleibt, ob sie je durchgeführt wurde.[447] Hierbei handelte es sich um den slowenischen Nationalsozialisten

---

[443] Zu den weiteren Einzelheiten s. MORITZ (wie Anm. 432), S. 108 f.
[444] Vier Ehrenpromotionen aus dem Bereich der Philosophischen Fakultät wurden nach 1933 von der Universität Heidelberg aberkannt, zwei davon nach 1945 wieder rehabilitiert (vgl. MORITZ [wie Anm. 432], S. 109 f., 114 f.).
[445] Zit. nach BAUR (wie Anm. 9), S. 262.
[446] Zit. nach BACH (wie Anm. 402), S. 313.
[447] In den Aktenbeständen des Universitätsarchivs ist keine Ehrenurkunde oder deren Abschrift erhalten. – Folgt man den Ausführungen von Bach (wie Anm. 402, S. 329 f.), so lehnte 1938 die Heidelberger Juristische Fakultät die Ehrenpromotion Friedrich von Gottl-Ottilienfelds, Mitglied der „Akademie für Deutsches Recht", Ehrenmitglied des

und Ministerpräsidenten Vojtech Tucka (auch Adalbert Bela). Geboren wurde Vojtech Tucka 1880 in Plang (Slowakei). Rechtswissenschaften studierte er in Budapest, Berlin und Paris. Als Universitätsdozent unterrichtete Tuka nach seiner 1901 erfolgten Promotion in Budapest Völkerrecht, danach – von 1907 bis 1914 - lehrte er neben Völkerrecht auch Rechtsphilosophie an der juristischen Akademie Fünfkirchen, wechselte dann an die ungarische Elisabeth-Universität in Preßburg. Bald nahm er in der Slowakischen Volkspartei (Blinka) und im tschechoslowakischen Parlament eine führende Rolle ein. 1923 beteiligte sich Tucka, ein Bewunderer des italienischen Faschismus, am Hitlerputsch in München. Von 1925 bis 1929 war Tucka Abgeordneter im tschechoslowakischen Parlament. 1929 wurde er verhaftet, wegen Spionage für Ungarn angeklagt und zu 15 Jahren Zuchthaus verurteilt; durch einen Gnadenakt gelangte er 1937 wieder in die Freiheit. Weiterhin trat er für eine Loslösung der Slowakei vom tschechischen Landesteil ein. Als Führer der faschistischen Partei der Ludaken wurde Tucka 1939 zunächst Vize-Ministerpräsident, danach zweiter Ministerpräsident sowie ab 1940 auch Außenminister der Slowakei. In dieser Eigenschaft vertrat Tucka die Idee eines slowakischen Nationalsozialismus und sprach sich für eine enge Zusammenarbeit mit dem Dritten Reich aus. Am 14. Januar 1940 zum ersten Rektor der Slowakischen Universität in Preßburg gewählt, veröffentlichte Tucka sein Hauptwerk, „Die Rechtssysteme. Grundriß einer Rechtsphilosophie" (Berlin, Wien 1941).

Tucka gilt als Initiator der 1942 durchgeführten Deportation von zwei Drittel der slowakischen Juden in deutsche Vernichtungslager.[448] Ein Jahr zuvor hatte er den Kriegseintritt der Slowakei gegen die Sowjetunion an der Seite des Deutschen Reiches bekannt gegeben. Als Folge des Aufstandes im August 1944 trat Tucka Anfang September 1944 zurück. Nach der deutschen Kapitulation wurde er verhaftet, Ende Juli 1946 vom Volksgerichtshof in Preßburg zum Tode durch den Strang verurteilt und als Kriegsverbrecher im August 1946 hingerichtet.

Man kann davon ausgehen, dass nicht von der Universität Heidelberg und ihrer Juristischen Fakultät die Initiative zur Verleihung der sicherlich politisch erwünschten Ehrendoktorwürde an Tucka ausging, vielmehr folgte der damalige Rektor Paul Schmitthenner wohl einem Ukas des von Ribbentrop geleiteten Außenministeriums oder des Reichserziehungsministeriums.[449] Von „wissenschaftlichen Verdiensten" kann bei der Ehrenpromotion Tuckas keine Rede sein. Vergeblich bleibt die Suche nach einer Stellungnahme der Fakultät; freilich ist die aktenmäßige Überlieferungslage für diesen Zeitraum äußerst dürftig. Bezeichnend ist,

---

NS-Rechtswahrerbundes und Beisitzer des Ehrengerichtshofes, ab; die Staats- und Rechtswissenschaftliche Fakultät der Berliner Friedrich-Wilhelms-Universität nahm dann diese Ehrung vor. Aus den Akten des Universitätsarchivs lässt sich dieser Vorgang nicht mehr rekonstruieren.

[448] Zu diesen Deportationen s. Jörg Konrad HOENSCH, Studia Slovaca: Studien zur Geschichte der Slowaken und der Slowakei, München 2000, S. 242 f.

[449] Zu den Ehrenpromotionen als Mittel der Diplomatie und zur Beteiligung des Auswärtigen Amtes s. BACH (wie Anm. 402), S. 331 ff.

dass die Suche nach dem Ehrendoktordiplom Tuckas in den Beständen des Universitätsarchivs erfolglos bleibt; auch über eine Aberkennung des Ehrendoktorats finden sich keine weiteren Anhaltspunkte.

Ebenso vermochte die NSDAP Einfluss zu nehmen auf die Erteilung des Dr. h.c.[450] Von dem Erfordernis „herausragender wissenschaftliche Leistungen", wie noch in den Richtlinien gefordert, war nicht mehr die Rede. Längst hatte die Fakultät, obgleich nominell immer noch zuständig, ihr Verfügungsrecht über die Ehrenpromotionen verloren.[451]

---

[450] BACH (wie Anm. 402), S. 327 (Verleihung des Dr. h.c. auf Veranlassung des Reichsleiters der NSDAP, Baldur von Schirach, an den Dichter Josef Weinheber durch die Universität Wien).

[451] Im September 1941 wird dem Wirtschaftsführer Carl Krauch von der Philosophischen Fakultät der Heidelberger Universität mit Genehmigung der Partei-Kanzlei die Würde eines Ehrendoktors verliehen, im Juli 1942 dem an der Ruperto Carola lehrenden Volkskundler und überzeugten Nationalsozialisten Eugen Fehrle (vgl. HEIBER [wie Anm. 425], S. 62 f.).

VII Neubeginn: Ehrenpromotionen in der Nachkriegszeit und in der Bundesrepublik Deutschland

Mit dem Einmarsch amerikanischer Truppen in Heidelberg Ende März 1945 wurde die Universität zwangsweise geschlossen. Bereits wenige Monate später konstituierte sich ein „Dreizehnerausschuss zum Wiederaufbau der Universität" unter dem Vorsitz des Theologen Martin Dibelius. Ihm gehörten als Vertreter der Juristischen Fakultät der 1933 entlassene, nunmehr zum Dekan bestimmte Gustav Radbruch und auch Walter Jellinek, 1935 aus rassischen Gründen zwangsemeritiert, an. Nach langwierigen Verhandlungen mit der amerikanischen Besatzungsmacht konnten die Fakultäten zum Wintersemester 1945/46 ihren Lehrbetrieb wiederaufnehmen. Eine neue Universitätssatzung war bereits im November 1945 verabschiedet worden.[452] Gleichfalls hatte man sich auf eine neue, von nationalsozialistischem Gedankengut bereinigte Promotionsordnung geeinigt, welche am 1. Oktober 1947 in Kraft trat. Ihr § 11 lautete:

> „Für hervorragende Verdienste um die Rechtswissenschaft kann die Fakultät mit Zustimmung von Rektor und Senat die Doktorwürde honoris causa verleihen. Ein in der Fakultät gestellter Antrag ist abgelehnt, wenn mehr als ein Mitglied dagegen stimmt. In dem über die Ehrenpromotion auszuhändigenden Diplom sind die Verdienste des Promovierten hervorzuheben."[453]

Nur unwesentliche Veränderungen erfuhren die Bestimmungen zur Verleihung der Ehrendoktorwürde in den nachfolgenden Promotionsordnungen der Juristischen Fakultät vom 13. Dezember 1951 (§ 12) und vom 9. Januar 1959 (§ 13). Erst die Promotionsordnung vom 15. November 1976 regelte die Verleihung des Dr. h.c. ausführlicher, ohne aber grundsätzlich von dem Erfordernis „hervorragender wissenschaftlicher Leistungen auf dem Gebiet des Rechts einschließlich seiner Grenzgebiete" abzuweichen. Nunmehr setzte die Verleihung gemäß § 15 einen Antrag von mindestens zwei Universitätslehrern voraus:

> „Nach Eingang des Antrags hat der Dekan unverzüglich den Promotionsausschuß einzuberufen, dem sämtliche Universitätslehrer angehören. Der Ausschuß prüft und entscheidet, ob die Voraussetzungen des Absatzes 1 vorliegen. Zur Vorbereitung seiner Entscheidung bestellt er aus seiner Mitte zwei Berichterstatter. Bejaht der Promotionsausschuß das Vorliegen der Voraussetzungen mit Dreiviertel-Mehrheit, entscheidet die

---

[452] S. hierzu Hermann WEISERT, Die Verfassung der Universität Heidelberg, Heidelberg 1974, S. 138 ff.
[453] S. BAUR (wie Anm. 9), Urkunde 24, S. 397 ff. (400).

erweiterte Fakultätskonferenz über den Antrag auf Verleihung wiederum mit Dreiviertel-Mehrheit. Die Verleihung des Dr. iur. h.c. erfolgt durch Überreichung des hierfür ausgefertigten Diploms, in welchem die Leistungen des Promovierten hervorzuheben sind."[454]

Ergänzt wird diese Bestimmung in der Promotionsordnung vom 23. Juli 1982 durch das Erfordernis der Zustimmung des Senats für die Verleihung des Dr. iur. h.c. nach § 19, welche dann auch Eingang fand in die Promotionsordnung vom 1. April 2007 (§ 18). In ihrer Sitzung vom 14. Juli 1965 hatte die Fakultät beschlossen, Ehrenpromotionen in zwei Lesungen zu beraten: Die erste Lesung sollte – ohne formelle Abstimmung – nur der Beratung dienen. Erst im Anschluss an die zweite Beratung findet dann die Beschlussfassung durch die Fakultät statt.[455] Auf keinen größeren Zuspruch stieß die Anregung von Wilhelm Gallas, vorgetragen unter dem 27. Juni 1966, zu prüfen, „ob die Fakultät ihr internationales Ansehen nicht steigern könne, daß sie den einen oder anderen prominenten ausländischen Gelehrten, der besonders enge Beziehungen zur deutschen Wissenschaft habe, die Ehrendoktorwürde verleiht."[456]

1 Ernst Walz

Nur wenige Monate nach dem Erlass einer neuen Promotionsordnung im Spätherbst des Jahres 1947 erfolgte die erste Ehrenpromotion seit dem Ende des Zweiten Weltkriegs. Ausgezeichnet wurde unter dem 14. Februar 1948 Ernst Walz, früherer Oberbürgermeister der Stadt Heidelberg, „in Anerkennung seiner Verdienste um den Wiederaufbau des deutschen Rechtslebens."[457] Man rühmte ihn als „Hüter bester badischer Verwaltungstradition, ausgezeichneten Kenner und wissenschaftlichen Ergründer des heimischen Rechts, unermüdlichen Kämpfer für rechtsstaatliche Demokratie."[458]

Ernst Walz, 1888 in Frankfurt am Main geboren, studierte nach dem Abitur am Heidelberger Kurfürst Friedrich Gymnasium Rechtswissenschaften in Paris, Heidelberg und München. Im Anschluss an das Erste Staatsexamen, zwei Jahre vor Ausbruch des Ersten Weltkriegs, leistete er Wehrdienst und diente nach Kriegsbeginn 1914 als Reserveoffizier in einem Kavallerieregiment. 1919 folgte die Zweite Juristische Staatsprüfung, danach reüssierte er in den badischen Staatsdienst als Kommunalreferent der Regierung. Im sog. „Preußenstreit" vor dem Staatsgerichtshof des Reiches vertrat Walz das Land Baden. 1932 zum Ministerialrat im Karlsruher Innenministerium befördert, versetzte man ihn aus rassischen Gründen

---

[454] Vgl. BAUR (wie Anm. 9), S. 417 f.
[455] UAH, H-II-867/1.
[456] UAH, H-II-867/1.
[457] UAH, H-II-868/18.
[458] UAH, H-II-868/18.

– seine Mutter war amerikanische Staatsangehörige deutsch-jüdischer Abstammung – an den politisch nur wenig bedeutsamen Rechnungshof.[459] „Abgeschoben" wurde Ernst Walz 1937 zunächst in den einstweiligen, 1942 dann in den endgültigen Ruhestand. 1945, nach dem Ende des Zweiten Weltkriegs, findet man Ernst Walz in dem von den Amerikanern eingesetzten Präsidialkollegium für die kurzlebige Provinzialregierung Mittelrhein-Saar, von dort aus gelangte Walz in die Regierung Nordbaden und schließlich übernahm er im September 1945 (bis 1946) kommissarisch das Amt des Oberbürgermeisters von Heidelberg, ernannt vom Präsidenten des Landesdirektoriums Mannheim. Späterhin wechselte er (1953) als Vize- und Senatspräsident in den Karlsruher Senat des Verwaltungsgerichtshofs Stuttgart. Daneben amtete Walz ab 1949 zudem als Präsident des Dienststrafhofs Karlsruhe, von 1950 bis 1952 gehörte er dem Staatsgerichtshof für Württemberg-Baden an. Als Senatspräsident des Badischen Verwaltungsgerichtshofs in Karlsruhe trat er in den Ruhestand. Auch nach seiner Pensionierung blieb Walz nicht untätig: Die baden-württembergische Regierung berief ihn als unabhängigen Sachverständigen zum Leiter des Verwaltungsreformausschusses, der von 1956 bis 1960 tagte, von 1950 bis 1954 war er der Erste Vorsitzende der „Vereinigung der Freunde der Studentenschaft", zehn Jahre leitete Walz gleichfalls als Vorsitzender die v. Portheim-Stiftung für Wissenschaft und Kunst, ehrenamtlich wirkte er u.a. als Direktor am Frankfurter Institut zur Förderung öffentlicher Angelegenheiten. Wissenschaftlich hervorgetreten war Ernst Walz mit zahlreichen kleineren Publikationen zu praktisch bedeutsamen Problemen des Kommunalrechts, der Staatsaufsicht, des Stiftungsrechts, des Disziplinarrechts und des Wahlrechts. Erwähnenswert sind gleichfalls seine beiden Bücher über die „Ablösung der Marktanleihen der Gemeinde und Gemeindeverbände in Baden" und „Bürgerrecht und Bürgernutzen im badischen Recht".[460]

1953 wurde er mit dem Großen Verdienstkreuz des Verdienstordens der Bundesrepublik Deutschland ausgezeichnet. Ende des Jahres 1966 verstarb Ernst Walz in Heidelberg.

2 Carl Joachim Friedrich

Unter dem 13. Dezember 1951 trat eine neue Promotionsordnung der Juristischen Fakultät in Kraft, welche ohne jegliche Korrektur den bereits erwähnten § 11 der Promotionsordnung – nunmehr § 12 – aus dem Jahr 1947 übernahm.[461] Wenige Monate zuvor war am 6. Juni 1951 der amerikanische Staatsbürger und Professor für Regierungslehre an der Harvard Universität Carl Joachim Friedrich mit der Würde eines Doktor honoris causa ausgezeichnet worden. Hervorgehoben finden

---
[459] S. Paul FEUCHTE, Art. Ernst Walz (1888–1966), in: OTTNAD (Hrsg.), Württembergische Biographien 2 (1999), S. 472–474.
[460] Erschienen 1926 und 1930 bei Emmerling in Heidelberg.
[461] S. BAUR (wie Anm. 9), Nr. 25 S. 402 ff. (405), und S. 135 (in diesem Buch).

sich in der Urkunde Friedrichs mannigfachen Verdienste um das Fach Politikwissenschaft und seine Aktivitäten im Bereich des transatlantischen Kulturaustauschs: *„Qui non solum philosophiae politicae historiam dissertationibus acutissimis editionibusque accuratissimus promovit ... virtutes utriusque patriae consocians quibus et veteri et novae reconciliandis post bellum perniciosissimum felicissime operam navavit."*

In der Messestadt Leipzig wurde Friedrich 1901 geboren.[462] Nach dem Abitur 1919 meldete er sich als Freiwilliger zum „Grenzschutz Ost", immatrikulierte sich im Wintersemester 1919/20 zunächst an der Medizinischen Fakultät der Universität Marburg, um sich dann 1921 doch noch für das Studium der Nationalökonomie zu entscheiden. Zum Sommersemester 1922 wechselte Friedrich nach Heidelberg an das neu begründete Institut für Nationalökonomie unter der Leitung von Alfred Weber, bei dem er 1930 über das nordamerikanische Eisenbahnwesen promovierte.[463] Prägend für seinen weiteren Lebensweg wurde der Aufenthalt in den Vereinigten Staaten zu Beginn seines Studiums in Heidelberg.[464] Nach seiner Rückkehr begründete Friedrich zusammen mit Arnold Bergsträsser den „Staatswissenschaftlichen Austauschdienst", der noch heute unter dem Namen „Deutscher Akademischer Austauschdienst" (DAAD) fortbesteht. Bis 1926 leitete er als Vertreter des deutsch-amerikanischen Studienaustauschs die Außenstelle in New York. Danach übernahm Friedrich einen Lehrauftrag an der renommierten Harvard Universität, avancierte 1936 zu einem „Full Professor" für Regierungslehre und erwarb die amerikanische Staatsbürgerschaft. 1937 entstand sein bedeutendstes theoretisches Werk „Constitutional Government and Democracy". Neue, wenn auch teilweise umstrittene Ideen und eigenwillige Ansichten entwickelte er in der Erforschung des Konstitutionalismus, des Föderalismus und des Totalitarismus.

Vielfältig sind seine Funktionen nach der deutschen Kapitulation im Mai 1945: Herangezogen wurde Friedrich bei der Erstellung des Marshall-Planes wie auch des Moskauer Viermächteabkommens 1947. Als Mitarbeiter im Stab des Generals Lucius Clay begleitete er, der sich selbst als Deutsch-Amerikaner bezeichnete, den sich mählich vollziehenden Prozess der Wiedereinführung von Rechtsstaatlichkeit und Demokratie in den Westzonen. Ein knappes Dezennium später, 1956, wird Friedrich – neben seiner Harvard Professur – zum Professor „ad personam" für Staatslehre und Politik an der Ruperto Carola ernannt. Zusammen mit Dolf Sternberger war er maßgeblich beteiligt an der Errichtung des „Instituts für politische Wissenschaften" innerhalb der Juristischen Fakultät. Unbestritten galt damals

---

[462] S. Hans J. LIETZMANN, Carl Joachim Friedrich (1901-1984), in: Wilhelm BLEEK/Hans J. LIETZMANN (Hrsg.), Klassiker der Politikwissenschaft, München 1997, S. 179–191; SCHROEDER (wie Anm. 28), S. 687 ff.

[463] S. Stephan KIRSTE, Carl Joachim Friedrich (1901-1984), in: Peter HÄBERLE/Michael KILIAN/Heinrich WOLFF (Hrsg.), Staatsrechtslehrer des 20. Jahrhunderts, 2. Aufl. (2018), S. 653-670.

[464] Vgl. Joachim DETJEN, Art. Friedrich, Karl, in: Fred Ludwig SEPAINTNER (Hrsg.), Baden-Württembergische Biographien, Bd. VI, Stuttgart 2016, S.125–128 (125).

Friedrich, der weiterhin zwischen Harvard und Heidelberg pendelte, als der international renommierteste Politikwissenschaftler an einer deutschen Universität. Seine wissenschaftspolitische Bedeutung beruhte in der Vermittlung zwischen zwei Kulturbereichen – dem amerikanischen und dem deutschen – wie auch in seiner beispielhaften Förderung der europäischen Einigung. Über die 1966 erfolgte Emeritierung hinaus blieb Friedrich eine Reihe von Jahren Heidelberg mit Lehrveranstaltungen und Vorträgen verbunden. 1984 verstarb Carl Joachim Friedrich in den USA nach langer Krankheit.

3   Kurt Latte

Gleichfalls am 6. Juni 1951, dem 565. Jahrestag der Universität, erhielt auch Kurt Latte, Ordinarius für klassische Philologie an der Universität Göttingen, die Ehrendoktorwürde der Heidelberger Juristischen Fakultät verliehen. Ausgezeichnet werden sollte mit diesem Akt einer der herausragendsten deutschen Philologen des 20. Jahrhunderts.

In Königsberg, Hauptstadt Ostpreußens, wurde Kurt Latte 1891 als Sohn eines jüdischen Arztes geboren.[465] Nach dem Abitur studierte Kurt Latte klassische Philologie, Indologie, vergleichende Sprachwissenschaft und weitere benachbarte Fächer wie Archäologie, Romanistik und Papyrologie in Bonn und seiner Heimatstadt Königsberg, an deren Universität er 1913 promovierte und das Staatsexamen ablegte. Noch während des Referendariats meldete er sich freiwillig zum Kriegsdienst und nahm bis 1918 als Offizier, ausgezeichnet mit dem Eisernen Kreuz, an mannigfachen Kampfeinsätzen an den Fronten im Osten und Westen teil. Nach Kriegsende setzte er seine Referendarausbildung fort. An der Universität Münster, wo er eine Assistentenstelle am Institut für Altertumskunde bekleidete, schloss Latte seine Habilitationsschrift mit dem Titel „Heiliges Recht. Untersuchungen zur Geschichte der sakralen Rechtsformen in Griechenland" ab. Sein erster Ruf führte Kurt Latte auf das Ordinariat für klassische Philologie an der Universität Greifswald, 1926 folgte er dem Ruf an die Universität Basel und 1931 an die Universität Göttingen. Sein lebenslanges Arbeitsgebiet war die Klärung problematischer Leseweisen von Inschriften. Vehement vertrat er, gegen vielfach vorgetragenen Widerspruch, die These von der zunehmenden Politisierung des zunächst sakralen frühen Rechts.

Nach 1933 wurde für Latte, obgleich Frontkämpfer des Ersten Weltkriegs, vor dem Hintergrund der sich ständig verschärfenden judenfeindlichen Gesetze seine persönliche Situation immer prekärer.[466] Dennoch gelang es ihm, unterstützt von zahlreichen Kollegen, bis zum Kriegsende sich erfolgreich der Verfolgung durch

---

[465] S. Hans HUCHZERMEYER, Studien zu Musik- und Kulturgeschichte Berlins, Pommerns und Ostpreußens im 19. und frühen 20. Jahrhundert, Minden 2013, S. 272–284.

[466] Vgl. Utz MAAS, Verfolgung und Auswanderung deutschsprachiger Sprachforscher 1933–1945, Tübingen 2010.

die NS-Schergen zu entziehen. Bemerkenswert bleibt, dass er in diesen bedrängenden Jahren weiterhin an seiner großen kritischen Ausgabe des Hesychii Alexandrini Lexicon arbeiten konnte; von 1953 bis 1966 erschien sie in zwei Bänden in Kopenhagen.

Bereits seit Oktober 1945 lehrte Latte wieder in Göttingen, nach einem Semester erhielt er seinen alten Lehrstuhl zum November 1946 zurück. Merkwürdig und letztlich unverständlich bleibt das negative Gutachten Lattes über die wissenschaftlichen Leistungen seines Fachkollegen Konrat Zieglers, die dessen Berufung nach Göttingen verhinderte. Denn Ziegler hatte ihn unter Gefährdung seines eigenen Lebens vor der Verfolgung durch die Gestapo versteckt.[467]

Ungeteilte Anerkennung fanden jedoch die immensen Leistungen Lattes auf dem Gebiet der Altertumswissenschaft, arbeitete er doch auf dem gesamten Feld der klassischen griechischen und lateinischen Philologie. So hebt auch die Ehrendoktorurkunde in ihrer Laudatio hervor: *„Quoniam praeter studia litterarum et historiae rerum humanarum atque divinarum fecundissima Graecorum iuris primordia nova luce funditus inlustravit nec non de vetere iure romanorum tam publico quam privato acutissime uberrimque disseruit eruditione et doctrina grammaticus iuris consultis ingenio."*

Lattes großer Verdienst bestand ebenso darin, dass durch sein Engagement die deutschen Akademien nach den verheerenden Jahren der NS-Zeit wieder in den internationalen Vereinigungen Aufnahme fanden.[468] 1957 ließ er sich vorzeitig emeritieren, übersiedelte nach Oberbayern, wo er noch die Gelegenheit wahrnahm, eng mit den Kollegen der Münchener Juristischen Fakultät zusammen zu arbeiten. 1964 verstarb Kurt Latte in Tutzing.

4   Hermann Weinkauff

Auch Hermann Weinkauff, Präsident des BGH, wurde am 22.11.1951 mit der Würde eines Ehrendoktors durch die Heidelberger Juristische Fakultät ausgezeichnet. Ihr Dekan, Professor Dr. Eugen Ulmer, überreichte ihm die Urkunde. Pathetisch heißt es in der Laudatio: „Weinkauff wacht als erfahrener und weiser Richter in Fortführung der ruhmreichen Überlieferung des Reichsgerichtes über die Einheit des deutschen Rechts und mit dem sich die deutsche Rechtswissenschaft im Bekenntnis zu den ethischen Grundlagen unseres Rechts eng verbunden weiß." Ungeklärt bleibt, von welchem Mitglied der Fakultät die Initiative zu dieser Ehrung Weinkauffs letztlich ausging.[469] Überschwänglich bedankte Weinkauff sich bei Ulmer wenige Tage nach der Verleihung mit dem Hinweis darauf, dass er diese

---

[467] Vgl. Bettina KRATZ-RITTER, Ein Göttinger „Gerechter unter den Völkern", Göttingen 2002.
[468] Vgl. Heinrich DÖRRIE, Art. Latte, Kurt, in: NDB 13 (1982), S. 685–686.
[469] S. Daniel HERBE, Hermann Weinkauff (1894–1981) – Der erste Präsident des Bundesgerichtshofs, Tübingen 2008, S. 94 i.V. mit Anm. 365.

Ehre umso höher schätze, sei er doch selbst Student an der Heidelberger Universität gewesen.

In Trippstadt wurde Hermann Weinkauff 1894 geboren. Nach dem Abitur studierte er Rechtswissenschaft an den Universitäten in München, Heidelberg, Würzburg und Paris. Unterbrochen wurde seine weitere Ausbildung durch den Ersten Weltkrieg, in dem er bei der Feldartillerie an der Westfront diente. Nur wenige Jahre nach Kriegsende bestand er erfolgreich die Erste und Zweite juristische Staatsprüfung. Aufgrund seiner hervorragenden Examina eröffnete sich für Weinkauff eine glänzende Justizkarriere, die ihn bis zum höchsten deutschen Gericht, dem in Leipzig beheimateten Reichsgericht, führte. Während des gesamten Zweiten Weltkriegs war er Mitglied des I. Zivilsenats, ohne aber je der NSDAP anzugehören. Dem NS-Rechtswahrerbund trat er 1936 bei, zwei Jahre zuvor, 1934, der Nationalsozialistischen Volkswohlfahrt.

Nach wenigen Monaten in einem amerikanischen Internierungslager wurde Weinkauff 1947 in den bayerischen Justizdienst übernommen und 1949 zum Präsidenten des Landgerichts Bamberg ernannt. Das Ende und gleichzeitig den Höhepunkt seiner Richterkarriere bedeutete die Berufung durch den Bundespräsidenten zum ersten Präsidenten des in Karlsruhe 1950 begründeten Bundesgerichtshofs. Ausgezeichnet mit dem Großen Bundesverdienstkreuz mit Stern und Schulterband ging er 1960, zwei Jahre vor seiner Pensionierung, in den Ruhestand. 1981 verstarb Hermann Weinkauff in Heidelberg.

Wurde Weinkauff noch zu seinen Lebzeiten gerühmt als die „bedeutendste Richterpersönlichkeit" und als ein Mann, der die Zeit des Hitler Regimes „ohne Zugeständnisse an das NS-Regime durchgestanden" habe, verdunkelte sich doch in den letzten Jahren sein einst so strahlendes Bild immer stärker. Nunmehr wird er als einer der vielen „Mitläufer in roter Richterrobe" bezeichnet, der nach dem Krieg „jede Gelegenheit nutzte – nicht selten selbst erst schuf – zur Weißwäsche und Schönfärberei."[470]

5   Walther Koransky

Am 7. Oktober 1952 verlieh die Heidelberger Juristische Fakultät dem Präsidenten des in Stuttgart beheimateten Verwaltungsgerichtshofes Württemberg-Baden, Walther Koransky, die Ehrendoktorwürde „als dem Hüter der Idee des Rechtsstaates im Bereich des öffentlichen Rechts" wie auch in „Anerkennung seiner Verdienste um die Entwicklung der Verwaltungsrechtspflege in Baden-Württemberg und seines Verständnisses für die Notwendigkeit der Zusammenarbeit von Wissenschaft und Praxis."

---

[470] FAZ v. 28.7.2007.

Auf eine lange und bewegte Geschichte kann dieser Gerichtshof zurückblicken. Bereits 1863 wurde der Badische Verwaltungsgerichtshof in Karlsruhe, Hauptstadt des damaligen Großherzogtums Baden, errichtet; 1876 folgte der Württembergische Verwaltungsgerichtshof in Stuttgart für das Königreich Württemberg. Nach dem Ende der nationalsozialistischen Herrschaft wurden in den 1945 entstandenen Ländern Württemberg-Baden und Württemberg-Hohenzollern jeweils eigene Verwaltungsgerichtshöfe in Stuttgart (mit Außenstellen in Karlsruhe, Freiburg und Bebenhausen bei Tübingen) eingerichtet. Nur wenige Jahre später berief man Walther Koransky am 1. August 1949 zum ersten Präsidenten des Verwaltungsgerichtshofs Württemberg-Baden in Stuttgart.

Geboren wurde Walther Koransky 1889 in der badischen Residenzstadt Karlsruhe. Nach dem Abitur studierte er Rechtswissenschaften an den Universitäten Heidelberg, Straßburg, Berlin und Freiburg. Nach vorzüglichen Ersten und Zweiten Staatsexamina wurde er im November 1918 in den badischen Justizdienst übernommen, wo Koransky zuletzt als Amtsgerichtsrat tätig war. Aufgrund § 3 des Berufsbeamtengesetzes versetzte man ihn, obgleich katholisch getauft, als „jüdisch-stämmig" in den Ruhestand. Möglich war es ihm aber, bei verschiedenen Versicherungsgesellschaften während der Jahre 1935 bis 1938 und 1944 bis 1946 zu arbeiten.

Nach dem Zusammenbruch 1945 kehrte er ungesäumt in den Staatsdienst zurück: Zunächst als Landgerichtsdirektor in Karlsruhe, dann als Ministerialrat, wenig später als Ministerialdirektor. Im Februar 1948 betraute man ihn mit der Leitung des württembergisch-badischen Ministeriums für politische Befreiung bis zu dessen Auflösung 1950. Schon zuvor war er am 1. August 1949 zum Präsidenten des Verwaltungsgerichtshofes Württemberg-Baden in Stuttgart ernannt worden. Diese Tätigkeit bildete auch den Hintergrund für die Verleihung des Dr. h.c. durch die Heidelberger Juristische Fakultät.

Seine Karriere beendete Walther Koransky als Präsident des Staatsgerichtshofs 1958. Bereits zwei Jahre zuvor hatte er um seine Pensionierung als Präsident des Verwaltungsgerichtshofs nachgesucht, verabschiedet wurde er aus diesem Anlass mit der Verleihung des Großen Bundesverdienstkreuzes. Gegen Ende des Jahres 1963 verstarb Walther Koransky in Berlin.

6   Theodore Thiesing

Nur wenig ist über Theodore Thiesing in Erfahrung zu bringen, welcher am 6. Dezember 1952 mit der Heidelberger Ehrendoktorwürde von der Juristischen Fakultät ausgezeichnet wurde. In der Laudatio werden insbesondere seine Verdienste um den deutsch-amerikanischen Juristenaustausch hervorgehoben: „In Anerkennung seines unermüdlichen Wirkens für deutsch-amerikanische Rechts- und Kulturbeziehungen und seines Eintretens für Recht und Gerechtigkeit in Wort und Schrift."

Thiesing selbst war ein bekannter New Yorker Rechtsanwalt, welcher in verschiedenen Funktionen im Dienst der amerikanischen Regierung stand. Geboren wurde Thiesing 1890 in Hildesheim, emigrierte 1910 in die Vereinigten Staaten und erwarb 1915 die amerikanische Staatsbürgerschaft. Bemerkenswert ist, dass er dem Institut für kanonisches Recht an der Universität Yale als „trustee emeritus oft the Consular Society" vorstand. Ebenso bekleidete er das Amt eines Ehrenpräsidenten der Deutsch-amerikanischen „School Association"; als Vorsitzender der Deutsch-Amerikanischen Handelskammer war er ein gesuchter Ansprechpartner für die Belange der deutschen Industrie. Jahre zuvor hatte Thiesing Aufmerksamkeit erregt durch seine 1936 erschienene Studie „The Emergence of a New Economic World". 1941 publizierte er die Abhandlung „Control of Foreign-Owned Property in the United States".

Seine Verdienste um die deutsch-amerikanische Freundschaft und den Wiederaufbau seines früheren Vaterlandes nach dem Zweiten Weltkrieg wurden gewürdigt mit der Verleihung des Großen Verdienstkreuzes der Bundesrepublik Deutschland. Im April 1970 verstarb Theodore Heinrich Thiesing in New York.

7   Burke W. Shartel

Besser informiert ist man über Burke W. Shartel, Rechtsprofessor an der Universität von Michigan, dem die Heidelberger Juristische Fakultät unter dem 11. Juni 1953 die Ehrendoktorwürde verlieh. 1889 wurde er in Sedan (Kansas) geboren, studierte Rechtswissenschaften an der Universität von Michigan, praktizierte dann fünf Jahre als Rechtsanwalt in Oklahoma City, erwarb danach den Grad eines S.J.D. an der Harvard Law School, lehrte – abgesehen von einem kurzen Zwischenspiel an der Law School der Universität von Illinois – nahezu vierzig Jahre lang an der Rechtswissenschaftlichen Fakultät der Universität Michigan. Nach seiner Emeritierung 1958 unterrichtete er weiterhin am „College Law" der California Western Universität in San Diego und zog sich dann nach Ann Arbor zurück. Gerühmt wurde er von seinen Studierenden als ein begnadeter Dozent in den Fächern Property und Criminal Law, gleichfalls großer Beliebtheit erfreuten sich seine Anfängerkurse „with emphasis on legal method."[471] Bemerkenswert waren ebenso die Seminare „in Legal Methods".

Nach der Niederlage Deutschlands 1945 beteiligte Shartel sich in vielfältiger Weise am Wiederaufbau einer funktionsfähigen Demokratie, unterrichtete deutsche Studenten, diskutierte mit Professoren an verschiedenen Hochschulen, lehrte späterhin als Gastprofessor an den Universitäten München und Heidelberg. Auf seine Initiative hin wurden deutsche Studierende nach Michigan eingeladen, um das amerikanische Rechtssystem näher kennen zu lernen. 1951 erschien in diesem Zusammenhang sein bekanntestes Buch „Our Legal System and How It Operates".

---

[471] Vgl. Michigan Law Review, Burke Shartel 66 Mich. L. Rev. 1089 (1968), S.1089–1093.

Zahlreiche weitere Artikel aus Shartels Feder beschäftigten sich mit dem deutschen Rechtsleben und der juristischen Ausbildung. Seine vielfältigen Bemühungen „to the interpretation of American law to the German legal world ...were fittingly recognized when the University of Heidelberg conferred an Honoris Juris Doctor degree on him 1953".[472] Verliehen wurde ihm diese Auszeichnung „in Würdigung des Hohen Ansehens, das er als gelehrter Kenner und Erforscher des amerikanischen Rechts und als akademischer Lehrer an einer der berühmtesten Rechtsfakultäten seines Landes genießt und in herzlicher Dankbarkeit für sein Wirken als Lehrer und Freund deutscher Studenten in Heidelberg und Ann Arbor." 1968 verstarb Burke Shartel an seinem Altersruhesitz in San Diego.

8 Günter Wilde

In der Reichshauptstadt Berlin wurde Günter Wilde im Jahr 1900 geboren. Nach dem Abitur an einem Gymnasium in Frankfurt an der Oder schrieb er sich in die Matrikel der Rechtswissenschaftlichen Fakultäten von Berlin und Göttingen ein. Mit Prädikat bestand er beide Staatsexamina in den Jahren 1923 und 1927, war danach als Richter am Amts- und Landgericht in Berlin von 1931 bis 1937 beschäftigt, ohne dass ihm jedoch eine Planstelle zugewiesen wurde. Aufgrund der nichtarischen Abstammung seiner Ehefrau wurde er 1937 nach § 6 des Gesetzes zur Wiederherstellung des Berufsbeamtentums vorzeitig in den Ruhestand versetzt. Trotz seiner Mitgliedschaft im Bunde Nationalsozialistischer Deutscher Juristen blieb ihm auch die Zulassung als Rechtsanwalt beim Landgericht Berlin verwehrt, so dass Wilde einzig als wissenschaftlicher Mitarbeiter bei verschiedenen Rechtsanwaltskanzleien ein bescheidenes Auskommen bis zum Kriegsende fand. Mitglied der NSDAP wurde er nie.

Wildes eigentliche berufliche Karriere ist eng verbunden mit dem Wiederbeleben des Rechtsstaates, zunächst noch in den Westzonen, dann aber in der 1949 begründeten Bundesrepublik Deutschland. Bis dahin arbeitete er als Rechtsanwalt und Notar in Berlin, späterhin als Oberregierungsrat im Zentraljustizamt der Britischen Zone in Hamburg, wo man Wilde 1949 zum Richter am Obersten Gerichtshof berief. Im Oktober 1950 wurde er auf Vorschlag des damaligen Bundesjustizministers Dehler nach der Wahl durch den Richterwahlausschuss zum Richter am BGH ernannt. Gewerblicher Rechtsschutz, Urheber- und Wirtschaftsrecht waren die Gebiete, auf denen sich Wilde einen hervorragenden Namen erwarb. 1959 übernahm er den Vorsitz im I. Zivilsenat, den Wilde bereits mehrere Jahre stellvertretend innehatte. Wilde war Mitglied der Deutschen Vereinigung für gewerblichen Rechtsschutz und Urheberrecht, der Association Littéraire et Artistique Internationale der Deutsch-französischen Juristenvereinigung wie auch einer vom

---

[472] Michigan Law Review, Burke Shartel 66 Mich. L. Rev. 1089 (1968), S. 1093.

Bundesjustizministerium eingesetzten Sachverständigenkommission für gewerblichen Rechtsschutz. Für dieses Engagement wurde ihm am 22. November 1954 die Ehrendoktorwürde verliehen. Über viele Semester hinweg hielt er an der Universität Heidelberg Kollegs über wichtige, aber nur selten im Vorlesungskatalog angebotene Spezialgebiete wie gewerblicher Rechtsschutz und Urheberrecht. Seine Karriere beschloss Wilde 1964 als Senatspräsident beim Bundesgerichtshof; 1980 verstarb er in Karlsruhe.

9 Wilhelm Martens

Zusammen mit Günther Wilde wurde auch Wilhelm Martens, Präsident des OLG Karlsruhe und Vorsitzender der Vereinigung der Freunde der Studentenschaft der Universität Heidelberg, am 22. November 1954 das Ehrendoktorat der Juristischen Fakultät verliehen. Gewürdigt werden sollten mit dieser Auszeichnung seine Verdienste um den Wiederaufbau der badischen Rechtspflege: „Der in seiner Lebensarbeit als Richter die hohen ethischen Forderungen des Rechts und der Gerechtigkeit unbeirrbar und unerschrocken auch in Zeiten schwerer Rechtsnot zu verwirklichen strebte und damit ein Vorbild aufrechten Richtertums gegeben hat. In Anerkennung seiner Verdienste um den Wiederaufbau der deutschen Rechtspflege und seiner tätigen Verbundenheit mit den wissenschaftlichen Zielen der Universität und ihrer Aufgabe, die akademische Jugend im Geiste echter humanitas zu erziehen."

Geboren wurde Wilhelm Martens 1889 in Konstanz.[473] Nach dem Abitur an dem altberühmten Heinrich-Suso-Gymnasium und dem Militärdienst als Einjährig-Freiwilliger immatrikulierte er sich an den Juristischen Fakultäten der Universitäten Heidelberg und Genf, 1912 bestand Martens das Erste Staatsexamen. Sein Vorbereitungsdienst fand ein vorläufiges Ende mit Ausbruch des Ersten Weltkriegs. Bei den Kämpfen wurde er, ausgezeichnet mit dem Eisernen Kreuz, mehrfach schwer verwundet. Erst 1920 konnte Martens das Zweite Staatsexamen ablegen, arbeitete danach bei den Justizbehörden in Freiburg, war Amtsrichter in Pforzheim und von 1928 bis 1930 Rechtsanwalt in Freiburg. 1932 wurde Martens Erster Staatsanwalt in Offenburg, 1934 zum Landgerichtsrat in Mannheim ernannt, dann zum Amtsgerichtsrat beim Amtsgericht Mannheim herabgestuft. Trotz dieser Diskriminierungen zeigte sich Martens gegenüber den NS-Behörden nicht bereit, sich von seiner jüdischen Ehefrau, wie nachdrücklich eingefordert, zu trennen. Im Gegenteil: Entschieden lehnte er das NS-Regime ab, besprach zusammen mit einigen gleichgesinnten Richtern die äußerst kritische Lage in dem

---

[473] Vgl. Rainer HAEHLING VON LANZENAUER, Art. Wilhelm Martens, in: SEPAINTNER (Hrsg.) Baden-Württembergische Biographien, Bd. 4, Stuttgart 2007, S. 218–220.

Deutschland des „Dritten Reichs" und bemühte sich erfolgreich, seine Ehefrau vor einer Verhaftung zu bewahren.[474]

Nach Kriegsende beauftragte ihn die US-Militärregierung als „Landesdirektor für Justiz" mit dem Neuaufbau der Gerichtsbehörden in den Landgerichtsbezirken Mannheim, Heidelberg und Mosbach, späterhin für ganz Nordbaden als Vizepräsident des OLG Stuttgart, Nebensitz Karlsruhe. Im April 1949 ernannte man Martens zum Präsidenten des OLG Karlsruhe, das aber erst nach 1953 für ganz Baden zuständig war. Bedingungslos trat Martens für den Aufbau einer „sauberen" Justiz ein, wobei er sich besonders darum bemühte, vertriebene badische Juristen im Ausland aufzuspüren und sie zur Rückkehr zu bewegen.[475] Nach seiner Pensionierung 1954 übernahm Martens noch den Vorsitz der „Vereinigung der Freunde der Studentenschaft" an der Universität Heidelberg. Ende 1974 verstarb Wilhelm Martens in Karlsruhe.

10 Kurt Schneider

Am 7. Januar 1957 ehrte die Juristische Fakultät Kurt Schneider, seit 1945 Inhaber des Lehrstuhls für Psychiatrie und Neurologie an der Universität Heidelberg, mit der Verleihung ihrer Ehrendoktorwürde. Ausgezeichnet werden sollte damit ein herausragender Gelehrter, welcher bis heute durch seine Arbeiten zur Psychopathologie zu den zentralen Denkern der Psychiatriegeschichte zählt.[476] Insbesondere betonte Schneider die Verbindung seines Faches mit der Rechtswissenschaft in einem vieldiskutierten Vortrag über „Die Beurteilung der Zurechnungsfähigkeit".[477] Diese bemerkenswerte Studie ist bis heute der im deutschen juristischen Schrifttum am meisten zitierte psychiatrische Titel. Sein Buch „Klinische Psychopathologie", noch 2007 in 15. Auflage erschienen, avancierte zum Standardwerk und fand durch zahlreiche Übersetzungen weltweit Verbreitung.

Geboren wurde Kurt Schneider 1887 in Crailsheim. Nach dem Abitur 1905 studierte er an den Universitäten Berlin und Tübingen Medizin, wo er 1912 bei dem Psychiater und Neurologen Robert Gaupp promovierte. 1913 kam Schneider als Assistent an das Institut Gustav Aschaffenburgs, bei dem er sich nach dem Kriegsdienst als Truppenarzt 1919 habilitierte. Damit nicht genug: 1921 promovierte Schneider bei dem Kölner Philosophen Max Scheler mit „Pathopsychologische Beiträge zur psychologischen Phänomenologie von Liebe und Mitgefühlen" zum

---

[474] S. Detlev FISCHER, Wilhelm Martens, in: Blick in die Geschichte, Karlsruher stadthistorische Beiträge, Bd. 5, Karlsruhe 2013, S. 237-238.

[475] S. Ortwin HENSSLER, Dr.h.c. Wilhelm Martens, Oberlandesgerichtspräsident 1953 bis 1954, in: Festschrift 200 Jahre Badisches Oberhofgericht – Oberlandesgericht Karlsruhe, Heidelberg 2003, S. 177.

[476] S. Gerd HUBER, Schneider, Kurt, in: NDB 23 (2007), S. 300-301.

[477] Stuttgart, 4. Aufl. 1961.

Dr. phil. Zehn Jahre später, 1931, übernahm Schneider, zum Honorarprofessor ernannt, die Leitung des Klinischen Instituts der Deutschen Forschungsanstalt für Psychiatrie in München. Kompromisslos lehnte er das NS-Regime und seine menschenverachtende Ideologie ab. Während des Krieges war Schneider bei der Wehrmacht Oberstabsarzt und beratender Psychiater im Gefolge der Feldzüge in Frankreich und Russland. Nicht beteiligt war Schneider an den Verbrechen in der Psychiatrie (Aktion T4) während der NS-Zeit. Nach Kriegsende engagierte sich Schneider als Dekan der Medizinischen Fakultät (1946) und als Rektor Magnificus (1951/52) der Universität Heidelberg. Er war es, welcher die Rückgabe des Universitätsgebäudes durch die amerikanische Besatzungsmacht erreichte.[478] 1955 wurde Schneider emeritiert; den Lebensabend verbrachte er bis zu seinem Tod Ende Oktober 1976 in Heidelberg.

11 Karl Heinrich Bauer

Bleibende Verdienste um das Schicksal der Heidelberger Universität nach Kriegsende erwarb sich gleichfalls Karl Heinrich Bauer als ihr erster Rektor: „Strahlend, voller praktischer Einfälle, unverwüstlicher Energie, schneller Entschlußfähigkeit, begabt im Umgang mit Menschen".[479] Unter seiner Führung und mit einer neuen Satzung konnte die nach dem Einmarsch der amerikanischen Besatzungstruppen geschlossene Universität als erste deutsche Hochschule bereits am 15. August 1945 wieder geöffnet werden.[480]

1890 wurde Karl-Heinrich Bauer in Schwarzdorf/Oberfranken geboren.[481] Nach dem Abitur studierte er Medizin an den Universitäten Erlangen, Heidelberg, München und Würzburg. Im Anschluss an das medizinische Staatsexamen 1914 promovierte Bauer, während des Ersten Weltkriegs als Truppenarzt im Felde stehend, 1917 zum Dr. med. Ab 1919 wirkte er als Assistenzarzt in der Chirurgie zunächst in Freiburg, dann in Göttingen. Hier habilitierte er sich 1922. 1926 erfolgte seine Ernennung zum außerordentlichen Professor. 1933 erhielt er den Ruf als Ordinarius für Chirurgie an die Universität Breslau bei gleichzeitiger Ernennung zum Direktor der Medizinischen Universitätsklinik. Noch während des Krieges erfolgte der Wechsel als Nachfolger Martin Kirschners an die Universität Heidelberg auf den renommierten Lehrstuhl für Chirurgie und als Direktor der Neuen Chirurgischen Klinik sowie der Universitätsschwesternschule. Gleichzeitig amtete

---

[478] S. Wolfgang SCHEID, Gedenkrede auf Kurt Schneider, in: Ruperto Carola 43/44 (1968), S. 7–14.

[479] So Karl JASPERS (zit. nach WOLGAST [wie Anm. 21], S. 168).

[480] Vgl. WOLGAST (wie Anm. 21), S. 168 f.; DERS., Karl Heinrich Bauer. Der erste Heidelberger Nachkriegsrektor. Weltbild und Handeln 1945–1946, in: Jürgen C. HEß/Hartmut LEHMANN/Volker SELLIN (Hrsg.), Heidelberg 1945, S. 107–129.

[481] S. Wilhelm DOERR, Karl Heinrich Bauer in seinen Arbeiten, in: Heidelberger Jahrbücher 35 (1991), S. 113–132.

Bauer auch als Beirat der neu gegründeten Deutschen Gesellschaft für Konstitutionsforschung. Durch seine wissenschaftlichen Arbeiten erwarb er sich bereits in frühen Jahren den Ruf als einer der weltweit führenden Chirurgen Deutschlands, insbesondere auf dem Gebiet der Krebsforschung. Bauers internationales Renommee in der Onkologie beruhte auf seiner umfassenden Monographie „Das Krebsproblem", 1949 erstmals publiziert, 1963 in dritter Auflage erschienen. Heutzutage gilt er als einer der wegweisenden Pioniere im Bereich der Krebsbekämpfung. Die Krönung seines Lebenswerks aber war die von ihm initiierte Gründung des Deutschen Krebsforschungszentrums Heidelberg, das er 1972 einweihen konnte. 1962 wurde Karl Heinrich Bauer emeritiert, zwei Jahre zuvor hatte ihn die Heidelberger Juristische Fakultät mit der Verleihung ihrer Ehrendoktorwürde ausgezeichnet. 1978 verstarb Karl Heinrich Bauer an den Folgen eines metastasierenden Prostatakarzinoms.

12 Peter Rößler

Dritter Präsident des zum 1. November 1958 errichteten VGH Baden- Württemberg wurde nach Maximilian Rapp und Walter Haller der 1912 in Berlin geborene Peter Rößler. Im November 1933, noch während seines Jurastudiums in Göttingen, München und Berlin, wurde er Mitglied der SS und trat wenig später der NSDAP bei. Nach dem im Juli 1935 glänzend bestandenen Ersten Staatsexamen folgte der übliche Vorbereitungsdienst, den er 1939 vor dem Reichsjustizprüfungsamt wiederum mit Auszeichnung („lobenswert") abschloss.[482] 1939 wurde Rößler in die württembergische Innenverwaltung übernommen und 1940 zum Regierungsassessor ernannt. Gleichzeitig erfolgte seine Einberufung zur Wehrmacht. Am Tag der deutschen Kapitulation, 8. Mai 1945, geriet Rößler in russische Kriegsgefangenschaft, aus der er erst 1947 wieder in die Heimat zurückkehren konnte. Nach einer nur kurzen Zeitspanne als Rechtsanwalt beim Amts- und Landgericht Stuttgart ernannte man Rößler 1950 zum Verwaltungsgerichtsrat am VG Stuttgart, nur zwei Jahre später avancierte er zum Oberverwaltungsgerichtsrat am Württembergisch-Badischen VGH in Stuttgart und schließlich 1958 zum Senatspräsidenten.[483] Noch im gleichen Jahr erfolgte seine Versetzung an den neu begründeten Verwaltungsgerichtshof in Mannheim, den er 1960 wieder verließ, um eine Stelle als Referatsleiter im baden-württembergischen Innenministerium zu übernehmen. Beeindruckend ist seine weitere Karriere als Ministerialdirigent und Leiter der Abteilung für Verfassungs- und Verwaltungsrecht und schließlich die 1970 erfolgte Ernennung zum Präsidenten des Verwaltungsgerichtshofs, dem

---

[482] S. Bastian SCHNEIDER, Die Verwaltungsgerichtsbarkeit in Baden-Württemberg und die Schatten der Vergangenheit, in: Verwaltungsblätter für Baden-Württemberg 5/2022, S. 177–186 (180 f.).

[483] Vgl. Walter KRAUSE, Peter Rößler 70 Jahre, in: Die Öffentliche Verwaltung 21 (1982), S. 899.

Rößler bis zu seinem Ruhestand 1977 angehörte. Dazwischen liegt noch die 1974 erfolgte Wahl zum Präsidenten des Staatsgerichtshofs Baden-Württemberg, den er bis zum Ablauf der Wahlperiode 1979 leitete.

1993 verstarb Peter Rößler in Mannheim. Gewürdigt finden sich seine Verdienste als Richter und Ministerialbeamter im Rahmen der Juristenausbildung durch die Laudatio des ihm am 28. Januar 1966 von der Heidelberger Juristischen Fakultät verliehenen Ehrendoktordiploms: „Peter Rössler, der als hochbewährter Richter und Verwaltungsbeamter auch durch seine literarische Tätigkeit an der Rechtsentwicklung im Bereiche des öffentlichen Rechts in hervorragender Weise mitgewirkt hat in Anerkennung seiner besonderen Verdienste um die Erziehung des juristischen Nachwuchses im Geiste echter Wissenschaftlichkeit." 1970 ernannte man ihn zum Honorarprofessor an der Universität Hohenheim, gleichzeitig unterrichtete er als Lehrbeauftragter an der Hochschule für Verwaltungswissenschaften Speyer und an der Universität Mannheim.

13   Otto Brunner

Otto Brunners Studie „Land und Herrschaft", 1939 erschienen, zählt zu den „wirkungsmächtigsten Büchern der deutschsprachigen Geschichtswissenschaft dieses Jahrhunderts" (*Peter Blickle*), für das er mit der Ehrendoktorwürde der Heidelberger Juristischen Fakultät am 21. April 1968 ausgezeichnet wurde. Unternommen wurde von ihm nichts weniger als der „Versuch einer Darstellung des inneren Baues der politischen Verbände des Mittelalters …, die mehr ist als ein System des positiven Staatsrechts."[484] Im Zentrum seiner Analyse steht hierbei die Bedeutung von Quellenbegriffen, führe doch die moderne Terminologie zu Missverständnissen bei der Interpretation mittelalterlicher Verhältnisse. Brunners Thesen einer Revision der Grundbegriffe im Bereich der mittelalterlichen Verfassungsgeschichte wurden in den neunziger Jahren vielfach angegriffen, aber auch verteidigt, denn zu Recht wies Brunner darauf hin, dass der Nationalstaatsgedanke des 19. Jahrhunderts für die Erfassung mittelalterlicher Herrschaftsverhältnisse gänzlich ungeeignet ist.[485]

Brunner wurde 1898 in Mödling bei Wien geboren. Nach der Matura 1917 erfolgte die Einberufung zum Militärdienst und sein Einsatz in den verlustreichen Isonzoschlachten. Anschließend studierte er seit November 1918 an der Universität Wien Geschichte sowie Geographie, Philosophie und einzelne weitere juristische Fächer. Bis 1931 arbeitete Otto Brunner als Archivar am Haus-, Hof- und Staatsarchiv Wien. Seine Habilitation erfolgte 1929 mit einer sozial-, verfassungs- und wirtschaftsgeschichtlichen weit ausgreifenden Arbeit über „Die Finanzen der Stadt Wien von den Anfängen bis ins 16. Jahrhundert". 1931 ernannte man ihn

---

[484] Peter BLICKLE, in: HZ 236 (1983), S. 779.
[485] S. zu dieser Kritik s. Bernd KANNOWSKI, Brunner, Otto (1898–1982), in: CORDES u.a. (wie Anm. 383), Sp. 696–698.

zum Professor an der Universität Wien, von 1942 bis 1945 leitete er das Institut für österreichische Geschichtsforschung. Gleichfalls war Brunner, seit 1941 Mitglied der NSDAP, Mitarbeiter am Reichsinstitut für Geschichte des neuen Deutschland. Vor dem Hintergrund seiner Affinität zu den Nationalsozialisten entzog man Brunner 1945 die Professur. Breite Anerkennung fand sein 1949 veröffentlichtes Buch „Landleben und europäischer Geist. Leben und Werk Helmhards von Hohberg 1612-1688". Aufgrund dieser Studie erhielt Brunner als Nachfolger Hermann Aubins einen Ruf an die Universität Hamburg, an deren Spitze er 1959/60 als Rektor stand. Über die Emeritierungsgrenze hinaus lehrte er an der Hamburger Universität bis zum Jahr 1968. 1982 verstarb Otto Brunner in der altliberalen Hansestadt.

14 Paul G. Kauper

Am 20. Mai 1970 wurde Paul G. Kauper, Jahrgang 1910, Professor für Staatsrecht und Rechtsvergleichung an der Universität von Michigan, mit der juristischen Ehrendoktorwürde der Ruperto Carola ausgezeichnet. Mehrfach befasste er sich mit den Entscheidungen des United States Supreme Court zur Rassentrennung an öffentlichen Schulen. Bekannt wurde Kauper aber insbesondere durch eine Reihe von Standardwerken wie "Cases on Constitutional Law" (1954), "Frontiers of Constitutional Liberty" (1957), "Civil Liberties and the Constitution" (1962) und "Religious and the Constitution" (1964). Der Schwerpunkt seiner späteren wissenschaftlichen Arbeiten lag auf dem Gebiet des Verfassungsrechts, daneben erörterte er komplexe Fragen der Religionsfreiheit und untersuchte in diesem Rahmen die vielschichtigen Beziehungen zwischen Staat und Kirche.

1929 trug Kauper sich für ein Studium der Rechtswissenschaft am Earlham College in Richmond ein, welches er nach drei Jahren an der Universität Michigan abschloss. Bis 1934 war Kauper zunächst Forschungsassistent an der Universität, trat dann aber in die New Yorker Rechtsanwaltskanzlei White & Case ein, um wenig später (1936) wieder als Assistenzprofessor an die Universität zurückzukehren. Zwei Jahre danach wechselte er in die Rechtsabteilung der Pan American Petroleum and Transport Company in New York. 1946 wurde Kauper schließlich zum ordentlichen Professor an der Universität Michigan berufen. Den Distinguished Faculty Award verlieh ihm die Universität 1955. 1971 erfolgte seine Ernennung zum Henry Russel Lecturer, „the highest honor the school can bestow". 1976 verstarb Paul G. Kauper in den Vereinigten Staaten.

15 Edwin Nagelstein

Ebenso außergewöhnlich wie einmalig und nur aus den besonderen Umständen der Nachkriegszeit zu erklären ist die Ehrenpromotion des Diplom-Ingenieurs Edwin Nagelstein durch die Heidelberger Juristische Fakultät im Jahr 1972.

Geboren wurde er als zweiter Sohn des Bahnbeamten Jakob Nagelstein 1895 in Überlingen. Schon die Großeltern waren vom Judentum zum Christentum konvertiert. Nach dem Abitur an einem Gymnasium in Tauberbischofsheim trug er sich in die Matrikel der Technischen Hochschule zu Karlsruhe ein; das aufgenommene Chemiestudium beschloss er mit dem Grad eines Diplom-Ingenieurs. Über Nagelsteins weitere berufliche Laufbahn ist nur wenig bekannt. In der „Badische(n) Presse" vom 6. September 1921 findet sich die Notiz: „In Mannheim wurde die Deutsche Zentralstelle zur wissenschaftlichen Erforschung der gesamten Ungezieferverthilgung und Bekämpfung der Seuchengefahr [...] gegründet. Leiter der wissenschaftlichen Prüfungs- und Versuchsstelle ist Dipl.-Ing. Edwin Nagelstein, Chemiker [...] Es handelt sich hier um höchst wertvolle und volkswirtschaftliche Bestrebungen". Gleichzeitig amtete Nagelstein auch als staatlich vereidigter Sachverständiger für pharmazeutische und technische Chemie und befasste sich ebenso mit patentrechtlichen Fragestellungen auf diesen Gebieten. Als eingeschriebener Hörer besuchte er vom Sommersemester 1928 bis zum Sommersemester 1931 Vorlesungen und Übungen der Heidelberger Juristischen Fakultät mit dem Ziel „nach Beendigung des Studiums durch ‚Promotion zum Dr. iuris' in einen Senat des damaligen Reichsgerichts in Leipzig zu gelangen, in dem Klage- bzw. Beschwerdesachen speziell auf dem Gebiet der pharmazeutischen und technischen Chemie letztinstanzlich, rechtskräftig zur Entscheidung standen. ... das unumstößliche Ziel war das der Promotion." Nach der Machtübernahme 1933 wurde Nagelstein, obwohl christlich getauft und in einer „privilegierten Mischehe" lebend, „bis auf die letzte Konsequenz entrechtet."[486] Er verlor sämtliche öffentliche Bestallungen als gesuchter Sachverständiger, so dass es ihm nicht mehr möglich war, sich auf seinem eigentlichen Berufsfeld weiterhin zu betätigen. 1939, kurz vor Kriegsausbruch, flüchtete er vor den Repressalien der NS-Behörden nach Frankreich, wo ihn 1940 die sécurité verhaftete. Infolge der Bombardierung des Gefängnisses durch die deutsche Luftwaffe verbrannte seine „bereits fertige Promotionsarbeit", die Nagelstein „dazu benutzen wollte, um anderswo die Doktorwürde" zu erwerben. In Arras „gelangte er in die Hände der deutschen Panzer." Auf seine Expertise wollten die Nationalsozialisten jedoch nicht verzichten, und so fand er eine Anstellung als Chemiker bei der Firma Neubronner/Sellin in einem Ulmer Laboratorium. Im Januar 1945 erreichte ihn der Deportationsbefehl in ein Konzentrationslager. Rechtzeitig gelang ihm aber noch die Flucht nach Tirol, von wo aus Nagelstein Ende 1945 zu seiner Familie nach Heidelberg zurückkehrte:

---

[486] Vgl. sein Schreiben an Dr. Hermann Soell (akademische Studienberatung) vom 4.1.1969 (UAH, H-II-868/14).

„Ich beklage die Deportation und den Tod meiner Mutter (Gürs) und den Tod von mehr als 30 Angehörigen meiner Familie durch NS-Gewalttaten."[487]

Auch nach seiner durch die amerikanische Besatzungsmacht erfolgten Einsetzung zum Präsidenten der Industrie- und Handelskammer Ulm (1946–50) verfolgte Nagelstein sein Promotionsvorhaben an der Heidelberger Juristischen Fakultät hartnäckig weiter, das sich durch die in den sechziger Jahren einsetzenden Studentenunruhen jedoch immer wieder hinauszögerte.[488] In verschiedenen Fakultätskonferenzen befasste man sich ausführlich mit dieser komplexen, kopfzerbrechenden Angelegenheit. Angefüllt mit der Korrespondenz zwischen Nagelstein und der Fakultät findet sich ein umfänglicher Faszikel im Universitätsarchiv. Letztlich unbeantwortet blieb aber die Bitte der Fakultät um die Angabe des Doktorvaters, Nagelstein konnte lediglich auf seine spätere Korrespondenz mit Gustav Radbruch in dieser Angelegenheit verweisen.[489] 1971 teilte ihm der damalige Dekan Karl Heinz Leferenz nach sorgfältiger Prüfung seines Gesuchs durch die Fakultätskonferenz mit, dass die „Verleihung des Doktorgrades im Wege der Wiedergutmachung nicht möglich" sei: „Auf keinen Fall kann auf die Vorlage einer wissenschaftlichen Arbeit verzichtet werden." [490] Nagelstein ließ aber trotz dieses negativen Votums nicht locker: So unterbreitete er der Fakultät den Vorschlag, „sich in einer umfangreichen, mündlichen Prüfung davon zu überzeugen, daß ich ... aber doch würdig erscheine, promoviert zu werden. Ich möchte davon überzeugt sein, daß diese Prüfung ... die Vorlage einer Dissertation mehr als nur mit unverdientem Wohlwollen ersetzen könnte, umso mehr als mir die Kräfte für die Erstellung einer Dissertation bei meinem unguten Gesundheitszustand einfach fehlen."[491] Vor diesem Hintergrund zeigte sich die Fakultät nunmehr zum Einlenken bereit. Um weitere, letztlich ebenso heikle wie unerquickliche Querelen zu vermeiden, fand die Konferenz einen gangbaren Ausweg. Ohne Gegenstimme einigte sich die Fakultät auf die Verleihung des Dr. iur. h.c. an ihn. Rolf Serick bat in seiner Eigenschaft als Dekan Hermann Weitnauer um die Abfassung der Laudatio, „weil Leben und Leiden von Herrn Nagelstein offenbar eine Phase erreicht haben, die rasches Handeln gebietet, soll er die Ehrung noch erhalten, die auch uns hilft eine Schuld abzutragen."[492] Ohne Zeitverlust erteilte der Senat gemäß § 133 der Grundordnung vom 31. März 1969 seine Zustimmung zu diesem ungewöhnlichen Akt der Kür eines Doktors der Rechte ehrenhalber am 16. Februar 1972. In der Eloge der ihm überreichten Urkunde wird ausgeführt: „In Anerkennung seiner außerordentlichen Verdienste um Recht, Gerechtigkeit und in Würdigung seiner

---

[487] UAH, H-II-868/14.

[488] S. das Schreiben Soells vom 17.2.1969 (UAH, H-II-868/14).

[489] Brief Nagelsteins an Radbruch unter dem 2.5.1949 aus Ulm (UBH, Heid. Hs. 3716/ Nachlass Radbruch, III Korrespondenz F 863a); Günter SPENDEL (Bearb.), Gustav Radbruch Gesamtausgabe Bd. 18, Briefe II (1919-1949), Heidelberg 1995, S. 594.

[490] Unter dem 18.2.1971 (UAH, H-II-868/14).

[491] Unter dem 6.12.1971 (UAH, H-II-868/14).

[492] Unter dem 17.1.1972 (UAH, H-II-868/14).

ein Leben umfassenden Beschäftigung mit Rechtsfragen der verschiedensten Art und der dabei bewiesenen hervorragenden geistigen Leistungen." Überreicht wurde Nagelstein das Diplom im Rahmen einer kleinen Feier in Heidelberg. Nur noch für wenige Jahre konnte er sich dieser, innerhalb der deutschen Hochschullandschaft wohl einzigartigen Auszeichnung mit einem „Doktor ehrenhalber" erfreuen: 1976 verstarb Nagelstein in Königsfeld, seinem letzten Wohnort.

16 Thomas Buergenthal

Im slowakischen Lubochna wurde Thomas Buergenthal 1934 als Sohn deutschjüdischer Eltern geboren. Im Gefolge der erzwungenen Ausreise der Familie nach Polen 1939 verbrachte Buergenthal seine Kindheit in jüdischen Ghettos und den Konzentrationslagern Auschwitz und Sachsenhausen.[493] Der Vater Mundek Buergenthal verstarb 1945 im Konzentrationslager Flossenbürg, die Mutter überlebte und sah ihren Sohn erst 1946 in Göttingen wieder. Nach einigen Schuljahren in der kleinen Universitätsstadt emigrierte Buergenthal 1951 in die USA und erwarb in den 50er Jahren die amerikanische Staatsbürgerschaft. Am Bethany College in West Virginia, an der New York University School of Law und in Harvard studierte er Jura, wobei er sich auf die Gebiete des Rechts internationaler Organisationen und des völkerrechtlichen Schutzes der Menschenrechte spezialisierte. Buergenthal erlangte den Titel eines Masters of Law (LL.M.) und eines Doctor of Juridical Science (J.D.), wurde Professor an verschiedenen amerikanischen Hochschulen, so 1962 Professor für Völkerrecht in Buffalo, von 1985 bis 1989 I.T. Cohen Professor für Menschenrechte an der Emory University Law School in Atlanta/Georgia - gleichzeitig Direktor des Human Rights Program am Carter Center - und daran anschließend (2000) Lobingier Professor für Vergleichendes Recht und Rechtsprechung wie auch Direktor des International Rule of Law Center an der George Washington University (Washington DC).

Seine gesamte berufliche und wissenschaftliche Tätigkeit bis zu seinem Lebensende im Jahr 2023 widmete Buergenthal den Gebieten des Völker- und Menschenrechts.[494] Die Menschenrechte waren zu Beginn seiner juristischen Laufbahn ein noch weitgehend unerforschtes Fach und schon gar kein Gegenstand universitärer Lehre. Sein Ziel war es, die Thematik der Menschenrechte über die USA hinaus zu größerer Bedeutung zu verhelfen. Heutzutage gilt er als einer der weltweit besten Kenner des internationalen Menschenrechtsschutzes. Eine große Zahl von Publikationen zum internationalen Schutz der Menschenrechte stammen aus

---

[493] S. hierzu seine Biographie „Ein Glückskind. Wie ein kleiner Junge zwei Ghettos, Auschwitz und den Todesmarsch überlebte und ein zweites Leben fand", Frankfurt am Main 2007.

[494] Vgl. Rudolf BERNHARDT, Laudatio für Thomas Buergenthal, in: Juristische Fakultät der Universität Heidelberg (Hrsg.), Laudationes et Gratiae, Heidelberg 1986, S. 19–24 (20 ff.).

seiner Feder. Ausgezeichnet wurde sein Buch „Protecting Human Rights in the Americas" 1982 mit dem ersten Preis der Inter-American Bar Association. Aber Buergenthal ging es nicht allein um die Wissenschaft, sondern ebenso um die Praxis, um die Anwendung der Menschenrechte. Zwölf Jahre lang übte er ein Richteramt aus, amtete als Präsident des in Costa Rica residierenden Inter-American Court of Human Rights, den er mitbegründete. 1992 berief man Buergenthal als einen von drei UNO-Mitgliedern in die Wahrheitskommission für El Salvador. Danach wurde er zum Mitglied des UN-Menschenrechtsausschusses gewählt. Von März 2000 an war Buergenthal zehn Jahre lang Richter am Internationalen Gerichtshof (IGH) in Den Haag, um dann an die George Washington University zurückzukehren. Am 2. Juli 1986 verlieh ihm, „der als hochverdienter Lehrer und Forscher die Völkerrechtswissenschaft und den internationalen Schutz der Menschenrechte in ausserordentlichem Maße gefördert hat", die Juristische Fakultät der Universität Heidelberg, welcher er menschlich und persönlich seit langen Jahren verbunden war, die Ehrendoktorwürde „in Anerkennung seiner besonderen Verdienste um die Verbindung zwischen amerikanischer und europäischer Völkerrechtswissenschaft."

17 André Colomer

Gleichfalls im Rahmen der Feierlichkeiten anlässlich des 600-jährigen Jubiläums der Ruperto Carola wurde auch der französische Rechtswissenschaftler André Colomer mit der höchsten akademischen Auszeichnung, welche die Fakultät zu vergeben hat, dem juristischen Dr. h.c., geehrt: „In Anerkennung seiner besonderen Verdienste um die Zusammenarbeit zwischen französischer und deutscher Rechtswissenschaft in beiden Staaten und um die Förderung der Verbindung zwischen den Rechtswissenschaftlichen Fakultäten der Universitäten von Montpellier I und Heidelberg."

Geboren wurde Colomer 1927 in Fouka im Département d'Alger im damals noch französischen Algerien.[495] An der Juristischen Fakultät der Universität von Algier lehrte er nach seinem mit dem „Prix Capitant" ausgezeichneten Pariser Doktorat (1953) über den Einfluss der Geldentwertung auf das Ehegüterrecht und seiner „agrégation" seit 1955. Es verwundert nicht weiter, dass einer seiner wissenschaftlichen Schwerpunkte auf dem Gebiet des islamischen Rechts lag, welches er 1963/68 in zwei Bänden unter dem Titel „Droit musulman" behandelte. Studien zur Kodifikation des Personen- und Familienrechts in Tunesien und Marokko wie auch zum muslimischen Recht in Algerien runden dieses Arbeitsgebiet Colomers, der die arabische Sprache in Wort und Schrift beherrschte, ab. Seine Studien zum islamischen Recht erweisen den deutschen Juristen, die mit dieser

---

[495] S. hierzu Erik JAYME, Laudatio für André Colomer, in: Laudationes et Gratiae (wie Anm. 494), S. 49–53.

Problematik in zunehmendem Maße konfrontiert sind, unschätzbare Dienste, zumal islamisches Recht an den Juristischen Fakultäten deutscher Universitäten bis heute kaum Beachtung findet.

1962 folgte Colomer dem Ruf auf einen Lehrstuhl für Bürgerliches Recht an der Universität Montpellier I. Nunmehr wandte er sich dem französischen Zivilrecht zu: 1977 und 1984 publizierte er in einem Umfang von zwei Bänden eine Monographie über die Kollision zweier Rechtsbereiche, nämlich des Ehegüterrechts und des Handelsrechts. In seiner Laudatio betonte Erik Jayme, dass sich dieses Werk in „die große Tradition der französischen Zivilistik einfügt, der es immer zugleich auch um die ‚pensée juridique francaise' ging, die Einbettung des Rechts als Kulturphänomen in den allgemeinen Strom der Geistesgeschichte." [496] Nahezu konkurrenzlos, auch international gesehen, sind seine Werke zum Familienvermögensrecht.

Verbunden wusste sich Colomer, der 2014 verstarb, der Heidelberger Juristischen Fakultät und ihrem „Institut für ausländisches und internationales Privat- und Wirtschaftsrecht" durch die von ihm mitgetragenen jährlichen Austauschprogramme zwischen den beiden Fakultäten, wie es auch in der eingangs zitierten Laudatio hervorgehoben wird: „In Erinnerung bleibt Colomer als ein ganz besonderer, begeisterter Förderer des Gedankenaustauschs zwischen deutschen und französischen Juristen."

18 Michel Vivant

In Bourges wurde Michel Vivant 1951 geboren. Nach dem Jurastudium an der Universität Montpellier in den Jahren 1968 bis 1972 und einer kurzen Zeit als Wissenschaftlicher Assistent folgte 1976 die Promotion. Ausgezeichnet wurde seine Studie über „Juge et lois du brevet" mit dem Preis der Académie Francaise als beste Dissertation des Jahres 1976. 1980 habilitierte er sich, noch im gleichen Jahr firmierte er als Professor an der Juristischen Fakultät der Universität Pau. 1983 folgte er dem Ruf auf einen Lehrstuhl für Zivilrecht an der Universität Montpellier, gleichzeitig ernannte man ihn zum Direktor des Instituts für Informatikrecht. Seit 1990 ist er auf Lebenszeit gewählter Dekan der Faculté de Droit et des Sciences Economiques und zugleich Vizepräsident der Universität Montpellier I. Im Nebenamt lehrt er als Professor für Internationales Patentrecht an der Universität Straßburg und seit 1992 als Gastprofessor an der Universität Laval in Kanada.

Sein spezielles Interesse gilt dem Recht des geistigen Eigentums, Rechtsproblemen der neuen Technologien und des elektronischen Handels. National und international hat er sich den Ruf als einer der wichtigsten Fachleute für Patent- und Urheberrecht sowie Informatikrecht erworben. Oftmals wird er konsultiert von der

---

[496] In: Laudationes et Gratiae (wie Anm. 494), S. 53.

Europäischen Kommission, französischen und internationalen Gremien zu aktuellen Fragen der Internetkriminalität. 2007 wechselte Vivant zu der Law School Sciences Po, an der er das Droit économique programm einrichtete. Daneben hält er enge Verbindung zur juristischen Praxis als Rechtsberater und als nationaler und internationaler Schiedsrichter zu Rechtsfragen der neuen Technologie. So berät Vivant eine Vielzahl französischer und internationaler Unternehmen auf dem Gebiet neuer Medien und der Lizenzierung und Schutz von Software und Technologie. Die Mehrzahl seiner wissenschaftlichen Publikationen befassen sich denn auch mit Problemen des Internets und des geistigen Eigentums: 2005 erschien (u.a.) „Das Patentrecht" in zweiter Auflage, 2016 „Europäische Rechtsprechung zu Verstößen gegen das Recht des geistigen Eigentums" und 2002 „Gesellschaftsrecht und Internet". Bahnbrechend wirkten seine Studien zum Informatikrecht, niedergelegt in dem von ihm herausgegebenen Monumentalwerk „Lamy Droit de l'infomatique". In seinen Vorlesungen vertritt er die – wohl nur schwer zu bestreitende – Ansicht, dass „Recht etwas Praktisches sein muss." Gerühmt wird in all seinen Arbeiten der glänzende Sprachstil und die prägnante Klarheit des Ausdrucks.

Als viel nachgefragter Gastprofessor unterrichtete Michel Vivant an den Universitäten von Rio de Janeiro, Québec, Can Tho (Vietnam) und Straßburg, dessen Centre d'Etudes Internationales de la Propriété intellectuelle er leitete. In Heidelberg stellte er die Quintessenz seiner urheberrechtlichen Überlegungen unter dem Titel „Die Schockwirkung der Erfindungen der Informatik auf das Recht des geistigen Eigentums" im Rahmen des Montpelliertags 1992 vor. Regelmäßig besuchte Vivant seit 1989 Heidelberg, wobei er sich mit Referaten an den gemeinsamen Seminaren seiner und Heidelberger Fakultät beteiligte. So wurden auch bei der Verleihung des Ehrendoktorats am 26. Juni 1993 neben dem wissenschaftlichen Renommee Vivants dessen kontinuierlicher Einsatz für die Zusammenarbeit zwischen den Juristischen Fakultäten Montpelliers und Heidelbergs hervorgehoben: „In Anerkennung seiner besonderen Verdienste um die Zusammenarbeit zwischen französischer und deutscher Rechtswissenschaft in beiden Staaten und um die Förderung der Verbindung zwischen den Rechtswissenschaftlichen Fakultäten der Universitäten von Montpellier I und Heidelberg."

19 Donald P. Kommers

Zu den anerkannten Koryphäen auf dem vielschichtigen Gebiet deutscher Rechtskultur zählt der 2018 verstorbene Politik- und Rechtswissenschaftler Donald P. Kommers. 1989 erschien die erste Ausgabe seines oft besprochenen Casebooks „The Constitutional Jurisprudence oft the Federal Republic of Germany", 2012 folgte dann die dritte, vollständig überarbeitete Auflage unter Mitarbeit von Russell Miller. Es enthält geschickt ausgewählte und glänzend kommentierte Entscheidungen des Bundesverfassungsgerichts und wird an den renommiertesten

Law Schools als Pflichtlektüre im Rahmen von verfassungsvergleichenden Kursen benutzt. In über 100 Aufsätzen und Dutzend Büchern befasste sich Donald Kommers weiterhin rechtsvergleichend mit grundlegenden Fragen amerikanischer wie auch deutscher Verfassungsrechtsprechung. Sein Interesse galt ebenso der verfassungsrechtlichen Entwicklung in den USA und der europäischen Wirtschaftsgemeinschaft. Mit diesen Büchern begründete er seinen Ruf als der führende Verfassungsrechtsvergleicher der USA.

Geboren wurde Donald Kommers 1932 in Green Bay US-Bundesstaat Wisconsin, besuchte die St. Norbert High School in DePere und studierte anschließend Philosophie und englische Literatur an der „Catholic University of America" in Washington, D.C. Den M.A. erwarb er an der University of Wisconsin-Madison. In seiner Dissertation „The Development and Reorganization oft the Wisconsin Judicial System" deutet sich bereits der Schwerpunkt seiner Studien in den nachfolgenden Jahren an: Verfassungsrecht und Gerichtsorganisation. Kommers wissenschaftliche Laufbahn führte ihn über die politikwissenschaftliche Fakultät der University of Wisconsin-Madison und der California State University in Los Angeles 1963 an die Universität von Notre Dame (Indiana), an der er über vierzig Jahre hinweg Politikwissenschaften und Jurisprudenz lehrte. Seine Vorlesungen erstreckten sich, ausgehend von den Politikwissenschaften, bis hin zu grundlegenden Problemen im Vergleich der Verfassungssysteme Amerikas und Deutschlands („U.S.-German Comparative Constitutional Law").

Neben der Lehre war Kommers gleichzeitig Direktor des westeuropäischen Studienprogramms, Direktor „of the Notre Dame Law School's Center for Civil Rights", Co-Direktor des Notre Dame Law Center in London und Mitarbeiter der von Präsident Carter eingesetzten Kommission zur Erforschung des Holocaust. Über ein Dezennium hinweg betreute er als Herausgeber redaktionell die renommierte Zeitschrift „The Review of Politics". Zahlreiche Gastprofessuren führten ihn u.a. nach Tokio, Harvard Law School, Innsbruck wie auch an das Bundesverfassungsgericht in Karlsruhe. 1981 verbrachte Kommers ein Semester am Max-Planck-Institut für ausländisches öffentliches Recht und Völkerrecht in Heidelberg, für ein weiteres Jahr kam Kommers 1995/96 nach Deutschland. Mit mannigfachen Preisen und Auszeichnungen ehrte man ihn für sein Lebenswerk, so (u.a.) dem Alexander von Humboldt Preis, dem Bundesverdienstkreuz („for having remarkably enriched both the American und German legal systems and building a bridge between our two countries as few others have.")[497] und eben auch der Ehrendoktorwürde der Heidelberger Juristischen Fakultät im Jahr 1998 in „Anerkennung seiner besonderen Verdienste um die Zusammenarbeit zwischen amerikanischer und deutscher Rechtswissenschaft in beiden Staaten". Es war der vierte Dr. h.c., der einem amerikanischen Staatsbürger seit dem Ende des Zweiten Weltkriegs von der Heidelberger Ruperto Carola verliehen wurde.

---

[497] So die Begründung des Bundespräsidenten bei der Verleihung der Auszeichnung.

20 Ferenc Mádl

Ferenc Mádl, 1931 in Band, einem Ort in der Nähe des Plattensees, geboren, entstammte einer deutsch-ungarischen Familie. Im Anschluss an die Schulzeit in der Stadt Veszprem trug er sich in die Matrikel der Rechtswissenschaftlichen Fakultäten von Fünfkirchen (Pécs) und der Budapester Eötvös Loránd Universität ein. Nach dem Referendarexamen entschied sich Ferenc Mádl für ein ergänzendes Studium an der Fakultät für internationale Rechtsvergleichung der Universität Straßburg (1961 bis 1963). Gleichzeitig arbeitete er seit 1965 an der Ungarischen Akademie der Wissenschaften und habilitierte sich mit einer Studie über die Entwicklungsgeschichte der außervertraglichen Haftung. 1971 ernannte man ihn zum Professor an der Universität Budapest, 1978 wurde er Direktor des Instituts für Privatrecht, 1985 übertrug man Ferenc Mádl schließlich den Lehrstuhl für Internationales Privatrecht. Auf diesem Gebiet wie auch in den Fächern Rechtsvergleichung und Internationales Wirtschaftsrecht verfasste er 14 Bücher und zahlreiche, in verschiedenen Fachzeitschiften veröffentlichte Aufsätze. 1991 fand er Aufnahme in das Institut de Droit International, 1993 wurde er Mitglied der Ungarischen Akademie der Wissenschaften. Bereits seit 1991 war Mádl als Schiedsrichter im Rahmen des „International Centre for the Settlement of Investment Disputes" tätig. Von 1994 bis 1996 gehörte er der Internationalen ECSA-Studienkommission an, die sich mit der Perspektive osteuropäischer Länder hinsichtlich einer Mitgliedschaft in der Europäischen Union befasste.

Was seine frühen Publikationen betrifft, so sind es vorwiegend privatrechtliche Auslandsfächer, die in ihrer gesamten Breite in seinem wissenschaftlichen oevre erscheinen, also Internationales Privatrecht, Internationales Einheitsrecht, Europäisches Privatrecht, Außenwirtschaftsrecht sowie die zivilistische Rechtsvergleichung. Nach dem Fall des Eisernen Vorhangs, bei dem bekanntlich Ungarn eine führende Rolle spielte, befasste sich Ferenc Mádl innerhalb seiner Studien mit schwierigen Problemen der Rechtsschöpfung und Rechtsharmonisierung im Zuge der europäischen Integration. Bemerkenswert ist, dass er, obwohl kein Mitglied der Kommunistischen Partei, mehrfach zu Studienzwecken und Vorträgen in das Ausland reisen und dabei internationale Kontakte knüpfen konnte. So lehrte Ferenc Mádl 1967 und 1979 an der Universität von Berkeley in Kalifornien, 1978 an der Universität Sacramento und 1995 als Gastprofessor an der Universität München. Seit langen Jahren war Mádl ebenso Freund und Förderer der Partnerschaft zwischen den Juristischen Fakultäten der Eötvös Loránd Universität Budapest und der Heidelberger Ruperto Carola. Bereits im Oktober 1983 besuchte er im Rahmen eines kurzen Aufenthalts Heidelberg. Späterhin nahm Mádl an vielen gemeinsamen Seminaren aktiv teil.

Nach der politischen Zeitenwende 1989/90 amtierte Ferenc Mádl in der ersten frei gewählten Regierung als Minister ohne Geschäftsbereich, anschließend als Kultusminister bis 1994. Bei den nachfolgenden Parlamentswahlen schied er aus der Regierung und kehrte auf seinen Budapester Lehrstuhl zurück, stellte sich aber bei den Präsidentenwahlen 1995 als parteiloser Zählkandidat der bürgerlichen Opposition zur Verfügung. Aber erst 2000 wurde Ferenc Mádl zum dritten Staatsoberhaupt Ungarns gewählt, 2005 endete seine Amtszeit. Nur wenige Jahre lehrte er noch an der Loránd-Eötvös-Universität. 2011 verstarb Ferenc Mádl in der ungarischen Hauptstadt Budapest.

Ein Dezennium zuvor, am 20. Juli 2001, hatte ihn, „der als hochverdienter Lehrer und Forscher die Wissenschaft des Internationalen Privatrechts, der Rechtsvergleichung und des Internationalen Wirtschaftsrechts in außerordentlichem Masse gefördert hat", die Juristische Fakultät der Universität Heidelberg für seine „Verdienste um die Zusammenarbeit zwischen ungarischer und deutscher Rechtswissenschaft" mit der Verleihung der Ehrendoktorwürde ausgezeichnet. Auch in „Anerkennung für einen großen Wissenschaftler und einen großen politischen Menschen", wie der damalige Rektor Jürgen Siebke bei der Verleihung hinzufügte.

21 Jacques Raynard

In Montpellier, der Partnerstadt Heidelbergs, wurde Jacques Raynard 1961 geboren. An der Rechtswissenschaftlichen Fakultät der Universität seiner Heimatstadt erwarb er 1982 die Licence en Droit Privé, 1983 die „Matrise", 1984 das „D.E.A. Droit des Affaires et Accords Industriels" und 1988 das „D.E.A. Droit Pénal et Sciences criminelles". 1989 folgte auf das „Doctórat en Droit" das „Lauréat de l'académie Francaise".[498] Zwei Jahre später, 1991, wurde er schließlich „Professeur Agrégé" an der „Faculté de Droit de Montpellier, Section 01 („Droit privé et Schiences Criminelles"). Zahlreiche Preise und Auszeichnungen begleiteten bereits seine noch junge akademische Karriere. Es folgte ein Ruf an die Universität Lyon. Nach Montpellier kehrte er 1993 wieder zurück. Im Zentrum seiner Forschungen stehen das allgemeine Zivilrecht, das Handelsrecht und das Recht des geistigen Eigentums. Diese Gebiete vertritt Raynard auch als Lehrbeauftragter am Centre d'Etudes Internationales de la Propriété der Universität Straßburg. Zu den Schwerpunkten seiner wissenschaftlichen Arbeit zählen das Urheberrecht, das Vertrags- und Obligationenrecht, das Internationale Privatrecht und das Recht des internationalen Handels. Große Beachtung fand seine Studie „Droit d'auteur et conflis de lois", in deren Mittelpunkt die Rolle des Internationalen Privatrechts im Bereich des Urheberrechts steht. Eine große Anzahl weiterer Abhandlungen befassen sich mit dem Vertragsrecht, dem Wirtschaftsrecht mit einem Schwerpunkt im Bereich des gewerblichen Rechtsschutzes und das Recht des internationalen Handels. In Zusammenarbeit mit Professor Paul-Henry Antonmattei konzipierte er ein umfängliches systematisches Lehrbuch zu den besonderen Vertragstypen, das mittlerweile in sechster Auflage vorliegt. Aber ebenso moderne Fragen der

---

[498] Droit d'auteur et conflits de lois. Essai sur la nature juridique du droit d'auteur, 1990.

individuellen Vertragsgestaltung diskutierte Ryanard in verschiedenen wissenschaftlichen Veröffentlichungen. In seiner umfassenden Monographie zum Urheberrecht im Licht des internationalen Privatrechts legte er eine wegweisende Untersuchung vor, die in der Fachwelt für erhebliches Aufsehen sorgte. Sein Handbuch des internationalen Handelsrechts, das nunmehr in dritter Auflage zur Verfügung steht, besticht durch die Entwicklung und die systematische Abgrenzung des Themas, durch innovative Ansätze und präziser Gedankenführung.

Mit großem Engagement leitete Raynard die jährlich im Sommersemester stattfindenden gemeinsamen Seminare der beiden Rechtsfakultäten in Montpellier. Er war der Vertreter der Faculté de Droit der Universität Montpellier, hielt dabei jeweils einen der wissenschaftlichen Vorträge zu einem aktuellen Thema. Ihren Abschluss fanden sie stets mit einem „repas de cloture". So heißt es in der Ehrenurkunde der Heidelberger Juristischen Fakultät aus Anlass der Verleihung des Dr. h.c. unter dem 16. Dezember 2005: „In Anerkennung seiner besonderen wissenschaftlichen Verdienste um das Recht des geistigen Eigentums, des internationalen Handelsrechts und des Vertragsrechts sowie um den Austausch zwischen der Faculté de Droit der Université Montpellier I und der Juristischen Fakultät der Ruprecht-Karls-Universität Heidelberg".

22 Giuseppe Benedetto Portale

Eng verbunden mit der Juristischen Fakultät der Universität Heidelberg und dem Institut für ausländisches und internationales Privat- und Wirtschaftsrecht ist der 1938 in Biancavilla geborene Giuseppe Benedetto Portale. Abgeschlossen hatte er sein rechtswissenschaftliches Studium 1961 an der Juristischen Fakultät des Heiligen Herzens von Mailand, größte und eine der bedeutendsten katholischen Hochschulen weltweit, wenig später promovierte er mit einer Studie über die „Natur von Kreditverträgen". An der wirtschaftswissenschaftlichen Fakultät der Universität war Portale zunächst als Assistenzprofessor tätig, 1968 bis 1971 als Professor für Bankrecht, späterhin für Handelsrecht. Diese Fächer vertrat er auch in den Jahren 1972 bis 1974 als Ordinarius an der Fakultät für Wirtschaftswissenschaften, danach an der Rechtswissenschaftlichen Fakultät der Universität Parma. 1979 kehrte Portale an die Katholische Universität Mailand zurück, an der er bis zu seiner Emeritierung 2010 Privatrecht und Wirtschaftsrecht lehrte. So liegt auch der Schwerpunkt des wissenschaftlichen Schaffens Portales im gesamten Handelsrecht, besonders im Bankrecht und Gesellschaftsrecht. Das Kapital in der Aktiengesellschaft sowie die internationalen Bankgarantien sind Gegenstand weit ausgreifender Monographien aus seiner Feder, hinzu kommt ein viel beachtetes Lehrbuch zur Rechtsvergleichung. Das Spektrum seiner zahlreichen Aufsätze greift noch weit darüber hinaus (Bilanzrecht, Insolvenzrecht).

Heidelberg und seine Juristische Fakultät mit ihren Professoren und Assistenten lernte Portale während eines Stipendiums des Deutschen Akademischen Austauschdienstes in den Jahren 1963/64 näher kennen. Ab 1973 hielt er sich jeweils vom 1. August bis 31. Oktober regelmäßig zu Forschungs- und Studienvorhaben am „Institut für ausländisches und internationales Privat- und Wirtschaftsrecht" auf; viele seiner Werke entstanden während dieser Zeitspanne. Bemerkenswert ist, dass Portale gleichfalls zu den Gründungsmitgliedern des bis heute bestehenden „Vereins der Freunde und Förderer" des Instituts gehört. Neben Heidelberg unterrichtete er italienisches Gesellschaftsrecht an der Universität Paris-Nanterre, leitete u.a. die Zeitschrift „Banca, borsa, e titoli di credito", war Mitglied der Redaktionen der „Zeitschrift für Privatrecht" und der „Zeitschrift „Europa und Privatrecht".

Am 24. Oktober 2007 wurde er in „Anerkennung seiner besonderen wissenschaftlichen Verdienste um das Recht des Handelsrechts und des Gesellschaftsrechts und für die Förderung des deutsch-italienischen Wissenschaftsaustauschs" mit der Würde eines Ehrendoktors der Heidelberger Juristischen Fakultät ausgezeichnet.

23 Jerzy Marian Stelmach

Gleichzeitig mit seinem italienischen Kollegen Giuseppe Benedetto Portale erhielt auch Jerzy Stelmach, Professor an der Jagiellonen-Universität Krakau, für seine herausragenden Leistungen auf dem Gebiet rechtswissenschaftlicher Grundlagenforschung 2007 die Ehrendoktorwürde der Heidelberger Juristischen Fakultät verliehen. Hervorgehoben werden in der Laudatio gleichfalls seine Aktivitäten in Richtung Deutschland, so die Betreuung der Schule Deutschen Rechts wie auch des Europäischen Graduiertenkollegs an der Jagiellonen-Universität, das Krakau mit Heidelberg und Mainz eng verbindet: „In Anerkennung seiner besonderen wissenschaftlichen Verdienste um die Rechtsphilosophie und die Juristische Methoden sowie um die tatkräftige Förderung grosser gemeinsamer wissenschaftlicher Programme der Juristischen Fakultäten der Universitäten Heidelberg und Krakau."

In Krakau, der „heimlichen Hauptstadt Polens", wurde Jerzy Stelmach 1954 geboren, wo er sich 1973 an der Juristischen Fakultät seiner Heimatstadt immatrikulierte. Nach einem erfolgreich bestandenen Examen 1977 entschied Stelmach sich für ein Promotionsstipendium an der Fakultät für Rechtstheorie und Rechtsphilosophie. 1983 wurde er mit einer vielbeachteten Studie über „Normative Probleme der Interpretation der Rechtstheorie" promoviert. 1991 erfolgte die Habilitation mit der Abhandlung „Hermeneutischer Zugang zur Rechtsphilosophie". Als Dozent unterrichtete Stelmach in Krakau Rechtstheorie, Einführung in die Rechtswissenschaft und die Kunst des juristischen Verhandelns. 1996 übernahm er, 2003 zum ordentlichen Professor ernannt, die Leitung des Instituts für Rechtstheorie und Rechtsphilosophie, dann des Instituts für Rechtsphilosophie und

Rechtsethik. Auf diesen Gebieten publizierte Stelmach – zusammen mit weiteren Fachkollegen – eine große Anzahl wissenschaftlicher Studien: 12 Bücher und über 100 Aufsätze umfasst sein bisheriges literarisches Werk. Hervorgehoben sei darunter „Die Rechtsphilosophie des 19. und 20. Jahrhunderts" (zusammen mit Ryszard Sarkowicz), 1998 publiziert, 2004 „Juristische Methoden: Logik, Analyse, Argumentation, Hermeneutik" (mit Bartosz Brożek) und 2011 „Die Kunst der Manipulation". Auf den Gebieten der Rechtsphilosophie – und damit verbunden der Rechtshermeneutik – behauptet er sich als eigenständiger Denker, ebenso ist Stelmach ein intimer Kenner der Rechtsphilosophie von der Antike bis zur Postmoderne. In beeindruckender Weise gelingt es Stelmach, den Leser auf wenigen Seiten an den großen Leitlinien der Rechtsphilosophie teilhaben zu lassen. Er selbst gilt als einer der bedeutendsten polnischen Rechtsphilosophen der Gegenwart, welcher sich darum bemüht, länder- und personenbezogene Brücken zwischen Polen und Deutschland, zwischen Heidelberg und Krakau zu bauen. Auch als vielgefragter Mediator und begeisterter Kunstsammler ist er über die Grenzen Krakaus hinweg eine bekannte Persönlichkeit im kulturellen Leben der Stadt.

24 Vassilios Skouris

Geboren wurde Vassilios Skouris 1948 in Thessaloniki, studierte als Stipendiat des Deutschen Akademischen Austauschdienstes von 1965 bis 1970 Rechtswissenschaften an der Freien Universität Berlin. Nach dem erfolgreich bestandenem Ersten Staatsexamen promovierte er 1972 an der Universität Hamburg mit einer Arbeit im Verfassungs- und Verwaltungsrecht,[499] der sechs Jahre später die Habilitation nachfolgte.[500] Unmittelbar danach, 1978, erreichte ihn bereits ein Ruf auf den Lehrstuhl für Öffentliches Recht an der Universität Bielefeld. 1982 entschied er sich, an die Juristische Fakultät der Aristoteles-Universität seiner Heimatstadt Thessaloniki zu wechseln. Späterhin berief man Skouris zum Direktor des Zentrums für internationales Wirtschaftsrecht und Europarecht. Daneben amtete er als Präsident der Griechischen Vereinigung für Europarecht (1992–1994) wie auch als Vorsitzender im Wissenschaftsrat des Ministeriums für Auswärtige Angelegenheiten (1997–1999) und als Kuratoriumsmitglied der Europäischen Rechtsakademie Trier. Für einige Monate leitete Skouris in den Jahren 1989 und 1996 das griechische Innenministerium. Danach, 1999, erfolgte seine Berufung zum Richter am Europäischen Gerichtshof (EuGH) mit Sitz in Luxemburg, 2003 wählte man ihn zum Präsidenten, in diesem Amt wurde er 2006, 2009 und 2012 bestätigt; 2015 erfolgte dann seine offizielle Verabschiedung. Mehrere Aufsehen erregende Urteile fielen in Skouris Amtszeit wie das Grundsatzurteil vom 1. März 2011, wonach Versicherungen nicht länger unterschiedliche Tarife für Männer

---

[499] Teilnichtigkeit von Gesetzen, Berlin 1973.
[500] Verletztenklage und Interessenklage im Verwaltungsprozess, Köln 1979.

und Frauen wegen Verstoßes gegen das Diskriminierungsverbot anbieten dürfen. Nach seinem Ausscheiden als Richter am EuGH wurde Skouris im Mai 2017 zum Vorsitzenden der Ethik-Kommission des Weltfußballverbandes gewählt.

Sieben Jahre zuvor, 2010, hatte ihn die Heidelberger Juristische Fakultät mit der Ehrendoktorwürde vor dem Hintergrund seiner „Verdienste um die Europäische Rechtsgemeinschaft und die Verbindung der deutschen und griechischen Rechtswissenschaft" ausgezeichnet. Nicht unerwähnt blieb dabei sein Engagement für die von Heidelberger Rechtswissenschaftlern mitgetragenen Schule des Deutschen Rechts an der Universität Krakau und das dort angesiedelte Europäische Graduiertenkolleg „Systemtransformation und Wirtschaftsintegration im zusammenwachsenden Euopa" sowie seine Mitgliedschaft im Wissenschaftlichen Beratungszentrum der Ruperto Carola für die Exzellenzinitiative. Seit 2008 ist er auch Mitherausgeber der Archivzeitschrift „Europarecht".

Von einer ungewöhnlichen Vielfalt und Breite ist gleichfalls das wissenschaftliche Werk aus der Feder von Vassilio Skouris, das sich vom deutschen Verfassungs-, Zivil- und Verwaltungsrecht über das Wirtschaftsrecht bis hin zum Europäischen Gemeinschafts- und Unionsrecht erstreckt. Betont wird immer wieder seine Rolle als Vermittler zwischen deutschem und griechischem, aber auch zwischen deutschem und europäischen Recht. In seiner Laudatio anlässlich der Verleihung des Dr. h.c. in der Alten Aula der Ruperto Carola im Rahmen der Promotionsfeierlichkeiten hob Peter-Christian Müller-Graff als Dekan der Juristischen Fakultät hervor: „Seine Veröffentlichungen zum Europarecht in der jüngsten Dekade sind mitgeprägt von der richterlichen Erfahrung zu den binnenmarktlichen Grundfreiheiten und Wettbewerbsregeln und zeigen ein von Dogmatik und Praxis geleitetes Verständnis von deren innerer Grammatik, deren Dynamik und deren Gefährdungen". Mit diesen Gefährdungen befasste sich Skouris in seinem jüngst publizierten Buch „Demokratie und Rechtsstaat: Europäische Union in der Krise".[501]

25 Edith Brown Weiss

Erstmals seit der 1930 erfolgten Ehrenpromotion Camilla Jellineks wurde 2011 mit der amerikanischen Juristin Edith Brown Weiss wieder eine Frau von der Heidelberger Rechtswissenschaftlichen Fakultät mit dem Titel einer Dr. h.c. ausgezeichnet. Geboren wurde Brown Weiss 1942 in Salem (Oregon), studierte zunächst Politikwissenschaft an der Universität Stanford mit dem 1963 erfolgten Grad eines B.A., daran schloss sich drei Jahre später der Juris Doctor an der Harvard Universität und schließlich die 1973 erfolgte Promotion an der Universität von Kalifornien in Berkely an. Nur wenig später berief man sie als Professorin an

---

[501] München 2018.

die Princeton Universität, 1978 übernahm Edith Brown Weiss den Francis-Capbell Brown Lehrstuhl für imternationales Recht an der Georgetown Universität.

Im Mittelpunkt ihrer wissenschaftlichen Arbeiten stehen immer wieder ebenso schwierige wie komplexe völkerrechtliche Probleme auf den Gebieten des internationalen Umwelt- und Wasserrechts.[502] Mehrere Monographien und Abhandlungen aus ihrer Feder befassen sich mit diesen Fächern: Genannt seien „The Evolution of International Water Law" (2008) und „In Fairness for Future Generations: International Law, Common Patrimony and Intergenerational Equity" (1989), das wohl bekannteste ihrer Bücher, das für die Weiterentwicklung des internationalen Umweltschutzes als wegweisend bezeichnet wird. Hingewiesen sei schließlich noch auf die Studie „The Rise or the Fall of Intenational Law?", welche die Entwicklung des Völkerrechts grundlegend aufarbeitet.

Bemerkenswert sind ihre zahlreichen Aktivitäten ausserhalb des genuinen Hochschulbereichs: Von 1990 bis 1992 beriet Brown Weiss die Environmental Protection Agency, präsidierte u.a. in den Jahren 1994–96 der American Society of International Law, war Mitglied des Beirats in Auswärtigen Angelegenheiten wie auch der „National Academy of Science's Commission on Geosciences, Environment an Resources, NAS Water Science and Technology Board, the NAS Israel, Pjordan, Palestinian Territories Panel on Sustainable Water Supplies in the Middle East". Sie ist Mitherausgeberin u.a. des „American Journal of international Law", der vom Heidelberger Max-Planck-Institut herausgegebenen „Encyclopedia of Public International Law" wie auch des „Indian Journal of International Law". Gleichzeitig zählt Edith Brown Weiss zu den Mitarbeitern des japanischen „Institute for Global Environmental Strategies", der „Cousteau Society" und des „National Center for Atmospheric Research". Seit 2012 gehört sie als Richterin dem Verwaltungsgericht des Internationalen Währungsfonds an. Aufsehen erregten ihre Studien zum „International Law for a Water-Scarce World", „Engaging Countries: Strengthening Compliance with International Accords". Bereits 1990 erhielt ihre schon erwähnte Studie Studie „In Fairness to Future Generations" von der Amerikanischen Gesellschaft für internationales Recht das „Certificate of Merit Award", die Edith Brown Weiss Jahre später (2010) ihre höchste Auszeichnung, die Manley-O.-Hudson-Medaille, verlieh. Übersetzt wurde diese Abhandlung in das Japanische, Chinesische, Französische und Spanische. Zu dem großen Kranz weiterer Ehrungen zählt ebenso die eingangs erwähnte Auszeichnung mit dem Titel einer Dr. h.c. der Heidelberger Ruprecht Karls-Universität. Mit diesem Ehrendoktorat würdigte die Fakultät gleichzeitig ihre tatkräftigen Unterstützung im Rahmen des Professorenaustauschprogramms zwischen der Juristischen Fakultät Heidelberg und dem Georgetown Law Center, der größten und eine der angesehensten Rechtsfakultäten in den USA.

---

[502] S. insb. ihre Studie „International Law for a water-scarce world", Leiden 2013.

26 Hans-Petter Graver

Beträchtliche Aufmerksamkeit erfuhr die aus dem Norwegischen übersetzte, 2019 im Nomos-Verlag publizierte Studie „Der Krieg der Richter – Die deutsche Besatzung 1940-1945 und der norwegische Rechtsstaat" von Hans-Petter Graver. Im Mittelpunkt des Buches steht die Rolle deutscher Juristen und norwegischer Gerichte zur Zeit der Besatzung Norwegens durch die Wehrmacht in den Jahren 1940 bis 1945. Während im Rahmen der traditionellen Gerichtsbarkeit sich rechtsstaatliche Maßstäbe und der soziale Zusammenhang der Richterschaft bewährten, wurden diese, folgt man Graver, bei dem neu eingerichteten norwegischen „Volksgerichtshof" und den jeweiligen Sondergerichten außer Kraft gesetzt.

Der Autor jener ungewöhnlichen Studie, Geburtsjahrgang 1955, ist Ordinarius für Privatrecht an der Universität Oslo. Nach dem Studium an deren Juristischen Fakultät, das Graver 1980 abschloss, dissertierte er als Wissenschaftlicher Mitarbeiter 1986 mit einer Studie über „Die juristische Konstruktion der Wirklichkeit". Im Anschluss daran arbeitete Graver zunächst im Ministerium für Verbraucherangelegenheiten und Verwaltung, dann als Anwalt der Norwegischen Generalanwaltschaft. 1993 wurde er zum Professor für Rechtssoziologie mit besonderem Lehrauftrag für Verwaltungsrecht ernannt. An der Spitze des Zentrums für Europäische Forschung stand Graver 2001 bis 2003.

Gravers wissenschaftlichen Arbeiten umfassen Bücher und Artikel aus den unterschiedlichsten Rechtsgebieten, darunter Verwaltungsrecht, Rechtssoziologie, Rechtsgeschichte, Rechtstheorie sowie Argumentationstheorie und Rhetorik. „Wettbewerb und Europarecht" ist ein weiteres Forschungsfeld, auf dem Graver Pionierarbeit leistete. So ist er auch Mitautor des zweibändigen Werkes zum norwegischen und EWR-Wettbewerbsrecht. Erwähnenswert ist ebenso sein Lehrbuch zum norwegischen Verwaltungsrecht, welches nunmehr in fünfter Auflage vorliegt. Gleichfalls leitete er ein vom norwegischen Forschungsrat finanziertes Spitzenforschungsprojekt zu essentiellen Herausforderungen der „dritten Gewalt", d.h. über das Richterverhalten in Diktaturen. Konkret geht es um die Frage, wie der Verlust an Rechtsstaatlichkeit sich auf die richterliche Rechtsanwendung auswirkt. Mit Arbeiten über die Rolle der Rhetorik und der rechtlichen Konstruktion der Wirklichkeit knüpft er wieder an die eingangs erwähnte Dissertation an.

2012/2013 verbrachte Graver ein Forschungsjahr am Institut für deutsches und europäisches Gesellschafts- und Wirtschaftsrecht der Ruperto Carola. 2017 verlieh die Heidelberger Juristische Fakultät ihm die Ehrendoktorwürde in Ansehung seiner „besonderen wissenschaftlichen Verdienste um die europäische Rechtsintegration ,Iuxta unionem' sowie um die Verbindung zwischen der Juristischen Fakultät der Universität Heidelberg und der Rechtswissenschaft in Norwegen." Graver ist Mitglied der Norwegischen Akademie der Wissenschaften und präsidierte ihr in den Jahren 2019–2021. Bei dem „Heidelberg Laureate Forum" fungierte Graver als deren Repräsentant. 2019 wurde er zum Ehrenmitglied der Legal Association of Finland, 2022 zum Mitglied der Academia Europaea ernannt.

27 Lajos Vékas

Der in Klausenburg 1939 geborene Lajos Vékas nahm nach dem niedergeschlagenen ungarischen Volksaufstand 1958 an der Juristischen Fakultät der Budapester Eötvös-Loránd-Universität das Studium der Rechtswissenschaften auf, welches er 1963 mit dem Ersten Staatsexamen abschloss; 1969 folgte das Anwaltsexamen. Bemerkenswert ist, dass er noch unter kommunistischer Herrschaft an der Akademie für Rechtsvergleichung in Straßburg studieren konnte. 1968 promovierte Vékas, 1970 verbringt er als Forschungsstipendiat der Max-Planck-Gesellschaft vier Monate am Hamburger Max-Planck-Institut für ausländisches und internationales Privatrecht und 1977/78 als Stipendiat der Alexander von Humboldt-Stiftung an der Universität Freiburg. 1984 erfolgte die Habilitation für die Fächer ungarisches Zivil- und Handelsrecht, Internationales Privatrecht und Rechtsvergleichung. Danach lehrte und leitete er – zunächst als außerordentlicher, seit 1984 als ordentlicher Universitätsprofessor – bis 1999 die Abteilung für Zivilrecht an der Eötvös-Loránd-Universität. Zwischen 1990 und 1993 führte Vékas als erster frei gewählter Rektor die renommierte Budapester Hochschule durch die Jahre des Zerfalls des Ostblocks und des Regimewechsels in Ungarn. Es folgten die ersten unabhängigen Wahlen und der Beitritt Ungarns in den Europarat Ende 1990. 1992 wählte man ihn zum Gründungsrektor des Collegium Budapest (Institute for Advanced Study), einer neuen ungarischen Forschungseinrichtung; ein Amt, das er bis 1997 innehatte. Seine dauerhafte Verbundenheit mit der Stadt Heidelberg und ihrer Universität begründete eine Gastprofessur am „Institut für ausländisches und internationales Privat- und Wirtschaftsrecht" zwischen den Jahren 1986/87 und wiederholten, nahezu jährlichen Aufenthalten an der Ruperto Carola.

Vékas ist (u.a.) Mitglied der Deutschen Gesellschaft für Völkerrecht, der Group Européen de Droit International Privé wie auch Vizepräsident für Sozialwissenschaften der Ungarischen Akademie der Wissenschaften. 1999 ernannte man ihn zum Leiter des Kodifikationshauptausschusses zur Vorbereitung eines neuen ungarischen Zivilgesetzbuchs, von dem er jedoch 2007 freigestellt wurde, nachdem das Justizministerium die Kodifikationsarbeiten übernommen hatte. In seine Zeit aber fielen die systemprägenden Entscheidungen und Entwicklungen. In Budapest entschied man sich gegen die Kodifikation eines vom allgemeinen Bürgerlichen Recht getrennten Handelsgesetzbuchs. 2014 trat das neue Gesetzbuch in Kraft, als dessen „Vater" Vékas gilt.

Betont wurden bei der Verleihung der Ehrendoktorwürde an ihn im November 2017 neben seinen wissenschaftlichen Leistungen auf dem Gebiet des Privatrechts die persönlich angebahnten fachlichen und wissenschaftlichen Beziehungen zwischen der Eötvös-Loránd-Universität und der Heidelberger Ruperto Carola: „In Anerkennung seiner besonderen Verdienste um die Privatrechtswissenschaft in Europa sowie um die Begründung und Entwicklung der Partnerschaft zwischen der Universität Heidelberg und der Eötvös Loránd Universität Budapest." Die Auszeichnung wende sich, so die Laudatio, „an einen hochgeschätzten Juristen und eine bestechende, tadellose Persönlichkeit europäischer Prägung, die der Juristischen Fakultät der Universität Heidelberg eng verbunden ist seit mehr als dreißig Jahren."

Zahlreiche Bücher aus den Gebieten des ungarischen Zivilrechts und internationalen Privatrechts, vergleichende Forschungen zum ungarischen und deutschen Zivilrechtssystem wie auch zu verfassungsrechtlichen Aspekten des Bürgerlichen Rechts stammen aus seiner Feder. Zusammen mit Ferenc Mádl legte er ein in mehreren Auflagen publiziertes Lehrbuch zum Internationalen Privatrecht vor. Pionierarbeit leistete Vékas auf dem über lange Zeit hinweg vernachlässigten Gebiet der ökonomischen Analyse des Zivilrechts. Sowohl als Mitglied des Schiedsgerichts an der Ungarischen Industrie- und Handelskammer Budapest wie auch an der Wirtschaftskammer Österreichs in Wien und am International Court of Arbitration in Paris hatte er sich mit mehreren spektakulären Fällen zu befassen.

28 Ryuji Yamamoto

Ende November 2018 wurde der japanische Rechtsgelehrte Ryuji Yamamoto, geboren 1966 in Aichi (Japan), mit der Würde eines Doktors ehrenhalber von der Juristischen Fakultät ausgezeichnet. Sie gilt, wie es in der Begründung zur Vergabe der Ehrendoktorwürde lautet, insbesondere „seinen besonderen Verdiensten um die verwaltungsrechtliche Systembildung in Japan und Deutschland und um den verwaltungsrechtswissenschaftlichen Austausch." Ekkehart Reimer, der damalige Dekan der Fakultät, würdigte im Rahmen des Festaktes in der Aula der Alten Universität Ryuji Yamamoto als eine „herausragende Forscherpersönlichkeit auf dem Gebiet der Rechtswissenschaften, die sich in außergewöhnlicher Weise um den deutsch-japanischen Austausch im Verwaltungsrecht verdient gemacht hat und sich dabei durch eine besonders enge Beziehung zur Juristischen Fakultät der Universität Heidelberg auszeichnet." Ergänzend wies Wolfgang Kahl, Geschäftsführender Direktor des „Instituts für deutsches und europäisches Verwaltungsrecht", darauf hin, dass bei Yamamotos wissenschaftlichen Arbeiten „der intensive Rechtsvergleich mit Deutschland besonders hervorzuheben" ist, damit übernimmt er „wichtige wissenschaftliche Brücken- und Transferfunktionen."

Seit 2004 ist Ryuji Yamamoto Professor an der Universität Tokio, an der er auch Jura studierte und seine weitere Ausbildung absolvierte. Ausgewiesen mit dem 1988 erworbenen Grad eines Bachelor of Law, wurde er nach weiteren Stationen 2004 Professor an der Universität Tokio im Fachbereich Recht und Politik. Aus Yamamotos Feder stammen zahlreiche grundlegende wissenschaftliche Publikationen aus dem weiten Bereich des Verwaltungsrechts. Viele seiner Aufsätze und Monographien stimulierten die japanische Diskussion und eröffneten neue Perspektiven, insbesondere im Anschluss an die Arbeiten im internationalen und deutschen Verwaltungsrecht. Yamamotos wissenschaftliches Oevre „besticht durch die Breite der aufgegriffenen Themen und durch die ebenso sorgfältige wie kreative Art ihrer Behandlung." (*Schmidt-Aßmann*).

Nahezu jährlich besucht er seit 1995 als Gast die Ruperto Carola, wobei Ryuji Yamamoto sich sowohl in der Lehre engagiert und Doktoranden wie auch Habilitanden als kompetenter Gesprächspartner zur Verfügung steht. In dieser Zeit knüpfte er eine Vielzahl an Verbindungen zu einzelnen Fakultätsmitgliedern, die sich in einem fortwährenden wissenschaftlichen Austausch niederschlagen. Gleichfalls wurde ihm anlässlich der Ehrenpromotion der Dank der Fakultät für sein überobligationsmäßiges Engagement im Bereich einer engen wissenschaftlichen Kooperation zwischen deutschen und japanischen Fachkollegen ausgesprochen.

VIII Schlussbetrachtungen

Während die Philosophische, die Theologische und auch die Medizinische Fakultät nur wenige Semester nach der Neueinrichtung der Universität zu Beginn des 19. Jahrhunderts Promotionen ehrenhalber durchführten,[503] hielt sich die Juristische Fakultät bei der Verleihung der Ehrendoktorwürde bemerkenswert zurück - ganz im Gegensatz zu der berüchtigten, von Theodor Mommsen scharf angegriffenen Heidelberger „Doktorfabrik" im ausgehenden 19. Jahrhundert.[504] Mehr als drei Dezennien verstrichen nach dem ersten Ehrendoktor, verliehen durch die Philosophische Fakultät 1806, ehe sich die Juristische Fakultät dazu entschließen konnte, dem Staatsrat und Diplomat Wilhelm von Hahn 1838 mit dieser akademischen Ehrung auszuzeichnen.[505] Sechs Jahre später erfolgte die Verleihung der juristischen Ehrendoktorwürde an ihren berühmten Kollegen aus der Philosophischen Fakultät, Georg Friedrich Creuzer.[506] Danach verging ein weiteres Vierteljahrhundert bis zur Ehrenpromotion Julius Wenzels, Obertribunalsvizepräsident in Berlin. Insbesondere universitäre Großveranstaltungen wie die Jubiläen der Jahre 1886, 1902 und auch 1936 waren, wie berichtet, verbunden mit zahlreichen Ehrenpromotionen. So präsentierten die damals noch vier Fakultäten umfassende Ruperto Carola anlässlich ihres 500jährigen Jubiläums an einem Tag (5. August 1886) 52 Ehrendoktoren, die Juristische Fakultät benannte allein 13 Persönlichkeiten. Sieben Doctores jur. h.c. zählte man 1903, acht beim 550. Jahrestag der Universität 1936.

Einen nicht mehr erreichten Höhepunkt fand die Verleihung der Ehrendoktorwürde in den Jahren der Weimarer Republik: 25 Persönlichkeiten aus den Bereichen von Wissenschaft, Kultur und Politik wurden mit der Würde eines Dr. jur. h.c. ausgezeichnet. Allein zwischen dem 14. Januar 1922 und dem 7. Februar 1924 kreierte man 15 Ehrendoktoren. Blutige politische Wirren, eine ungehemmte Inflation, die Besetzung der Rheinlande durch französische und belgische Truppenverbände ebenso wie wachsende Arbeitslosigkeit erschütterten in diesen Jahren die weitgehend noch ungefestigte Weimarer Republik. Außerordentlich belastet waren die Staatsfinanzen im Zeichen des wirtschaftlichen Niedergangs. Erfasst wurden ebenso die Universitäten durch die allgemeine Finanznot und zwang sie,

---

[503] 1806 Wilhelm Heinrich Seel (Phil.), 1807 Heinrich Christian Schwarz (Theol.), 1814 Carl Hoffmann (Med.) (UAH, H-IV/102-1 fol. 49-52; H-IV/102, fol. 1 Nrn. 6,7 und 10; H-I-5 fol. 3-4 und H-I-65 fol.12).

[504] Ausführlich hierzu SCHROEDER (wie Anm. 37), S. 43 ff.

[505] Vgl. S. 31 f. (in diesem Buch).

[506] Vgl. S. 27 f. (in diesem Buch).

sich um die Einwerbung privater Geldmittel und Sachspenden zu bemühen. In der Hoffnung auf finanzielle Zuwendungen ernannte man auch Direktoren von kommerziellen Unternehmen oder gemeinnützigen Einrichtungen zu Ehrendoktoren.

Angesichts erheblich gestiegener Lebenshaltungskosten wurde Anfang der Zwanziger Jahre für Studenten ein gemeinnütziger Verein, die „Studentenhilfe", und 1921 eine Mensa acdemica mit Spendengeldern eingerichtet. Geldsammlungen zum Bau der Neuen Universität entlasteten den Etat des badischen Staates in den Jahren der Wirtschaftskrise und der Massenarbeitslosigkeit. Dankbar zeigte sich daher auch die Juristische Fakultät gegenüber großzügigen Zuwendungen einzelner Mäzene aus dem Wirtschaftsleben, welche – quasi als vermeintliche Gegengabe – mit der Würde eines Heidelberger juristischen Ehrendoktorats „belohnt" wurden. Arnold Ruge, ein gescheiterter Privatdozent und nationalistischer Agitator an der Universität, unterstellte gar die Käuflichkeit der Ehrendoktorwürde anlässlich deren Verleihung an den Berliner Verleger Rudolf Mosse, „der von schwindelhaften Annoncen lebt, mit denen die Arbeiter betrogen werden, wurde für 100.00 Mark Ehrendoktor, während das früher eine Million kostete, wie bei Herrn Lanz. Das war nur möglich, weil ein Jude Dekan war, nämlich Herr Heinsheimer."[507]

Die Fakultät scheute sich gleichfalls vor 1933 nicht, mit der Ehrenpromotion auch Frauen auszuzeichnen. Vorreiter war die Theologische Fakultät, welche 1903 den Titel an die Zwillingsschwestern Margaret Dunlop-Gibson und Agnes Smith-Lewis in Anerkennung ihrer wissenschaftlichen Leistungen verlieh; entdeckt hatten sie die in dem Katharinenkloster auf dem Sinai die älteste, bis dahin bekannte syrische Version des Psalters. 1922 und 1930 folgte ihr die Juristische Fakultät mit der Ernennung von Marianne Weber und Camilla Jellinek zu Ehrendoktoren nach.

Ein großer Anteil der honoris causa Promovierten stammte in den Jahren der Weimarer Republik aus den Bereichen Politik, wie bei der Verleihung an Gustav Stresemann, Wirtschaft und Kultur.[508] Daran nahm auch das nationalsozialistische Regime Anstoß, waren doch in ihren Augen Ehrenpromotionen insbesondere während der Weimarer Epoche häufig Gegenleistungen seitens der Universität für „von außen" kommenden wirtschaftlichen Förderungen, insbesondere durch Mäzene jüdischer Herkunft. Nunmehr sollten allein dem NS-Regime politisch genehmen Persönlichkeiten der Titel eines Ehrendoktors verliehen werden.

Unübersehbar ist bereits bei der 550-Jahrfeier der Universität 1936 die politische Instrumentalisierung durch das nationalsozialistische Regime. Nicht länger entschied die Fakultät über die Verleihung der Ehrendoktorwürde, sondern die Universitätsleitung in Absprache mit dem Reichswissenschaftsministerium. Überantwortet wurde die Souveränität ihres traditionellen Rechts der Vergabe von Ehrenpromotionen dem Staat. Die Auswahl der Ehrendoktoren richtete sich nun nach nationalsozialistisch-ideologischen Maßstäben; bezeichnend ist, dass sich unter

---

[507] Unter dem 14.1.1921 (UAH, B-30751).
[508] Vgl. S. 113 (in diesem Buch).

den acht Ehrendoktoren des Jahres 1936 kein Deutscher befand, war man doch in den Berliner Ministerien bemüht, die Beziehungen zum Ausland auch auf diese Weise zu verbessern. Die Verleihung des Dr. jur. h.c. an den slowakischen Ministerpräsidenten Vojtech Tucka 1943 erfolgte gleichfalls ohne jegliche Rücksprache mit der Fakultät nach rein politisch-ideologischen Vorgaben durch das Reichswissenschaftsministerium. Wo es opportun erschien, war die Frage der ethnischen Zugehörigkeit belanglos, soweit sie dem NS-Regime „neutral" gegenüberstanden.[509] Innerhalb der Fakultät dachte man nicht daran, den Ehrendoktor etwa an Partei- und Staatsgrößen zu vergeben. Schon lange zählten wissenschaftliche oder schöpferische Leistungen der vom Staat ausgewählten Aspiranten nicht mehr; missbraucht wurde der Titel des Ehrendoktors weitgehend als Mittel der Außenpolitik.

Wie bereits in den Vorkriegsjahren zeigte sich die Fakultät auch nach 1945 äußerst zurückhaltend bei der Verleihung von Ehrendoktorwürden.[510] Selbst im glanzvoll gefeierten Jubiläumsjahr 1986 beschränkte man sich auf lediglich zwei Ehrendoktoren.[511] Nahezu sämtliche doctores honoris causa waren Wissenschaftler, wobei die juristischen Fachkollegen, welche an ausländischen Universitäten lehrten, in den vergangenen Dezennien überproportional vertreten sind. Hervorgehoben werden sollte wohl die internationale Ausstrahlung der Ehrenpromotion, beweisen sie doch die „Weltoffenheit" der Fakultät. Keinesfalls ausreichend waren hochschulpolitische Verdienste, allein wissenschaftliche Leistungen wurden mit der Ehrendoktorwürde durch die Juristische Fakultät ausgezeichnet. Dies gilt letztlich ebenso für die Professoren, die sich für die Beziehungen zwischen der Ruperto Carola und ihren Partneruniversitäten große Verdienste erworben hatten.

Abgewichen war man nach geraumer Zeit von dem seit dem 19. Jahrhundert von der Fakultät beachteten Grundsatz, niemanden zu promovieren, der bereits über den juristischen Doktorgrad einer deutschen Universität verfügte; nicht länger ausgeschlossen blieben daher von dem Doktorgrad honoris causa die an deutschen Hochschulen promovierten Juristen. Bemerkenswert ist, dass sich während der gesamten, hier vorgestellten Epoche kein Militär unter den Ehrenpromovenden befand. Der in der ersten Hälfte des 20. Jahrhunderts ganz Europa umfassende Chauvinismus fand an der Heidelberger Juristischen Fakultät in diesem Bereich keinen Nährboden.[512]

Die aktuellen Bestimmungen zur Verleihung des Ehrendoktortitels lauten nach § 21 der jüngsten Promotionsordnung der Heidelberger Juristischen Fakultät vom 21. April 2016:

---

[509] Vgl. Peter MEUSBURGER/Thomas SCHUCH (Hrsg.), Wissenschaftsatlas der Universität Heidelberg, Heidelberg 2011, S. 254–257 (254).

[510] Vgl. BAUR (wie Anm. 9), S. 280 f.

[511] Thomas Buergenthal und André Colomer (s. S. 153 f. in diesem Buch).

[512] S. Klaus-Peter SCHROEDER, „Nationalismus und Demokratie gehören zusammen" – Gerhard Anschütz: Einsichten und Ansichten eines Heidelberger Staatsrechtslehrers im Ersten Weltkrieg, in: RUNDE (wie Anm. 317), S. 240–258 (251 ff.).

"(1) Für hervorragende wissenschaftliche Leistungen auf dem Gebiet des Rechts und seiner Grenzgebiete kann die Fakultät mit Zustimmung des Senats den Grad eines Doktors der Rechtswissenschaft ehrenhalber (Dr. iur. h.c.) verleihen.

(2) Die Verleihung setzt einen Antrag mindestens zweier Fakultätsmitglieder voraus. Über den Antrag entscheidet der erweiterte Promotionsausschuss mit Dreiviertelmehrheit. Zur Vorbereitung seiner Entscheidung bestellt er zwei Berichterstatter aus seiner Mitte.

(3) Die Verleihung des Grades Dr. iur. h. c. erfolgt durch Überreichung eines Diploms, das die Leistungen des ehrenhalber Promovierten hervorhebt."

Nahezu unverändert blieb bis in unsere Tage das äußere, keineswegs prunkvolle Erscheinungsbild der Ehrendiplome, das in der Form einer normalen Doktorurkunde entspricht. Wesentlich war der Vermerk, dass der Doktortitel anfänglich *summos in utroque iure honores honoris causa*, späterhin lediglich *honoris causa* verliehen worden war. Allein die Elogie, die auf den Diplomen dem Namen nachfolgend publiziert war und Auskunft gab über die Verdienste des Geehrten, wurde in der Nachkriegszeit nicht mehr in Latein, sondern in deutscher Sprache wiedergegeben.[513] Befand sich der in Aussicht genommene Laureat, welcher über die Auszeichnung bereits schriftlich informiert worden war, in Heidelberg, so überreichte der Dekan ihm die Urkunde persönlich in einem besonderen Festakt, anderenfalls wurde sie postalisch übersandt.

Wünschenswert jedoch wäre eine Rückbesinnung auf die Epoche des ausgehenden 19. Jahrhunderts, in denen eine überschaubare Zahl ehrenhalber Promovierter zwar anderen Disziplinen als der Jurisprudenz angehörten, ihre wissenschaftlichen Leistungen aber über das jeweilige Fachgebiet weit hinausreichten. Öffnen sollte sich die Fakultät vermehrt für die Auszeichnung von Vertretern der Fachrichtungen wie Philosophie, Philologie und Geschichte: „Denn es ist alter Brauch, bei Ehrenpromotionen nicht bloß Verdienste in der Wissenschaft, sondern auch die um die Wissenschaft in Betracht zu ziehen." (*Ernst Immanuel Bekker*)

---

[513] Vgl. BAUR (wie Anm. 9), S. 239.

IX Anhang

1   Quellen- und Literaturverzeichnis

1.1 Quellenverzeichnis

a)   Archivalien

Universitätsbibliothek Heidelberg (UBH)
  Heid.Hs. 3716/Nachlass Radbruch, III Korrespondenz F 863a

Universitätsarchiv Heidelberg (UAH)
  B–1523/6,7a; 1824/2; IV–159c
  H–II–111/13; 33; 39; 57; 62; 63; 65; 71; 81; 85; 86; 95; 101; 118; 124; 127; 201; 867; 868
  H–IV, 102
  PA 782; 1453

b)   Gedruckte Quellen

Jellinek, Georg (Hrsg.), Gesetze und Verordnungen für die Universität Heidelberg, Heidelberg 1908

Thorbecke, August (Bearb.), Statuten und Reformationen der Universität Heidelberg vom 16. bis ins 18. Jahrhundert, Leipzig 1891.

Toepke, Gustav (Bearb.), Die Matrikel der Universität Heidelberg, 5. Teil, Heidelberg 1904.

Winkelmann, Eduard (Hrsg.), Urkundenbuch der Universität Heidelberg, Bd.1: Urkunden, Heidelberg 1886.

Ders. (Hrsg.), Urkundenbuch der Universität Heidelberg, Bd. 2: Regesten, Heidelberg 1886.

1.2 Literaturverzeichnis

Abelshauser, Werner, Art. Schmitz, Hermann, in: NDB 23 (2007), S. 252–253.

Andreas, Willy, Art. Arthur von Brauer, in: NDB 2 (1955), S. 543–544.

Angerbauer, Wolfram (Hrsg.), Die Amtsvorsteher der Oberämter, Bezirksämter und Landratsämter in Baden-Württemberg 1810 bis 1972, Stuttgart 1996.

Aubin, Hermann, Art. Below, Georg von, in: NDB 2 (1955), S. 32–33.

Bach, Ingo, Der Führer gab neuerdings Weisung, „die Verleihung von Ehrenpromotionen solle so sparsam wie möglich erfolgen", in: Werner Buchholz (Hrsg.), Die Universität Greifswald und die deutsche Hochschullandschaft im 19. und 20. Jahrhundert, Stuttgart 2004, S. 309–336

Baldus, Christian/Hattenhauer, Christian/Schroeder, Klaus–Peter (Hrsg.), Geschichtliche Rechtswissenschaft – 100 Jahre Heidelberger Institut (1918–2018), Heidelberg 2018.

Bartsch, Karl (Hrsg.), Ruperto Carola. Illustrirte Festchronik der V. Säcularfeier der Universität Heidelberg, Heidelberg 1886.

Baur, Sebastian, „Vor vier Höllenrichtern …" – Die Lizentiats- und Doktorpromotionen an der Juristischen Fakultät der Universität Heidelberg, Frankfurt am Main 2009.

Bernhardt, Rudolf, Laudatio für Thomas Buergenthal, in: Juristische Fakultät der Universität Heidelberg (Hrsg.), Laudationes et Gratiae, Heidelberg 1986, S. 19–24.

Bippen, Wilhelm von, Art. Meier, Hermann Henrich, in: ADB 52 (1908), S. 291–294.

Blum, Wilhelm, Art. Schwartz, Eduard, in: Biographisch-Bibliographisches Kirchenlexikon, Bd. 9, Herzberg 1995, Sp. 1155–1156.

Blumesberger, Susanne/Doppelhofer, Michael/Mauthe, Gabriele (Bearb.), Handbuch österreichischer Autorinnen und Autoren jüdischer Herkunft 18. bis 20. Jahrhundert, Berlin 2011.

Bluntschli, Johann Caspar, Denkwürdiges aus meinem Leben, Bd. 3/2, Nördlingen 1884.

Bock, Sabine, Die künstlerische Gestaltung der Heidelberger Universitätsjubiläen, Heidelberg 1993.

Buchholz, Werner (Hrsg.), Die Universität Greifswald und die deutsche Hochschullandschaft im 19. und 20. Jahrhundert, Stuttgart 2004.

Buergenthal, Thomas, Ein Glückskind. Wie ein kleiner Junge zwei Ghettos, Auschwitz und den Todesmarsch überlebte und ein zweites Leben fand, Frankfurt am Main 2007.

Campbell, James, William Stubbs (1825–1901), in: Helen Damico/ Joseph B. Zavadil (Hrsg.), Medieval Scholarship – Biographical studies on the Formation of a Discipline, Bd. 1, New York/London 1995, S. 77–87.

Cobban, Alfred, Hippolyte Taine, Historian of the french revolution, in: History 53 (1968), S. 331–341.

Collinet, Paul, Paul–Frédéric Girard (1852–1926), in: Revue historique de droit francais et étranger, Bd. 7 (1928), S. 315–325.

Ders., L'oeuvre de Paul–Frédéric Girard, in: Revue internationale de l'enseignement, Bd. 83 (1929), S. 161–170.

Cordes, Albrecht/Lück, Heiner/Werkmüller, Dieter/Schmidt–Wiegand, Ruth (Hrsg.), Handwörterbuch zur deutschen Rechtsgeschichte, Bd. 1, 2.Aufl., Berlin 2004.

Cser, Andreas, 1786: Das letzte Jubiläum der kurpfälzischen Universität, in: Engehausen, Frank/Moritz, Werner (Hrsg.), Die Jubiläen der Universität Heidelberg 1587–1986, Heidelberg 2010, S.25–38.

Cymorek, Hans, Georg von Below und die deutsche Geschichtswissenschaft um 1900, Stuttgart 1998.

Detjen, Joachim, Art. Friedrich, Karl, in: Sepaintner, Fred (Hrsg.), Baden-Württembergische Biographien, Bd. VI, Stuttgart 2016, S.125–128.

Doerr, Wilhelm, Karl Heinrich Bauer in seinen Arbeiten, in: Heidelberger Jahrbücher 35 (1991), S. 113–132.

Dollinger, Heinz/Gründer, Horst/Hanschmidt, Alwin (Hrsg.), Weltpolitik–Europagedanke–Regionalismus, Münster 1982.

Dörrie, Heinrich, Art. Latte, Kurt, in: NDB 13 (1982), S. 685–686.

Drüll, Dagmar, Heidelberger Gelehrtenlexikon 1803–1932, 2. Aufl., Wiesbaden 2019.

Dubielzig, Uwe, Art. Schöll, Rudolf, in: NDB 23 (2007), S. 363–364.

Duchhardt, Heinz, Blinde Historiker – Erfahrung und Bewältigung von Augenleiden im frühen 20. Jahrhundert, Stuttgart 2021.

Düchting, Reinhard, 1587 und 1686: Die Anfänge der Heidelberger Universitätsjubiläen, in: Engehausen, Frank/Moritz, Werner (Hrsg.), Die Jubiläen der Universität Heidelberg 1587–1986, Heidelberg 2010, S. 9–24.

Duensing, Monika, Art. Meier, Hermann Henrich, in: NDB 16 (1990), S. 642–643.

Ebert, Ina, Die Normierung der juristischen Staatsexamina und des juristischen Vorbereitungsdienstes in Preußen (1849–1934), Berlin 1995.

Engehausen, Frank/Schlechter, Arnim/Schwindt, Jürgen Paul (Hrsg.), Friedrich Creuzer 1771–1858 – Philologie und Mythologie im Zeitalter der Romantik, Heidelberg 2008.

Ewald Kessler/Werner Moritz, Ehrenpromotionen 1806–2009, in: Meusburger, Peter/Schuch, Thomas (Hrsg.), Wissenschaftsatlas der Universität Heidelberg, Knittlingen o.J., S. 254–257.

Erler, Adalbert, Art. Zeumer, Karl, in: Ders./Kaufmann, Arthur/Werkmüller, Dieter (Hrsg.), Handwörterbuch zur Deutschen Rechtsgeschichte, Bd. 5, Berlin 1998, Sp. 1698–1699.

Fellner, Fritz, Geschichtsschreibung und nationale Identität. Probleme und Leistungen der österreichischen Geschichtswissenschaft, Wien u.a., 2002.

Feuchte, Paul, Art. Ernst Walz (1888–1966), in: Sepaintner, Fred (Hrsg.), Baden–Württembergische Biographien 2 (1999), S. 472–474.

Fischer, Detlev, Wilhelm Martens, in: Blick in die Geschichte, Karlsruher stadthistorische Beiträge, Bd. 5, Karlsruhe 2013, S. 237–238.

Fraenkel, Ludwig, Eine Selbstbiographie Gustav von Loepers, in: Goethe Jahrbuch 16 (1895), S. 220.

Frotscher, Werner/Pieroth, Bodo, Verfassungsgeschichte, 5. Aufl., München 2005.

Fuhrmann, Horst, „Sind eben alles Menschen gewesen" – Gelehrtenleben im 19. und 20. Jahrhundert, München 1996.

Gembries, Helmut, Verwaltung und Politik in der besetzten Pfalz zur Zeit der Weimarer Republik, Kaiserslautern 1992.

Gohl, Wilhelm, Friedrich Freiherr von Neubronn – Oberlandesgerichtspräsident 1899–1909, in: Münchbach, Werner (Hrsg.), Festschrift 200 Jahre Badisches Oberhofgericht - Oberlandesgericht Karlsruhe, Heidelberg 2003, S. 148–150.

Ders., Karl Richard Schneider – Oberlandesgerichtspräsident 1892 bis 1899, in: Münchbach, Werner (Hrsg.), Festschrift 200 Jahre Badisches Oberhofgericht-Oberlandesgericht Karlsruhe, Heidelberg 2003, S. 146.

Goldschmidt, Levin, Zum Andenken an Karl Joseph Anton Mittermaier, in: AcP 50 (1867), S. 417–442.

Goldschmit, Robert, Art. Gönner, Albert, in: Bettelheim, Anton (Hrsg.), Biographisches Jahrbuch und Deutscher Nekrolog 14 (1909), S.267–271.

Ders., Art. Julius Jolly, in: von Weech, Friedrich/Krieger, Albert (Hrsg.), Badische Biographien, 5. Teil, Heidelberg 1906, S. 327–352.

Greve, Rolf, Zum 70. Geburtstag des schwedischen Juristen Birger Ekeberg, in: Deutsche Richterzeitung 1950, S. 358.

Grosch, Alfred, Art. Gönner, Albert, in: Krieger, Albert (Hrsg.), Badische Biographien, VI. Teil, Heidelberg 1927, S. 270–275.

Haaß, R., Art. Friedrich Kiefer, in: Krieger, Albert (Hrsg.), Badische Biographien, V. Teil, Heidelberg 1906, S. 374–397.

Haehling von Lanzenauer, Rainer, Art. Wilhelm Martens, in: Sepaintner, Fred (Hrsg.), Baden-Württembergische Biographien, Bd. 4, Stuttgart 2007, S. 218–220.

Hammerstein, Notker (Hrsg.), Deutsche Geschichtswissenschaft um 1900, Stuttgart 1988.

Hardegen, Friedrich, H.H. Meier – der Gründer des Norddeutschen Lloyd, Berlin und Leipzig 1920.

Haselier, Günther, Art. Ellstätter, Moritz, in: NDB 4 (1959), S. 480.

Hattenhauer, Christian/Schroeder, Klaus–Peter/Baldus, Christian (Hrsg.), Anton Friedrich Justus Thibaut (1772–1840): Bürger und Gelehrter, Tübingen 2017.

Haunfelder, Bernd, Die Rektoren, Kuratoren und Kanzler der Universität Münster, Münster 2020.

Hautz, Johann Friedrich, Geschichte der Universität Heidelberg, Bd. 2, Mannheim 1864.

Heiber, Helmut, Universität unterm Hakenkreuz, Teil II/1, München 1992.

Hensen, Andreas, Creuzer als Wegbereiter der archäologischen Forschung, in: Engehausen, Frank/Schlechter, Armin/Schwindt, Jürgen (Hrsg.), Friedrich Creuzer 1771–1858 – Philologie und Mythologie im Zeitalter der Romantik, Heidelberg 2008, S. 99–111.

Henssler, Ortwin, Dr. h.c. Wilhelm Martens, Oberlandesgerichtspräsident 1953 bis 1954, in: Münchbach, Werner (Hrsg.), Festschrift 200 Jahre Badisches Oberhofgericht – Oberlandesgericht Karlsruhe, Heidelberg 2003, S. 177.

Herbe, Daniel, Hermann Weinkauff (1894–1981) – Der erste Präsident des Bundesgerichtshofs, Tübingen 2008.

Herzfeld, Hans, Art. Bennigsen, Rudolf von, in: NDB 2 (1955), S. 50–52.

Hettinger, Michael, Mittermaier: Leben und Wirkung, in: Arnd Koch/Carl Friedrich Stackelberg/Wolfgang Wohlers (Hrsg.), C.J.A. Mittermaier und der reformierte Strafprozess, Tübingen 2022, S.1-28.

Hinz, Uta, Ein Krieg am Schreibtisch – Der Weltkrieg in Max Webers Briefen, in: Runde, Ingo (Hrsg.), Die Universität Heidelberg und ihre Professoren während des Ersten Weltkriegs, Heidelberg 2017, S. 123–145.

Hirsch, Felix, Stresemann, Ballin und die Vereinigten Staaten, in: Vierteljahreshefte für Zeitgeschichte 3 (1955), S. 20 35.

Hirschfeld, Gerhard, Deutsche Professoren im Ersten Weltkrieg, in: Runde, Ingo (Hrsg.), Die Universität Heidelberg und ihre Professoren während des Ersten Weltkriegs, Heidelberg 2017, S. 59–76.

Hoensch, Jörg Konrad, Studia Slovaca: Studien zur Geschichte der Slowaken und der Slowakei, München 2000.

Hommelhoff, Peter, in: Akademische Gedenkfeier für Professor Dr. iur. Dr. iur. h.c. Wolfgang Hefermehl (18.9.1906–29.10.2001), München 2003.

Huber, Ernst Rudolf (Hrsg.), Dokumente zur deutschen Verfassungsgeschichte, Bd.1, Berlin 1961.

Huber, Gerd, Art. Schneider, Kurt, in: NDB 23 (2007), S. 300–301.

Ders., Karl Heinrich Bauer. Der erste Heidelberger Nachkriegsrektor. Weltbild und Handeln 1945–1946, in: Heß, Jürgen/Junker, Detlev (Hrsg.), Heidelberg 1945, Stuttgart 1996, S. 107–129.

Huchzermeyer, Hans, Studien zu Musik– und Kulturgeschichte Berlins, Pommerns und Ostpreußens im 19. und frühen 20. Jahrhundert, Minden 2013.

Jammers, Antonius, Die Heidelberger Juristenfakultät im neunzehnten Jahrhundert als Spruchkollegium, Heidelberg 1964.

Jayme, Erik, Pasquale Stanislao Mancini – Internationales Privatrecht zwischen Risorgimento und praktischer Jurisprudenz, Ebelsbach 1980.

Ders., Laudatio für André Colomer, in: Juristische Fakultät der Universität Heidelberg (Hrsg.), Laudationes et Gratiae, Heidelberg 1986, S. 49–53.

Ders., Pasquale Stanislao Mancini (1817–1888) – Die Nation als Rechtsbegriff im Internationalen Privatrecht, in: Juristische Schulung 28 (1988), S. 933–936.

Joerdens, Andrea, Friedrich Preisigke (1856–1924), in: Capasso, Mario (Hrsg.) Hermae – Scholars and Scholarship in Papyrology, Pisa 2007, S. 57–66.

Juristische Fakultät der Universität Heidelberg (Hrsg.), Laudationes et Gratiae, Heidelberg 1986.

Kalkoff, Hermann, Nationalliberale Parlamentarier 1867–1917 des Reichstages und der Einzellandtage, Berlin 1917.

Kann, Robert A., Art. Friedjung, Heinrich, in: NDB 5 (1961), S. 451–452.

Kannowski, Bernd, Art. Brunner, Otto (1898–1982), in: Cordes, Albrecht/Lück, Heiner/Werkmüller, Dieter/Schmidt-Wiegand, Ruth (Hrsg.), Handwörterbuch zur Deutschen Rechtsgeschichte, Bd. 1, 2. Aufl., Berlin 2004, Sp. 696–698.

Kaufmann, Arthur, Freirechtsbewegung – lebendig oder tot? in: Juristische Schulung 5 (1965), S. 1–9.

Keil, Bruno, Art. Schöll, Rudolf, in: ADB, Bd. 54 (1908), S. 140–148.

Kempter, Klaus, Die Frauenfrage als Rechtsfrage: Camilla Jellinek (1860–1940), in: Frauengestalten–Soziales Engagement in Heidelberg, Heidelberg 1995, S. 37–52.

Ders., Die Jellineks 1820–1955 – Eine familienbiographische Studie zum deutsch-jüdischen Bildungsbürgertum, Düsseldorf, 1998.

Kipnis, Alexander, Art. Viktor Schwoerer, in: Sepaintner, Fred (Hrsg.), Badische Biographien NF 6 (2011), S. 369–373.

Kirste, Stephan, Carl Joachim Friedrich (1901–1984), in: Häberle, Peter/Kilian, Michael/Wolff, Heinrich (Hrsg.), Staatsrechtslehrer des 20. Jahrhunderts, 2. Aufl., Berlin 2018, S. 653–670.

Klee, Ernst, Das Personenlexikon zum Dritten Reich. Wer war was vor und nach 1945, 2. Aufl. Frankfurt a.M. 2005.

Kleinheyer, Gerd/Schröder, Jan (Hrsg.), Deutsche und europäische Juristen aus neun Jahrhunderten, 5. Aufl., Heidelberg 2008.

Koll, Johannes/Pinwinkler, Alexander, Akademische Ehrungen in Deutschland und Österreich, in: Dies. (Hrsg.), Zuviel der Ehre? – Interdisziplinäre Perspektiven auf akademische Ehrungen in Deutschland und Österreich, Wien u.a. 2019, S. 11–29.

Kosch, Wilhelm, Biographisches Staatshandbuch, 1. Bd., Bern und München 1963.

Kratz–Ritter, Bettina, Ein Göttinger „Gerechter unter den Völkern", Göttingen 2002.

Kraus, Elisabeth, Die Familie Mosse: Deutsch–jüdisches Bürgertum im 19. und 20. Jahrhundert, München 1999.

Krause, Walter, Peter Rößler 70 Jahre, in: Die Öffentliche Verwaltung 21 (1982), S. 899.

Krebs, Manfred, Art. Wilhelm Nokk, in: Krieger, Albert (Hrsg.), Badische Biographien, Bd. 6, Heidelberg 1927, S. 495-498.

Krieger, Albert, Art. Adolf Fuchs, in: Ders. (Hrsg.), Badische Biographien, Bd. 6., Heidelberg 1927, S. 122–124.

Ders., Art. Adolf Buchenberger, in: Krieger, Albert (Hrsg.), Badische Biographien, VI. Teil, Heidelberg 1935, S. 207–232.

Leiser, Wolfgang, Carl Wilhelm von Stoesser, in: Ottnad, Bernd (Hrsg.), Badische Biographien NF 3 (1990), S. 264–265.

Lengemann, Jochen, Das Deutsche Parlament (Erfurter Unionsparlament) von 1850, München/Jena 2000.

Leo, Paul Christopher, Wilhelm Groh – Erster Rektor der Ruperto-Carola in der NS - Zeit, Hamburg 2012.

Lietzmann, Hans J., Carl Joachim Friedrich (1901–1984), in: Bleek,Wilhelm/Lietzmann, Hans J. (Hrsg.), Klassiker der Politikwissenschaft, München 1997, S. 179–191.

Lind, Gerald, Satiriker kontrollieren den Geschichtsforscher – Karl Kraus und Heinrich Friedjung, in: Mitteilungen des Instituts für Österreichische Geschichtsforschung 114 (2006), S. 381–403.

Lindner, Stephan H., „Sich eingereiht?" – Wolfgang Hefermehl und der Nationalsozialismus, in: Jahrbuch der Juristischen Zeitgeschichte 17 (2016), S. 326–362.

Maas, Utz, Verfolgung und Auswanderung deutschsprachiger Sprachforscher 1933–1945, Tübingen 2010.

Mecke, Carl Dorn, in: Juristische Wochenschrift, Nrn. 17/18 (1893), S. 153–155.

Merz, Hans–Georg, Art. Nokk, Franz Wilhelm, in: NDB 19 (1999), S. 325.

Metzner, Carolin, Johann Caspar Bluntschli – Leben, Zeitgeschehen und Kirchenpolitik 1808–1881, Frankfurt am Main 2009.

Meurer, Bärbel, Marianne Weber – Leben und Werk, Tübingen 2010.

Meusburger, Peter/Schuch, Thomas (Hrsg.), Wissenschaftsatlas der Universität Heidelberg, Heidelberg 2011.

Miethke, Jürgen, Universitätsgründung an der Wende zum 15. Jahrhundert: Heidelberg im Zeitalter des Schismas und des Konziliarismus, in: Ruprecht–Karls–Universität (Hrsg.) Die Geschichte der Universität Heidelberg: Vorträge im Wintersemester 1985/86, S. 9–33.

Moritz, Werner, Kleine Schriften, Heidelberg 2007.

Ders., Ehrenpromotionen an der Juristischen Fakultät der Universität Heidelberg 1838–1936, in: Haas, Reimund/Heinemann, Christiane/Rödel, Volker (Hrsg.), Zwischen Praxis und Wissenschaft – Aus der Arbeit einer Archivgeneration, Wiesbaden 2014, S. 187–206.

Morsey, Rudolf, Georg Schreiber (1882–1963), in: Ders. (Hrsg.), Zeitgeschichte in Lebensbildern, Bd. 2, Münster 2000, S.177–185.

Ders., Machtkampf um eine Bibliothek in Münster 1939–1942, Himmlers und Rosenbergs Interesse an den beschlagnahmten Instituten von Georg Schreiber, in: Kirchliche Zeitgeschichte 18 (2005), S. 68–120.

Ders., Art. Schreiber, Georg, in: NDB 23 (2007), S. 529–530.

Ders., Art. Schreiber, Georg, in: Hohmann, Friedrich Gerhard (Hrsg.), Westfälische Lebensbilder, Bd. 18, 2009, S. 110–125.

Münchbach, Werner (Hrsg.), Festschrift 200 Jahre Badisches Oberhofgericht - Oberlandesgericht Karlsruhe, Heidelberg 2003.

Mußgnug, Dorothee/Stolleis, Michael (Hrsg.), Heinrich Zoepfl (1807–1877) – Heidelberger Universitätsprofessor und Rechtsgutachter, Heidelberg 2019.

Nuzzo, Luigi, Bibliographie der Werke Karl Anton Joseph Mittermaiers, Frankfurt a.M. 2004.

Oexle, Otto Gerhard, Ein politischer Historiker: Georg von Below (1858–1927), in: Hammerstein, Notker (Hrsg.), Deutsche Geschichtswissenschaft um 1900, Stuttgart 1988, S. 283–312.

Omran, Susanne, Frauenbewegung und ‚Judenfrage': Diskurse um Rasse und Geschlecht nach 1900, Dortmund 1999.

Österreichisches Biographisches Lexikon 1850–1950, Bd. 5, Wien 1972.

Ott, Sina, Leben und Werk des preußischen Kronsyndikus und Heidelberger Staatsrechtslehrers Hermann von Schulze–Gaevernitz (1824–1888), Hamburg 2008.

Plate, Markus, Wacker Chemie AG, in: Ders./Groth, Torsten/Ackermann, Volker/Schlippe, Arist von (Hrsg.), Große deutsche Familienunternehmen, Göttingen 2011.

Plett, Ella, Die 550–Jahrfeier 1936: Jubiläum unter nationalsozialistischer Diktatur, in: Engehausen, Frank/Moritz, Werner (Hrsg.), Die Jubiläen der Universität Heidelberg 1587–1986, S. 65–77.

Pohl, Manfred, Art. Koch, Richard, in: NDB 12 (1980), S. 273–274.

Raberg, Frank, Art. Dusch, Alexander Freiherr von, in: Krieger, Albert (Hrsg.), Badische Biographien NF Bd. V, Stuttgart 1905, S.55–58.

Rebenich, Stefan, C.H. Beck 1763–2013 – Der kulturwissenschaftliche Verlag und seine Geschichte, München 2013.

Rehm, Albert, Eduard Schwartz' wissenschaftliches Lebenswerk, München 1942.

Reinhart, Gert, Das Institut für ausländisches und internationales Privat– und Wirtschaftsrecht an der Universität Heidelberg 1917–1967: Ein Rechenschaftsbericht, in: Wahl, Eduard/Serick, Rolf/Niederländer, Hubert (Hrsg.), Rechtsvergleichung und Rechtsvereinheitlichung – Festschrift zum 50jährigen Bestehen des Instituts für Ausländisches und Internationales Privat– und Wirtschaftsrecht der Universität Heidelberg, Heidelberg 1967, S. 21–41.

Röwekamp, Marion, Juristinnen – Lexikon zu Leben und Werk, Baden–Baden 2005.

Ross, Günter, Das Aufkommen der juristischen Ehrenpromotionen an den deutschen Universitäten, Diss. jur. Erlangen Nürnberg 1967.

Rubinstein, W.D., Art. Leitner (formerly Sapier), Gottlieb Wilhelm, in: Oxford Dictionary of National Biography, Oxford 2009.

Rückert, Joachim, Art. Freirechtsbewegung, in: Cordes, Andreas/Lück, Heiner/Werkmüller, Dieter/ Schmidt-Wiegand, Ruth (Hrsg.), Handwörterbuch zur deutschen Rechtsgeschichte, Bd. 1, 2.Aufl. (2004), Sp.1772–1776.

Runde, Ingo (Hrsg.), Die Universität Heidelberg und ihre Professoren während des Ersten Weltkriegs, Heidelberg 2017.

Ruprecht–Karls–Universität (Hrsg.) Die Geschichte der Universität Heidelberg: Vorträge im Wintersemester 1985/86.

Salomon, Richard, Karl Zeumer – Ein Nachruf, in: Neues Archiv der Gesellschaft für ältere deutsche Geschichtskunde 39 (1914), S. 518–533.

Scheible, Ilona, Heidelbergerinnen, die Geschichte schrieben, Kreuzlingen 2006.

Scheid, Wolfgang, Gedenkrede auf Kurt Schneider, in: Ruperto Carola 43/44 (1968), S. 7–14.

Schieckel, Harald, Die Herkunft und Laufbahn der oldenburgischen Minister von 1848–1918, in: Dollinger, Heinz/Gründer, Horst/Hanschmidt, Alwart (Hrsg.), Weltpolitik–Europagedanke–Regionalismus, Münster 1982, S. 247–267.

Schlechter, Armin, Kaisertreu, badisch, protestantisch: Die Universitätsjubiläen der Jahre 1886 und 1903, in: Engehausen, Frank/Moritz, Werner (Hrsg.), Die Jubiläen der Universität Heidelberg 1587–1986, Heidelberg 2010, S. 39–63.

Schmid, Magnus, Art. Aschaffenburg, Gustav, in: NDB 1(1953), S. 410.

Schmitz, Walter, Art. Loeper, Gustav von, in: NDB 15 (1987), S. 54.

Schneider, Bastian, Die Verwaltungsgerichtsbarkeit in Baden–Württemberg und die Schatten der Vergangenheit, in: Verwaltungsblätter für Baden–Württemberg 5/2022, S. 177–186.

Schneider, Horst Ferdinand, Art. Richard Kahl, in: Sepaintner, Fred (Hrsg.), Badische Biographien NF. Bd. 4 (1996), S. 266–268.

Schöpp, Hans, Josef Bedeus v. Scharberg, in: Der Pflug 3 (1930), S.124–129.

Schroeder, Klaus–Peter, „Eine Universität für Juristen und von Juristen" – Die Heidelberger Juristische Fakultät im 19. und 20. Jahrhundert, Tübingen 2010.

Ders., „Immer gerettet und aufrecht geblieben" – Die Juristische Fakultät der kurpfälzischen Universität Heidelberg von ihren Anfängen bis zum Jahr 1802, Neustadt an der Weinstraße 2014.

Ders., „Tod den Scholaren!" – Studentische Kriege, Revolten und Krawalle an der Heidelberger Universität von den Anfängen bis zum Ausgang des 20. Jahrhunderts, Heidelberg 2016.

Ders., „Nationalismus und Demokratie gehören zusammen"– Gerhard Anschütz: Einsichten und Ansichten eines Heidelberger Staatsrechtslehrers im Ersten Weltkrieg, in: Runde, Ingo (Hrsg.), Die Universität Heidelberg und ihre Professoren während des Ersten Weltkriegs, Heidelberg 2017, S. 240–258.

Ders., Anton Friedrich Justus Thibaut – Ein deutsches Gelehrtenleben im Umbruch der Epochen, in: Hattenhauer, Christian/Schroeder, Klaus-Peter/Baldus, Christian (Hrsg.), Anton Friedrich Justus Thibaut (1772–1840): Bürger und Gelehrter, Tübingen 2017, S.1–20.

Ders., Rudolf Mosse und die Begründung des Instituts für geschichtliche Rechtswissenschaft („Stiftung von 1918"), in: Baldus, Christian/Hattenhauer, Christian/Schroeder, Klaus-Peter (Hrsg.), Geschichtliche Rechtswissenschaft – 100 Jahre Heidelberger Institut (1918–2018), Heidelberg 2018, S.15–24.

Ders., Theodor Mommsen, die Heidelberger Juristische Fakultät und ihre „Doktorfabrik", Heidelberg 2018.

Ders., Heinrich Zoepfl (1807–1877) – Ein Heidelberger Gelehrtenleben, in: Mußgnug, Dorothee/Stolleis, Michael (Hrsg.), Heinrich Zoepfl (1807–1877) – Heidelberger Universitätsprofessor und Rechtsgutachter, Heidelberg 2019, S. 15–27.

Ders., Helvetia an der Ruperto Carola: Johannes Achilles Renaud (1819–1884), in: Paal, Boris/Pölzig, Dorte/Fehrenbach, Oliver (Hrsg.), Deutsches, Europäisches und vergleichendes Wirtschaftsrecht – Festschrift für Werner F. Ebke zum 70. Geburtstag, München 2021, S. 873–880.

Ders., Jacob Mathéus (1862–1946), Regierungspräsident der Pfalz und Ehrendoktor der Heidelberger Juristischen Fakultät, in: Pfälzer Heimat 74 (2023), S. 57–63.

Schubert, Werner, Entstehung und Quellen der Civilprozeßordnung von 1877, 1. Halbbd., Frankfurt am Main 1987.

Schwindt, Jürgen Paul, Sinnbild und Denkform. Creuzers „Alterthumskunde" und das romantische Erbe der Klassischen Philologie", in: Engehausen, Frank/Schlechter, Armin/Schwindt, Jürgen P. (Hrsg.), Friedrich Creuzer 1771–1858 – Philologie und Mythologie im Zeitalter der Romantik, Heidelberg 2008), S. 41–58.

Schwoerer, Julius, Zum 100. Geburtstag des Badischen Hochschulreferenten Viktor Schwoerer, in: Ruperto Carola 37 (1965), S. 225–229.

Seifert, Dorothea, Gustav Aschaffenburg als Kriminologe, Freiburg 1981.

Selle, Götz von, Geschichte der Albertus–Universität zu Königsberg i.Pr., 2. Aufl., Würzburg 1956.

Sellert, Wolfgang, Die Reichsjustizgesetze von 1877 – ein gedenkwürdiges Ereignis?, in: Juristische Schulung 17 (1977), S. 781–789.

Söllner, Alfred/Baldus, Christian, Römisches Recht, Heidelberg 2022.

Somma, Alessandro, I giuristi e L'Asse culturale Roma-Berlino, Frankfurt am Main 2005.

Sonnenschmidt, Friedrich Hermann (Hrsg.), Geschichte des Königlichen Ober–Tribunals zu Berlin, Berlin 1879.

Sontag, Ernst, Ernst Fuchs' Einfluß auf die deutsche Rechtsprechung, in: Leipziger Zeitschrift für Deutsches Recht 23 (1929), Sp. 689.

Spendel, Günter (Bearb.), Gustav Radbruch Gesamtausgabe Bd. 18, Briefe II (1919–1949), Heidelberg 1995.

Strack, Paul, Art. Buchenberger, Adolf, in: NDB 2 (1955), S. 698.

Teutsch, Friedrich, Die kulturelle und politische Bedeutung der Siebenbürger Sachsen, in: Zeitschrift für Politik 4 (1911), S. 522–543.

Thier, Andreas, Art. Persius, Paul, in: NDB 20 (2001), S. 199–200.

Thiessen, Jan, Schande, wem Ehre gebührt? – Das Beispiel Wolfgang Hefermehl, in: Koll, Johannes/Pinwinkler, Alexander (Hrsg.), Zuviel der Ehre? – Interdisziplinäre Perspektiven auf akademische Ehrungen in Deutschland und Österreich, Wien u.a., 2019, S. 231–252.

Wahl, Eduard/Serick, Rolf/Niederländer, Hubert (Hrsg.), Rechtsvergleichung und Rechtsvereinheitlichung – Festschrift zum 50jährigen Bestehen des Instituts für Ausländisches und Internationales Privat- und Wirtschaftsrecht der Universität Heidelberg, Heidelberg 1967.

Weech, Friedrich von, Staatsminister Dr. Wilhelm Nokk, Heidelberg 1904.

Weisert, Hermann, Die Verfassung der Universität Heidelberg, Heidelberg 1974.

Weisert, Herman /Drüll, Dagmar/Kritzer, Eva, Rektoren – Dekane – Kanzler – Vizekanzler der Universität Heidelberg 1386–2006, Heidelberg 2007.

Wennemuth, Udo, Wissenschaftsorganisation und Wissenschaftsförderung in Baden – Die Heidelberger Akademie der Wissenschaften 1909–1949, Heidelberg 1994.

Wladika, M., Art. Friedjung, Heinrich, in: Österreichisches Biographisches Lexikon und biographische Dokumentation, Bd. 1, 1956, S. 362 f.

Wolgast, Eike, Die Universität Heidelberg 1386–1986, Heidelberg 1986.

Ders., Die Universität Heidelberg zur Zeit des Ersten Weltkriegs, in: Runde, Ingo (Hrsg.), Die Universität Heidelberg und ihre Professoren während des Ersten Weltkriegs, Heidelberg 2017, S. 17–58.

Würtz, Christian, Johann Niklas Friedrich Brauer (1754–1813) – Badischer Reformer in napoleonischer Zeit, Stuttgart 2005.

Zahoransky, Alexander (Bearb.), Promotions- und Examensprüfungen 1771–1877, Freiburg i.Br. 2001.

Zepf, Robert, Karl Hagen, in: Engehausen, Frank/Kohnle, Armin (Hrsg.), Gelehrte in der Revolution – Heidelberger Abgeordnete in der deutschen Nationalversammlung 1848/49, Ubstadt Weiher 1998, S.155–182.

Zimmerling, Wolfgang, Akademische Grade und Titel, 2. Aufl. Köln 1995.

2 Personenregister

Adler, Victor 75
Andreas, Willi 111
Anschütz, Gerhard 68 f., 70, 94, 111
Arndt, Ernst Moritz 51
Arnim, Achim von 29
Aschaffenburg, Gustav 109 f.

Bähr, Christian 29
Bartsch, Karl 43
Bauer, Karl Heinrich 145 f.
Baums, Carl Albert 103 f.
Beck, Curt 109
Bekker, Ernst Immanuel 32, 41 f., 52
Below, Georg von 73 ff.
Benfey, Theodor 93
Bennigsen, Rudolf von 40, 43 ff., 46
Bergsträsser, Arnold 136
Bezzenberger, Adalbert 93 f.
Biedermann, Woldemar von 50
Bismarck, Otto von 32 ff., 45 f.
Blickle, Peter 147
Bluntschli, Johann Caspar 23 ff., 27, 32 ff., 36 f., 40, 43 ff., 47
Bodman, Heinrich von 71
Bosch, Carl 101
Brauer, Johann Friedrich 19
Brauer, Karl Ludwig Wilhelm Arthur von 70 f., 78 ff.
Brentano, Clemens 28 f.
Brinckmann, Karl Heinrich 35
Brüning, Heinrich 101, 113
Brunner, Otto 147 f.
Bruns, Carl Georg 77

Buchenberger, Adolf 65 f.
Bucher, Lothar 47
Buergenthal, Thomas 151 f.
Buhl, Heinrich 39 f., 68
Bulmerincq, Michael von 39, 48
Burrow, John Wyon 57
Buttel, Dietrich Christian von 25

Clay, Lucius 136
Clingensberg, Friedrich von 108
Cobban, Alfred 57 f.
Colomer, André 152 f.
Costa, Heinrich 23
Creuzer, Friedrich 27 ff., 30 ff., 168
Cropp, Friedrich 22
Curtius, Ludwig 88

Dahlmann, Friedrich Christoph 51
D'Amelio, Mariano 120
Daub, Karl 29
Dechends, Hermann von 49
Destriveaux, Pierre Joseph 22
Deutsch-Zeltmann 99 f.
Dibelius, Martin 96, 111, 134
Dohna, Alexander von 94, 99, 111
Dorn, Karl 40, 46 f.
Düchting, Reinhard 16
Duisberg, Carl 102
Dusch, Alexander von 70 ff.

Eisenburg, Friedrich Neubronn von 79 f.
Ekeberg, Lars Birger 105 f.

Ellstätter, Moritz 62 ff., 66
Endemann, Friedrich 94, 99
Engel, Christian Ludwig Bernhard 23

Fehr, Hans 94, 102 f.
Fellner, Fritz 76
Ficker, Julius 60
Fieser, Emil 67
Fischer, Leopold Heinrich 36
Forckenbach, August von 44
Francisci, Pietro de 121
Frankenstein, Philipp Franz Anton von 16
Friedenthal, Rudolf 69
Friedjung, Heinrich 70, 75 f.
Friedrich Wilhelm, Pfalzgraf 16
Friedrich I. von Baden 43 f.
Friedrich II. von Baden 71, 86
Friedrich, Carl Joachim 135 f.
Fuchs, Adolf 80 f.
Fuchs, Ernst 113 ff.

Gallas, Wilhelm 134
Gambsjäger, Franz Anton Wilhelm 17
Garland, William 122 f.
Gaupp, Robert 144
Geisler, Michael 16
Genseler, Johann Caspar 22
Gerlach, Ernst Ludwig von 24 f., 27
Gervinus, Gottfried 45
Gierke, Otto von 40, 60 f., 74
Girard, Paul Frédéric 70, 77 f.
Gneist, Rudolf 40 f.
Gönner, Albert, 70, 72 f.

Goethe, Johann Wolfgang von 28
Görres, Joseph 29
Goldschmidt, Levin 35
Gradenwitz, Otto 83 ff., 94, 124
Graver, Hans-Peter 163 f.
Groh, Wilhelm 118, 128
Günderrode, Karoline von 28
Gutzwiller, Max 34

Häusser, Ludwig 45
Hahn, Wilhelm von 30 f.
Hagen, Karl 45
Halms, Karl 100 f.
Hansemann, David 62
Hefermehl, Wolfgang 3 ff.
Heinsheimer, Karl 85 f., 94, 107
Heinze, Rudolf 40, 44, 53, 55
Heise, Arnold 25
Herrmann, Emil 32 f.
Hess, Rudolf 127
Hindenburg, Paul von 97
Hitler, Adolf 119, 126, 128, 139
Hübsch, Wilhelm 71 ff.

Janzer, Ludwig 88 f.
Jaspers, Karl 96, 145
Jayme, Erik 153
Jellinek, Camilla 115 ff.
Jellinek, Georg 50. 68 f.
Jellinek, Walter 96, 133
Johann Casimir 16
Johnson, Harry Axelsson 106 f.
Jolly, Julius 51, 62
Jolly, Karl Philipp 103
Justo, Augustin Pedro 122

Kah, Karl 64 f.
Kahl, Wolfgang 165
Karl Friedrich, Großherzog 19, 30
Karl Ludwig, Kurfürst 16
Karlowa 39, 58
Kauper, Paul 148
Kern, Carl Albert 103 f.
Kern, Fritz 62
Kiefer, Friedrich 39, 47 ff.
Kirschner, Martin 145
Klüber, Johann Ludwig 25
Knight, Frank 118 f.
Koch, Richard 39, 43, 48 f.
Köhler, Walter 97
Koenige, Heinrich 96 f.
Königsberger, Leo 32
Kommers, Donald 154 f.
Koransky, Walther 139
Koyama, Matsu Kichi 123
Kraepelin, Emil 110
Krehl, Ludolf von 88
Krüger, Paul 77
Kruse, Friedrich 99 f.
Kübel, Matthäus 16
Künßberg, Eberhard von 94

Laband, Paul 81
Lamas, Carlos 121 f.
Latte, Kurt 137 f.
Leferenz, Karl Heinz 150
Lenel, Otto 77
Leitner, Gottlieb Wilhelm 36 f.
Leonhardt, Adolf 46
Liebmann, Otto 81 f.

Loeper, Johann Gustav von 39, 49 ff.
Lorenz, Konrad 9
Lou, Chou 121
Ludwig III. von Bayern 91
Luise, Großherzogin von Baden 81

Mádl, Ferenc 156 f., 165
Mancini, Pasquale Stanislao 31 ff.
Martens, Wilhelm 143 f.
Martin, Christoph Georg 25
Mathéus, Jacob 106 f.
Mathy, Karl 62
Meier, Hermann-Heinrich 63
Meyer, Eduard 74
Meyer, Georg 66 f.
Meyer, Paul M. 83
Michaelis, Gustav 97
Miquel, Johannes von 44 f.
Mittermaier, Carl Joseph Anton 20 ff., 25 f., 27, 30, 32, 34 ff., 45, 47
Mittermaier, Franz 32
Mohl, Robert von 24, 35
Mommsen, Theodor 42, 53, 75, 77, 84, 98, 168
Morstadt, Eduard 30
Mosse, Rudolf 84 ff.
Müller-Graff, Peter-Christian 161
Mussolini, Benito 119 f.

Nagelstein, Edwin 149 f.
Netter, Carl Leopold 85 f.
Nokk, Wilhelm 40, 51 ff., 70
Novelli, Giovanni 120 f.

Oberbeck, Johannes 51

Oldenburg, Paul Friedrich August von 26
Olms, Georg 105
Olshausen, Theodor von 55
Oncken, Hermann 85

Palandt, Otto 82
Parey, Paul 104
Pernerstofer, Engelbert 75
Persius, Paul 68 f.
Pfister, Heinrich 67
Portale, Giuseppe Benedetto 158 f.
Posadowsky, Arthur von 66
Preisigke, Friedrich 82 f.

Radbruch, Gustav 22, 96, 111, 113 f., 134, 150
Ranke, Leopold von 60 f.
Raynard, Jacques 157 f.
Renaud, Achilles 27 f., 34 f., 37
Ritter, Moritz 74
Römer, Friedrich Wilhelm 20 f.
Rönne, Ludwig von 63
Rößler, Peter 146 f.
Ross, Günter 16
Roßhirt, Franz 19, 21 f., 26 f., 28, 30 f.
Rust, Bernhard 125 f., 127 ff.

Saphir, Leopold 36
Sauppe, Hermann 98
Savigny, Friedrich Carl von 28, 34
Schäfer, Dietrich 74
Scharenberg; Joseph Bedeus von 39, 53 f., 55
Scheler, Max 144
Schloifer, Heinrich Jacob 25 f.

Schmidt-Assmann, Eberhard 166
Schmitz, Hermann 101 ff.
Schneider, Karl 144 f.
Schneider, Richard 67 f.
Schnitger, Marianne 95
Schöll, Rudolf 39, 52 f.
Schönerer, Georg von 76
Schreiber, Georg 111 ff.
Schuckert, Sigmunjd 91
Schulze, Hermann 39 ff., 43, 50 f., 56 f.
Schwarz, Friedrich 28
Schwartz, Eduard 97 ff.
Schwoerer, Viktor 88 ff., 102
Serick, Rolf 150
Shartel, Burke 143 f.
Silberschlag, N.N. 24
Silverberg, Paul 99
Simson, Eduard von 50
Skouris, Vassillos 160 f.
Sontag, Karl Richard 88
Staub, Hermann 82
Stelmach, Jerzy Marian 159 f.
Stenglein, Melchior 82
Stösser, Carl Wilhelm von 39, 55 ff.
Story, Joseph 34
Strahl, Eduard von 23
Stresemann, Gustav 111 f., 168
Studemund, Wilhelm 32

Taine, Hippolyte 39, 57 f.
Thiesing, Theodore 140 f.
Thibaut, Anton Friedrich Justus 22, 25, 31, 35
Thoma, Richard, 86, 94, 102 f.
Thun, Ferdinand 125 f.

Tucka, Vojtech 130, 169
Ulmer, Eugen 129, 138
Urban VI., Papst 13
Usener, Hermann 98

Vangerow, Karl Adolph von 26, 33
Vékas, Lajos 164 f.
Vivant, Michel 135 f.
Vollerts, Ernst 104 f.

Wachsmuth, Curt 98
Wacker, Alexander 90 ff.
Waitz, Georg 57, 60 f.
Waldeck, Benedikt 47
Walz, Ernst 134 f.
Wattenbach, Wilhelm 59
Weber, Alfred 96, 136
Weber, Marianne 94 f., 116 f., 168
Weber, Max 94 ff., 98, 105, 116
Weech, Friedrich von 51
Weinkauff, Hermann 138 f.
Weiss, Edith Brown 161 f.
Weitnauer, Hermann 150
Weizsäcker, Julius 61
Wertheim, Gustav 116
Wielandt, Friedrich 110 f.
Wilamowitz-Moellendorff, Ulrich von 98
Wilcken, Ulrich 83
Wilde, Günter 142 f.
Wilhelm II., Kaiser 45, 78
Wilken, Friedrich 29
Willems, Peter 40, 58 f.
Winkelmann, Eduard 16
Wirth, Max 40 f.

Yamamoto, Ryuji 165 f.

Zachariae, Carl Salomo von Lingenthal 22, 25, 30 f.
Zentner, Georg Friedrich 16
Zeumer, Karl 39, 43, 60 ff.
Ziegler, Konrat 138
Zoepfl, Heinrich 26 f., 30, 34

3 Abbildungen

Die folgenden Abbildungen zeigen nicht die Originalurkunden der Ehrendoktoren, sondern die Belegexemplare, die den amtlichen Unterlagen beigefügt wurden und heute im Universitätsarchiv Heidelberg aufbewahrt werden. Diese Praxis setzte erst gegen Ende des 19. Jahrhunderts ein; zuvor findet sich in den Akten meist nur der Fakultätsbeschluss zur Ehrenpromotion.

Die Belegexemplare entsprechen in Wortlaut und Aussehen den Originalurkunden, sind jedoch meist auf dünnem Papier gedruckt und nicht durch Unterschriften oder Siegel beglaubigt. Anstelle des Siegels findet sich bis ins 20. Jahrhundert die Abkürzung *L. S.* (lat. für *loco sigilli*). In wenigen Fällen sind lediglich korrigierte Entwürfe überliefert, wie bei Mancini (Abb. 1) oder Koyama (Abb. 7). Nur sehr vereinzelt wurden auch (teil-)beglaubigte Ausfertigungen zu den Akten gegeben (vgl. Abb. 8, 10–12).

Im 19. Jahrhundert waren Formular und Gestaltung der Diplome weitgehend einheitlich. Erst im 20. Jahrhundert kam es zu mehrfachen Änderungen, etwa beim Format, das von anfangs ca. 65 × 90 cm (Abb. 1–6) auf annähernd DIN A4 (Abb. 7) im Nationalsozialismus reduziert wurde, um danach wieder auf ca. 41 × 62 cm (Abb. 8–12) anzuwachsen.

Der Beweggrund für die Abbildung eines Diploms lag weniger in der Bedeutung der geehrten Person als in der Dokumentation der verschiedenen Urkundenformulare und Gestaltungen. Zur Optimierung der Lesbarkeit sind die Urkunden je nach Originalformat mit verschiedenen Reproduktionsfaktoren abgebildet und in der Regel an den Rändern geringfügig beschnitten. Auf die Wiedergabe von Hervorhebungen in Rotdruck (etwa der Name der geehrten Person in Abb. 5–12) wurde verzichtet.

Abb. 1:   Pasquale Stanislao Mancini, 1870

Abb. 2:   Moritz Ellstätter, 1888

Abb. 3:   Rudolf Mosse, 1917

Abb. 4:   Marianne Weber, 1922

Abb. 5:   Ernst Fuchs, 1929

Abb. 6:   Camilla Jellinek, 1930

Abb. 7:   Matsukichi Koyama, 1936

Abb. 8:   Ernst Walz, 1948

Abb. 9:   Carl Joachim Friedrich, 1951

Abb. 10: Wilhelm Martens, 1955

Abb. 11: Karl Heinrich Bauer, 1960

Abb. 12: Edwin Nagelstein, 1972

Abb. 1: Pasquale Stanislao Mancini, 1870. – UAH, H-II-111/71, fol. 8.

Abb. 2: Moritz Ellstätter, 1888. – UAH, H-II-111/101, fol. 209.

Abb. 3: Rudolf Mosse, 1917. – UAH, H-II-868/2.

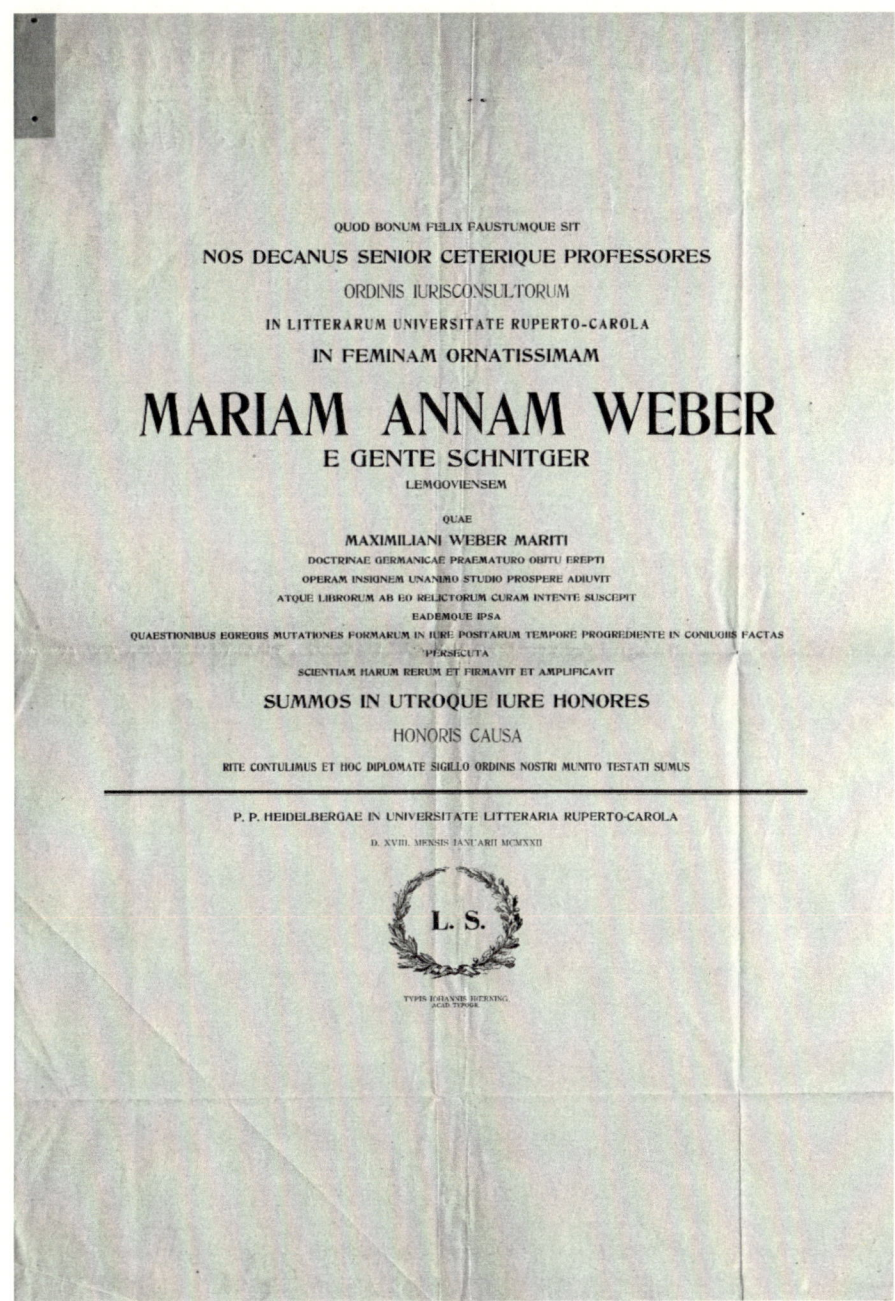

Abb. 4: Marianne Weber, 1922. – UAH, H-II-868/3.

Abb. 5: Ernst Fuchs, 1929. – UAH, B-1523/2.

Abb. 6: Camilla Jellinek, 1930. – UAH, H-II-868/4.

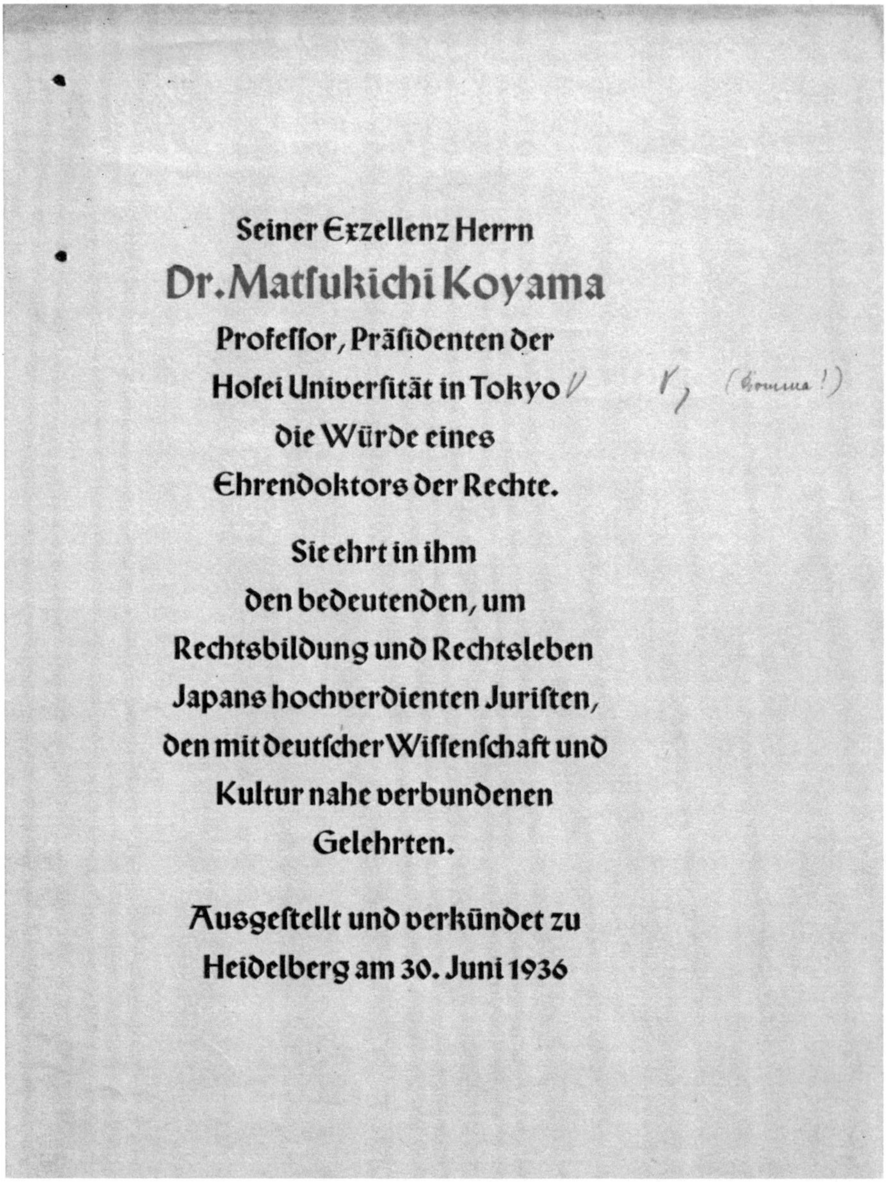

> Seiner Exzellenz Herrn
> **Dr. Matsukichi Koyama**
> Professor, Präsidenten der
> Hosei Universität in Tokyo
> die Würde eines
> Ehrendoktors der Rechte.
>
> Sie ehrt in ihm
> den bedeutenden, um
> Rechtsbildung und Rechtsleben
> Japans hochverdienten Juristen,
> den mit deutscher Wissenschaft und
> Kultur nahe verbundenen
> Gelehrten.
>
> Ausgestellt und verkündet zu
> Heidelberg am 30. Juni 1936

Abb. 7: Matsukichi Koyama, 1936. – UAH, B-1523/6.

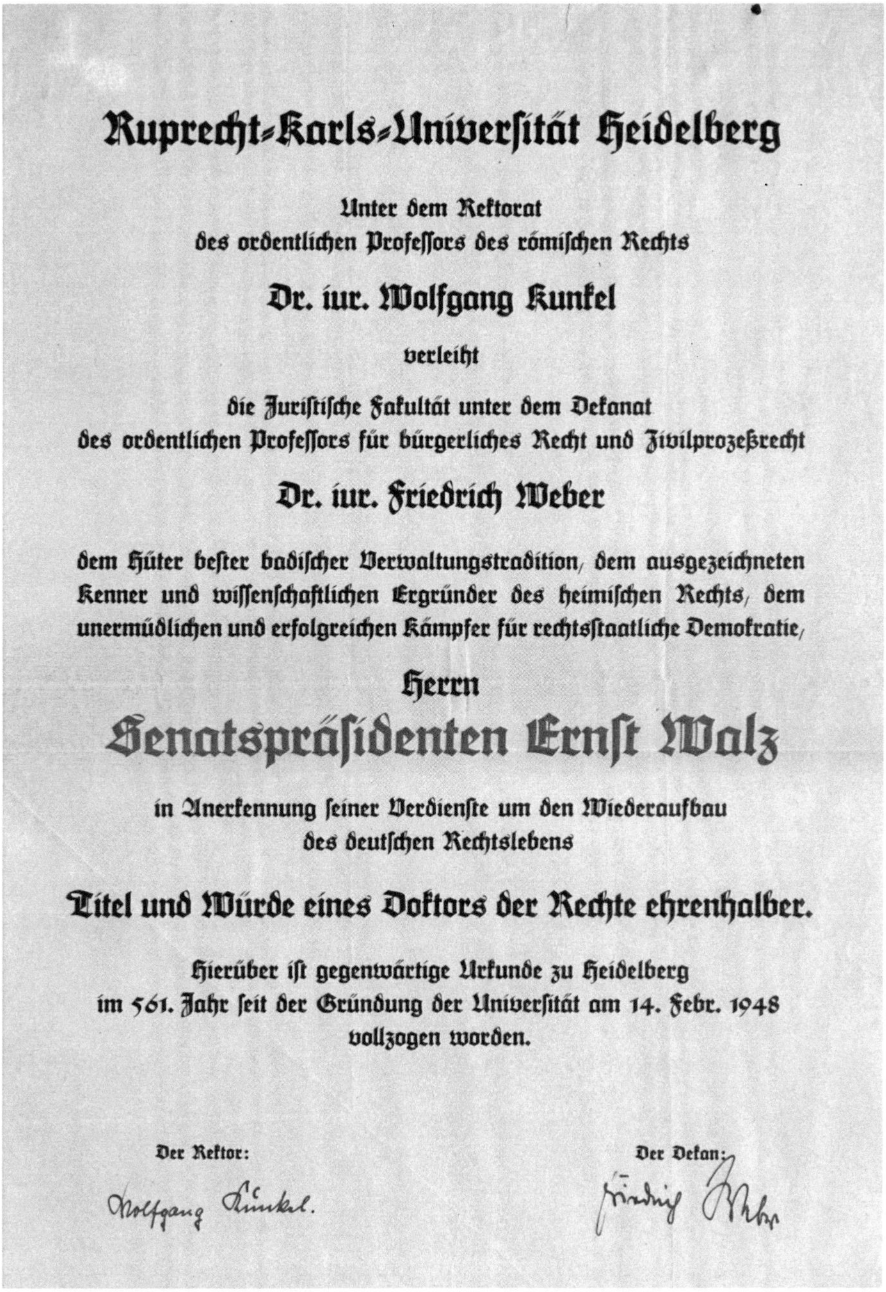

Ruprecht-Karls-Universität Heidelberg

Unter dem Rektorat
des ordentlichen Professors des römischen Rechts

Dr. iur. Wolfgang Kunkel

verleiht

die Juristische Fakultät unter dem Dekanat
des ordentlichen Professors für bürgerliches Recht und Zivilprozeßrecht

Dr. iur. Friedrich Weber

dem Hüter bester badischer Verwaltungstradition, dem ausgezeichneten Kenner und wissenschaftlichen Ergründer des heimischen Rechts, dem unermüdlichen und erfolgreichen Kämpfer für rechtsstaatliche Demokratie,

Herrn

Senatspräsidenten Ernst Walz

in Anerkennung seiner Verdienste um den Wiederaufbau
des deutschen Rechtslebens

Titel und Würde eines Doktors der Rechte ehrenhalber.

Hierüber ist gegenwärtige Urkunde zu Heidelberg
im 561. Jahr seit der Gründung der Universität am 14. Febr. 1948
vollzogen worden.

Der Rektor: Der Dekan:

Wolfgang Kunkel   Friedrich Weber

Abb. 8: Ernst Walz, 1948. – UAH, H-II-868/18.

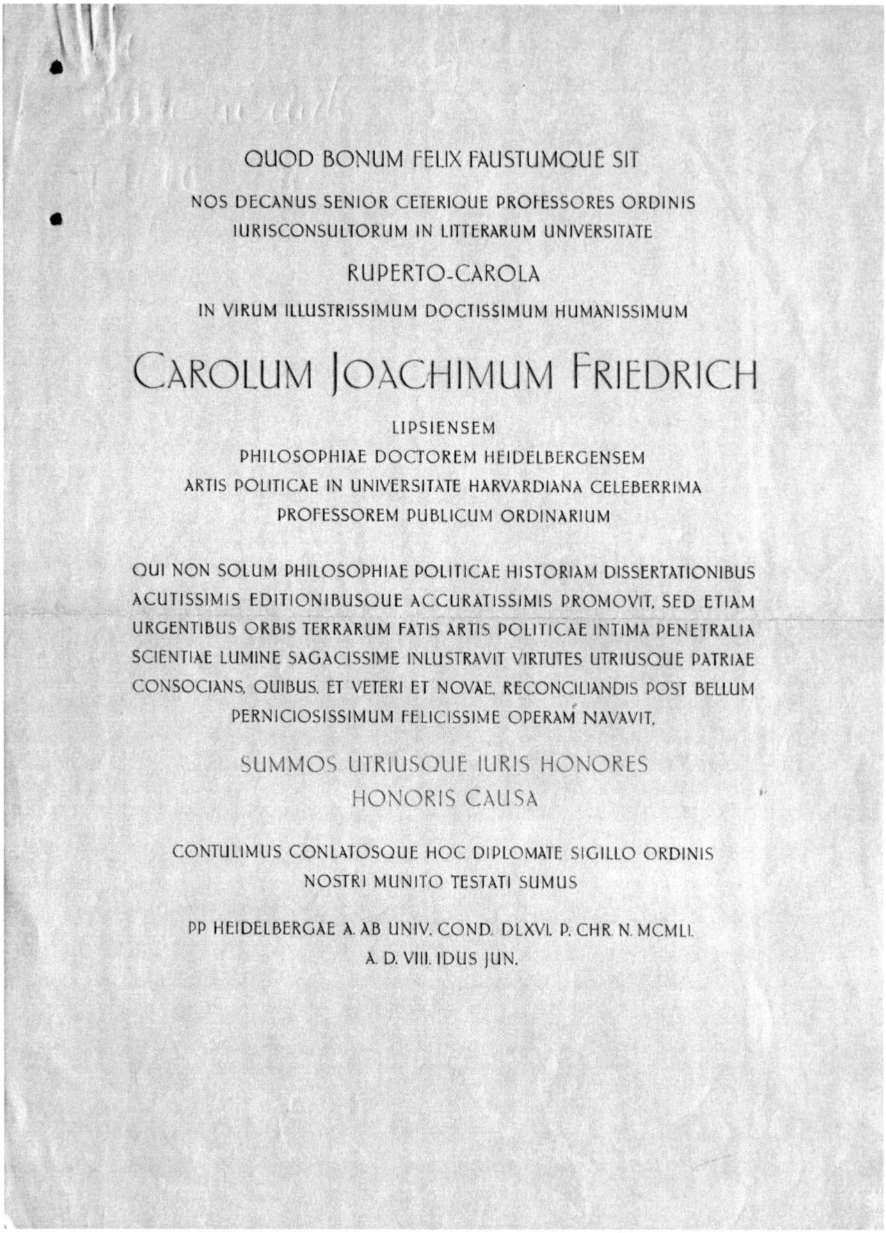

QUOD BONUM FELIX FAUSTUMQUE SIT

NOS DECANUS SENIOR CETERIQUE PROFESSORES ORDINIS
IURISCONSULTORUM IN LITTERARUM UNIVERSITATE

RUPERTO-CAROLA

IN VIRUM ILLUSTRISSIMUM DOCTISSIMUM HUMANISSIMUM

CAROLUM JOACHIMUM FRIEDRICH

LIPSIENSEM
PHILOSOPHIAE DOCTOREM HEIDELBERGENSEM
ARTIS POLITICAE IN UNIVERSITATE HARVARDIANA CELEBERRIMA
PROFESSOREM PUBLICUM ORDINARIUM

QUI NON SOLUM PHILOSOPHIAE POLITICAE HISTORIAM DISSERTATIONIBUS
ACUTISSIMIS EDITIONIBUSQUE ACCURATISSIMIS PROMOVIT, SED ETIAM
URGENTIBUS ORBIS TERRARUM FATIS ARTIS POLITICAE INTIMA PENETRALIA
SCIENTIAE LUMINE SAGACISSIME INLUSTRAVIT VIRTUTES UTRIUSQUE PATRIAE
CONSOCIANS, QUIBUS, ET VETERI ET NOVAE, RECONCILIANDIS POST BELLUM
PERNICIOSISSIMUM FELICISSIME OPERAM NAVAVIT,

SUMMOS UTRIUSQUE IURIS HONORES
HONORIS CAUSA

CONTULIMUS CONLATOSQUE HOC DIPLOMATE SIGILLO ORDINIS
NOSTRI MUNITO TESTATI SUMUS

PP HEIDELBERGAE A. AB UNIV. COND. DLXVI. P. CHR. N. MCMLI.
A. D. VIII. IDUS JUN.

Abb. 9: Carl Joachim Friedrich, 1951. – UAH, H-II-868/11.

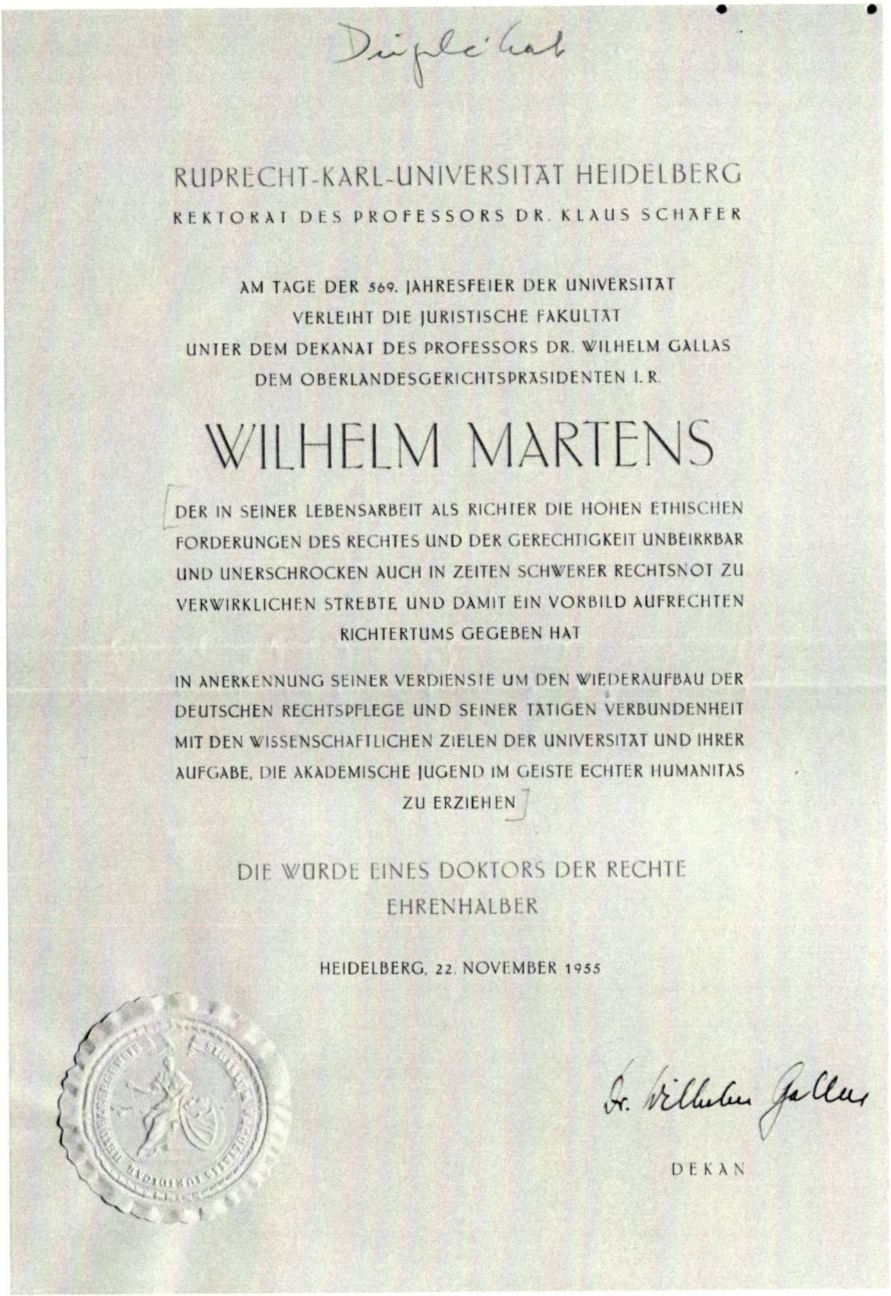

Duplikat

RUPRECHT-KARL-UNIVERSITÄT HEIDELBERG

REKTORAT DES PROFESSORS DR. KLAUS SCHÄFER

AM TAGE DER 569. JAHRESFEIER DER UNIVERSITÄT
VERLEIHT DIE JURISTISCHE FAKULTÄT
UNTER DEM DEKANAT DES PROFESSORS DR. WILHELM GALLAS
DEM OBERLANDESGERICHTSPRÄSIDENTEN I. R.

WILHELM MARTENS

[DER IN SEINER LEBENSARBEIT ALS RICHTER DIE HOHEN ETHISCHEN
FORDERUNGEN DES RECHTES UND DER GERECHTIGKEIT UNBEIRRBAR
UND UNERSCHROCKEN AUCH IN ZEITEN SCHWERER RECHTSNOT ZU
VERWIRKLICHEN STREBTE UND DAMIT EIN VORBILD AUFRECHTEN
RICHTERTUMS GEGEBEN HAT

IN ANERKENNUNG SEINER VERDIENSTE UM DEN WIEDERAUFBAU DER
DEUTSCHEN RECHTSPFLEGE UND SEINER TÄTIGEN VERBUNDENHEIT
MIT DEN WISSENSCHAFTLICHEN ZIELEN DER UNIVERSITÄT UND IHRER
AUFGABE, DIE AKADEMISCHE JUGEND IM GEISTE ECHTER HUMANITAS
ZU ERZIEHEN]

DIE WÜRDE EINES DOKTORS DER RECHTE
EHRENHALBER

HEIDELBERG, 22. NOVEMBER 1955

Dr. Wilhelm Gallas
DEKAN

Abb. 10: Wilhelm Martens, 1955. – UAH, H-II-868/11.

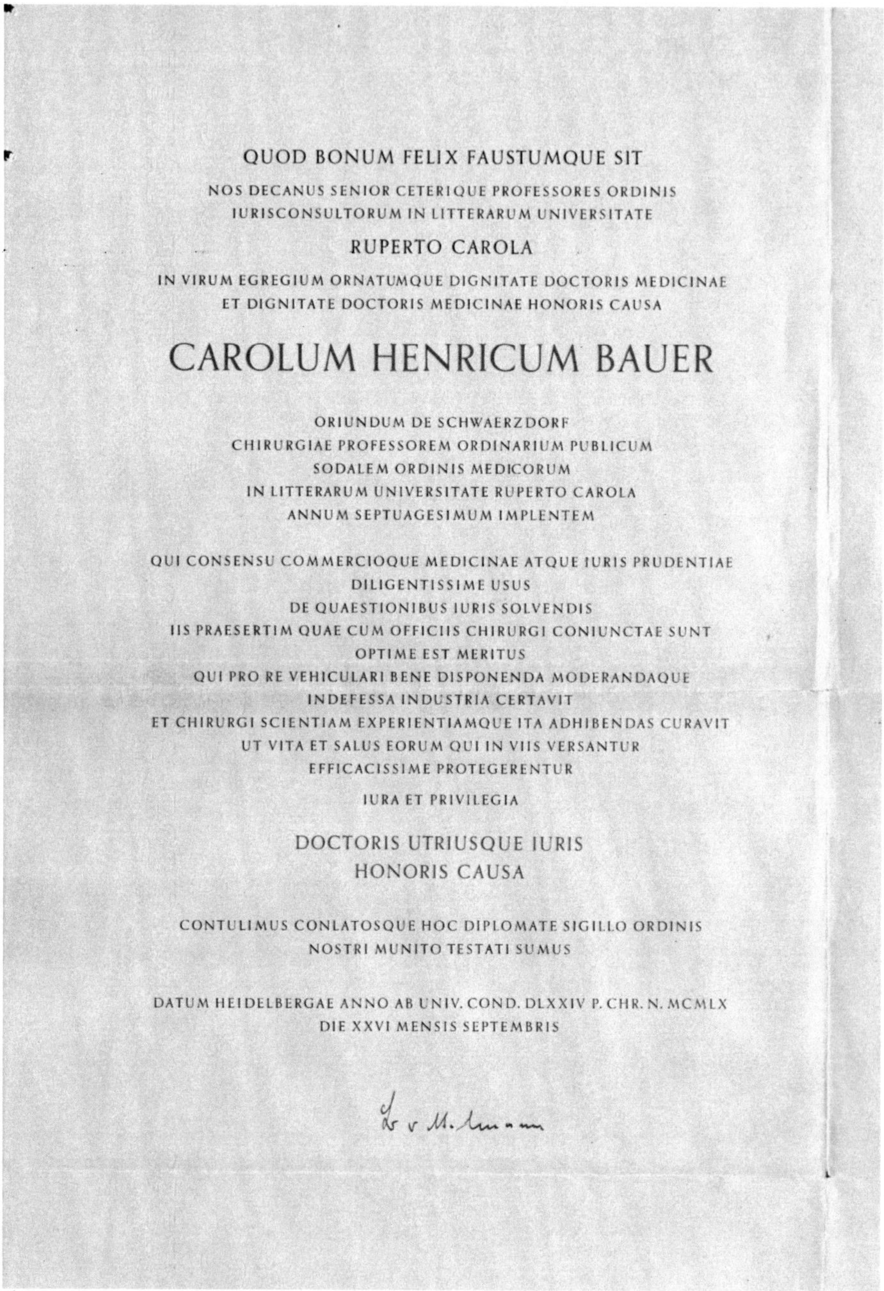

QUOD BONUM FELIX FAUSTUMQUE SIT

NOS DECANUS SENIOR CETERIQUE PROFESSORES ORDINIS
IURISCONSULTORUM IN LITTERARUM UNIVERSITATE

RUPERTO CAROLA

IN VIRUM EGREGIUM ORNATUMQUE DIGNITATE DOCTORIS MEDICINAE
ET DIGNITATE DOCTORIS MEDICINAE HONORIS CAUSA

CAROLUM HENRICUM BAUER

ORIUNDUM DE SCHWAERZDORF
CHIRURGIAE PROFESSOREM ORDINARIUM PUBLICUM
SODALEM ORDINIS MEDICORUM
IN LITTERARUM UNIVERSITATE RUPERTO CAROLA
ANNUM SEPTUAGESIMUM IMPLENTEM

QUI CONSENSU COMMERCIOQUE MEDICINAE ATQUE IURIS PRUDENTIAE
DILIGENTISSIME USUS
DE QUAESTIONIBUS IURIS SOLVENDIS
IIS PRAESERTIM QUAE CUM OFFICIIS CHIRURGI CONIUNCTAE SUNT
OPTIME EST MERITUS
QUI PRO RE VEHICULARI BENE DISPONENDA MODERANDAQUE
INDEFESSA INDUSTRIA CERTAVIT
ET CHIRURGI SCIENTIAM EXPERIENTIAMQUE ITA ADHIBENDAS CURAVIT
UT VITA ET SALUS EORUM QUI IN VIIS VERSANTUR
EFFICACISSIME PROTEGERENTUR

IURA ET PRIVILEGIA

DOCTORIS UTRIUSQUE IURIS
HONORIS CAUSA

CONTULIMUS CONLATOSQUE HOC DIPLOMATE SIGILLO ORDINIS
NOSTRI MUNITO TESTATI SUMUS

DATUM HEIDELBERGAE ANNO AB UNIV. COND. DLXXIV P. CHR. N. MCMLX
DIE XXVI MENSIS SEPTEMBRIS

Abb. 11: Karl Heinrich Bauer, 1960. – UAH, H-II-868/6.

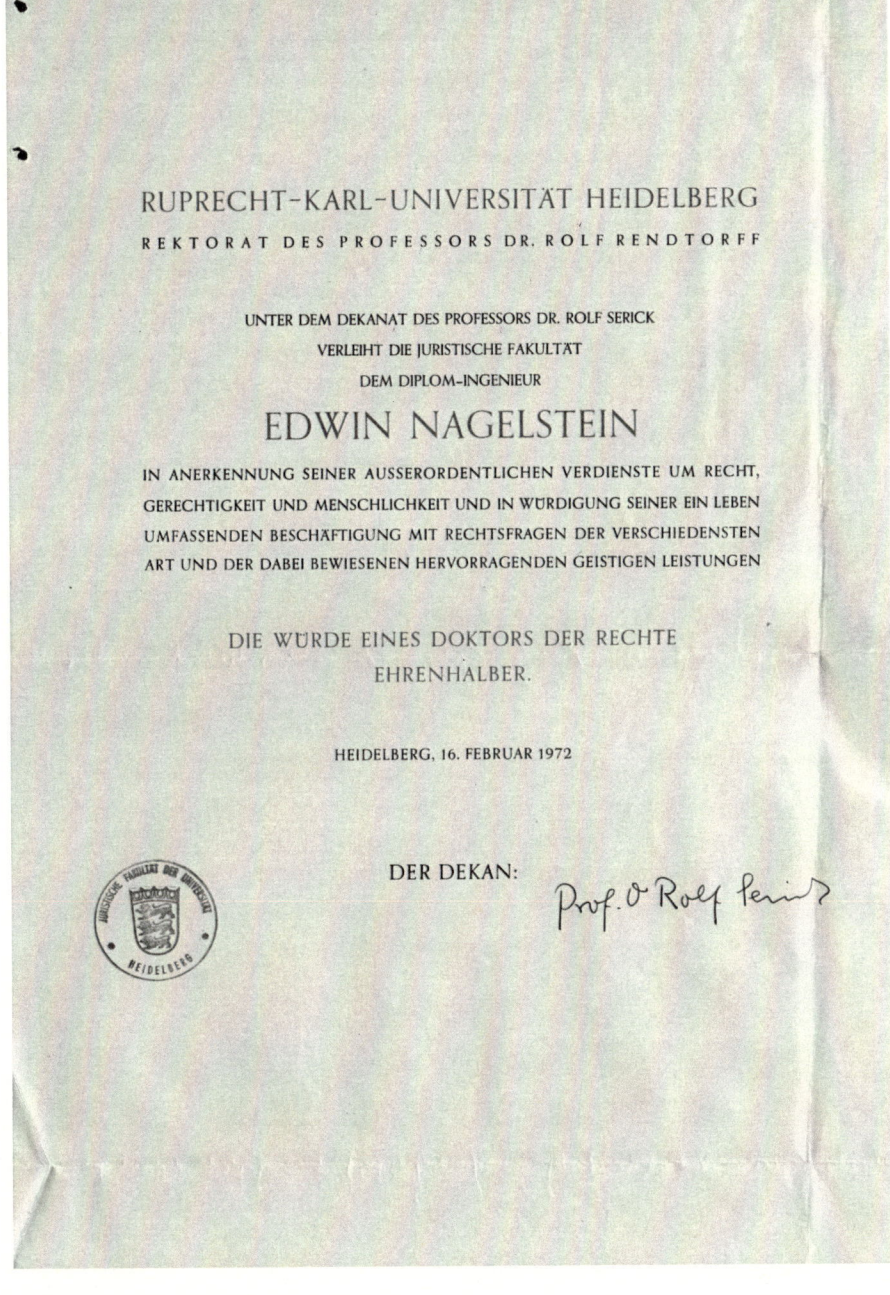

Abb. 12: Edwin Nagelstein, 1972. – UAH, H-II-868/14.